16	3	2	13
5	10	11	8
9	6	7	12
4	15	14	1

Mikhail Bakhtin

Teoria do romance I
A estilística

Tradução, prefácio, notas e glossário
Paulo Bezerra

Organização da edição russa
Serguei Botcharov e Vadim Kójinov

editora■**34**

EDITORA 34

Editora 34 Ltda.
Rua Hungria, 592 Jardim Europa CEP 01455-000
São Paulo - SP Brasil Tel/Fax (11) 3811-6777 www.editora34.com.br

Copyright © Editora 34 Ltda. (edição brasileira), 2015
Tradução @ Paulo Bezerra, 2015
Copyright © Mikhail Bakhtin
Published by arrangement with Elena Vladimirovna Ermilova
and Serguey Georgevich Bocharov. All rights reserved.

A FOTOCÓPIA DE QUALQUER FOLHA DESTE LIVRO É ILEGAL E CONFIGURA UMA
APROPRIAÇÃO INDEVIDA DOS DIREITOS INTELECTUAIS E PATRIMONIAIS DO AUTOR.

A Editora 34 agradece a Marcus Vinicius Mazzari
pela tradução e revisão dos trechos em alemão do texto de Bakhtin.

Título original:
Teória romana: slovo v romane

Capa, projeto gráfico e editoração eletrônica:
Bracher & Malta Produção Gráfica

Revisão:
Cecília Rosas

1ª Edição - 2015 (2ª Reimpressão - 2020)

CIP - Brasil. Catalogação-na-Fonte
(Sindicato Nacional dos Editores de Livros, RJ, Brasil)

Bakhtin, Mikhail (1895-1975)
B142t   Teoria do romance I: A estilística /
Mikhail Bakhtin; tradução, prefácio, notas e
glossário de Paulo Bezerra; organização da edição
russa de Serguei Botcharov e Vadim Kójinov.
— São Paulo: Editora 34, 2015 (1ª Edição).
256 p.

ISBN 978-85-7326-591-0

Tradução de: Teória romana: slovo v romane

1. Teoria literária. 2. Linguística.
3. Filosofia da linguagem. I. Bezerra, Paulo.
II. Botcharov, Serguei. III. Kójinov, Vadim
(1930-2001). IV. Título.

CDD - 801

Teoria do romance I
A estilística

Prefácio, *Paulo Bezerra* 7

Nota à edição brasileira 15

O DISCURSO NO ROMANCE

As questões da estilística do romance 19
1. A estilística atual e o romance 23
2. O discurso na poesia e o discurso no romance 47
3. O heterodiscurso no romance 79
4. O falante no romance 123
5. As duas linhas estilísticas do romance europeu 167

Breve glossário de alguns conceitos-chave,
    Paulo Bezerra 243

Sobre o autor 251
Sobre o tradutor 253

Prefácio

Paulo Bezerra

Com este livro, a Editora 34 inicia a publicação da *Teoria do romance* de Mikhail Mikháilovitch Bakhtin (1895-1975), em três volumes — uma versão ampliada, atualizada e definitiva de seus textos antes publicados no Brasil com o título de *Questões de literatura e de estética*. Na preparação dos originais para esta edição, seus organizadores Serguei Botcharov e Vadim Kójinov (herdeiros dos direitos autorais de Bakhtin) suprimiram o capítulo "O problema do conteúdo, do material e da forma na criação verbo-literária", ensaio de teoria geral da literatura polemicamente voltado contra os formalistas russos, escrito em 1924 e incluído naquela edição como capítulo inicial, mas sem nenhuma vinculação com o projeto da *Teoria do romance* (doravante *T.R.*). Bakhtin só conceberia este projeto em 1930, menos de um ano após a publicação de *Problemas da obra de Dostoiévski*, livro que reformulou e publicou em 1963, já com o título definitivo de *Problemas da poética de Dostoiévski* (que traduzi em 1980 para a Forense Universitária e hoje está em sua quinta edição, incluído no catálogo do Grupo Gen).

A gestação da *Teoria do romance* deu-se em condições absolutamente excepcionais: no dia 22 de junho de 1929, Bakhtin foi condenado a cinco anos de trabalhos em um "campo de concentração" (segundo informa Serguei Botcharov), sentença que em fevereiro de 1930 foi trocada por cinco anos de degredo no ermo Kustanai, no Cazaquistão, para onde partiu de Leningrado com a mulher em 29 de março do mesmo ano. Quatro dias antes da viagem, a 25 de março, conclui a redação do capítulo "As questões da estilística do romance", dando início à confecção de sua *Teoria do romance*. Ainda no ano de 1930, portanto, já no degredo de Kustanai, conclui "O discurso na poesia e o discurso no romance", segundo capítulo de *T.R.*, terminando o restante da obra entre 1934 e 1936. Em 1940 conclui *A cultura popular na Idade Média e no Renascimento: o contexto de François Rabelais* — pode-se dizer, portanto, com base no que escrevem Botcharov e Kójinov, que toda a sua obra sobre teoria do romance foi escrita entre os últimos anos da década de 20 e o final da década de 30, mas completada por outros textos cuja produção se estende até 1961.

A PERSEVERANÇA DO GRANDE PESQUISADOR

O grande pesquisador é aquele para quem as adversidades da vida e do tempo parecem estar, parafraseando Camões, aquém do que permite a força humana. No início de 1929, já preso há quase um semestre e aguardando julgamento, Bakhtin vê publicado seu ensaio fundamental *Problemas da obra de Dostoiévski*, livro que mudaria de forma essencial os estudos sobre Dostoiévski e inauguraria uma nova era na investigação do discurso romanesco e na própria teoria do romance. Já então havia engendrado a primeira parte de *T.R.*, que, apesar das pressões políticas, policiais e psicológicas sofridas como condenado durante o degredo de Kustanai, conclui entre 1934 e 1936. Em seguida, na segunda metade do decênio, tenta diversas vezes publicar o livro em Moscou. A cada tentativa frustrada retoma a obra, faz nela novas inserções, mas sem contrariar a essência de sua reflexão. Premido pelas circunstâncias, pelo impasse entre a necessidade de publicar sua obra — de cujo caráter revolucionário tem plena consciência — e a impossibilidade de fazê-lo do modo como concebera, insiste em abrir algum novo espaço no meio editorial. Valendo-se do caráter abrangente de sua reflexão teórica, insere na abertura do primeiro capítulo de *T.R.* o propósito de resolver, "à luz das ideias do *realismo socialista*", a carência de clareza que até então dominara a estilística e assim "elaborar com eficiência e profundidade esse problema à base de matérias de nossa atualidade e da produção soviética". É como se *T.R.* tivesse surgido agregada ao romance soviético, ainda mais nos anos 30, quando era fortíssimo na crítica, senão predominante, o sociologismo vulgar como método de interpretação. Ora, nada disso constava no projeto inicial de *T.R.*, cujo fio condutor era e continuou sendo uma combinação das questões centrais da existência humana sedimentadas por uma filosofia especificamente bakhtiniana e plasmadas no romance como gênero e na estilística do gênero romanesco, passando pelos diversos gêneros literários como antecedentes e também componentes do próprio gênero romanesco. Tampouco integrava o projeto inicial o adendo final, espécie de pós-escrito em que Bakhtin fala do destino do romance numa sociedade sem classes, da qual a sociedade soviética dos anos 30 seria o protótipo. Era mais uma tentativa de sensibilizar o mundo editorial para publicar sua obra em um país onde até os livros de física começavam com citações de Lênin ou Stálin. Os organizadores da nova edição tiveram o cuidado de inserir aqueles acréscimos de Bakhtin, que dão ao leitor uma ideia das dificuldades enfrentadas pelo teórico e filósofo na publicação de sua obra.

Nas notas escritas para esta edição de *T.R.*, Serguei Botcharov oferece um quadro abrangente das agruras enfrentadas por Bakhtin nos decênios de 20 e 30 para gestar e consolidar seu projeto estético-filosófico, bem como da complexidade das etapas que ele teve de percorrer. Botcharov mostra que as décadas de 20 e 30 foram as mais produtivas na atividade criadora do teórico, e que toda a sua teoria do romance situa-se nos anos 30, época em que sua mais intensiva

Prefácio 9

criação teórica esbarra em contínuos fracassos nas tentativas de publicar a obra. Mas Bakhtin nunca se dava por vencido. Cada novo fracasso servia à continuidade da criação, ao aprofundamento de suas pesquisas e ampliação de suas reflexões, à inserção de novos aspectos na mesma teoria do romance, que assim ganhava em abrangência e profundidade, tornando-se mais coesa. Daí surgem seus estudos sobre Goethe e o romance de formação, que redundam na redação final do romance de educação/formação entre 1936 e 1938, entregue a uma editora em 1940, mas devorado pelo fogo da guerra, restando apenas notas esparsas sobre os seus pressupostos teóricos; algumas delas foram publicadas em *Estética da criação verbal*, outras incluídas no tomo 3 de *T.R.*

Esta tradução

Traduzir Bakhtin, além de ser um desafio extremamente difícil, é também arriscado, porque o tradutor depara um conjunto de categorias de seu pensamento e de conceitos que abrangem todo um sistema de reflexões embasado em algo que talvez se possa chamar de filosofia estética. Mas, parafraseando o poeta, traduzir é preciso, e para tanto se impõe a necessidade de encarar o original sem medo, tentando primeiro entendê-lo, observar com a máxima acuidade possível o emprego de cada categoria em seu contexto específico, apreendendo sua coesão semântica e sustentando-a sempre, do início ao fim da tradução, pois o mínimo desvio dessa coesão pode redundar em seu esgarçamento e, consequentemente, na perda da unidade do pensamento e na destruição da reflexão teórica. Traduzir com medo do original implica em produzir um texto inseguro, que deixa o leitor igualmente inseguro e cheio de interrogações diante das formulações teóricas. Daí a necessidade de um convívio minimamente sólido com a teoria objeto da tradução.

A presente tradução teve por objetivo a uniformidade das categorias do pensamento de Bakhtin como condição essencial para que se apreenda a unidade orgânica interna de sua reflexão teórica. Em qualquer sistema de pensamento, a falta de unidade conceitual pode (e costuma) levar à perda do seu núcleo semântico central, com consequências muitas vezes deletérias para a interpretação de tal pensamento. No caso específico de Bakhtin, são um fato mais que corriqueiro interpretações não só diferentes mas até antagônicas de um mesmo conceito do seu pensamento original; o que se deve a traduções diferentes de tal conceito, cujo resultado é seu esgarçamento e a consequente perda de sua significação original. Como explicar que um conceito banal da Teoria Literária, como o de "autor convencional", possa aparecer traduzido como "autor suposto", "presumido" e finalmente "convencional"? Três denominações para um único conceito e, repito, banal. Imagine-se o que não acontece com categorias mais sofisticadas do pensamento bakhtiniano! Uma formação minimamente sólida em Teoria da Literatura certamente evitaria tais incongruências.

Salvo nos casos de inexistência de termos técnico-científicos na língua de um país técnica e cientificamente atrasado, nenhuma solução tradutória pode ser encontrada fora da língua de chegada. De igual maneira, o emprego de neologismos ou estrangeirismos nem sempre resolve problemas de tradução do sentido do original, sobretudo quando no próprio original não há neologismos nem estrangeirismos. Tal procedimento pode criar no texto traduzido zonas de obscuridade onde o autor não as criou no original. O tradutor precisa, tem a obrigação de saber medir a distância entre a inteligibilidade de um conceito e sua compreensão pelo falante na língua de partida. No Brasil consagrou-se o termo "heteroglossia" como tradução da palavra russa *raznorétchie* (ver glossário no final deste livro), que significa "diversidade de discursos" ou "heterodiscurso", minha opção ao traduzir.

Prefácio

O termo russo também foi traduzido como "plurilinguismo", que é mais palatável ao leitor brasileiro, porém difere semanticamente do original russo e do sentido que Bakhtin lhe atribui. O termo *raznorétchie* (heterodiscurso) é bastante antigo na língua russa, nada tem de estrangeirismo e menos ainda de neologismo. Qualquer russo, independentemente do grau de escolaridade, pode até não compreender a fundo o sentido da palavra, mas percebe que ela é formada por *ráznie* (diversos) e *riétchi* (discursos, falas). E qual é a distância entre a inteligibilidade da palavra "heteroglossia" e a compreensão do leitor brasileiro? Minha experiência pessoal comprova que tal distância é bastante grande. Aí não há nada que lembre "discurso", que é o fio condutor de toda a reflexão bakhtiniana em torno da palavra *raznorétchie*. Sempre evitei empregar o termo "heteroglossia" com meus alunos, preferindo "diversidade de discursos" ou, vez por outra, "heterodiscurso". E assim procedi por entender que a Teoria Literária tem a função de iluminar o texto, e não de dificultar o acesso à sua gama de sentidos. Daí minha opção pelo termo "heterodiscurso", que, além de ser mais familiar à língua portuguesa, traduz seu sentido original.

Não vou comentar minha tradução de todos os conceitos bakhtinianos, pois acho que o glossário inserido no final deste livro é suficientemente elucidativo. Limito-me, por isso, a um breve comentário do sentido de heterodiscurso, por ser ele que congrega as linguagens sociais que sedimentam a forma romanesca e ser um conceito central em toda a teoria do romance de Bakhtin — especialmente neste livro sobre estilística no romance. O conceito está ligado à concepção bakhtiniana de mundo como acontecimento, de realidade como um processo em formação, como o ser constituindo-se pelo discurso. Daí a abrangência que confere à categoria de heterodiscurso.

Para Bakhtin, o heterodiscurso é produto da estratificação interna de uma língua nacional única em dialetos sociais, falares de grupos, jargões profissionais, e compreende toda a diversidade de vozes e discursos que povoam a vida social, divergindo aqui, contrapondo-se ali, combinando-se adiante, relativizando-se uns aos outros e cada um procurando seu próprio espaço de realização. O resultado de tudo isso é um mundo povoado por um heterodiscurso oriundo das linguagens das gerações e das faixas etárias, das tendências e dos partidos, das autoridades, dos círculos e das modas passageiras, dos dias sociopolíticos e até das horas, em suma, de todas as manifestações da experiência humana individual e social e da vida das ideias. Trata-se de um universo discursivo povoado por uma diversidade de linguagens e vozes sociais, que são pontos de vista específicos sobre o mundo, formas de sua compreensão verbalizada, horizontes semânticos e axiológicos. Aí, segundo a concepção de Bakhtin, os discursos do autor, dos gêneros intercalados e dos heróis são apenas unidades basilares de composição através das quais o heterodiscurso se introduz no romance e o faz representar não apenas o homem e sua vida, mas, essencialmente, o homem falante e a vida que fala pelo heterodiscurso. Esse heterodiscurso social fecunda as diferenças, divergências e contradições individuais, cria a natureza dialógica ou dialogicidade interna como força geradora da forma romanesca e, em conjunto com a dissonância individual como produto da subjetividade criadora, sedimenta no romance um harmonioso sistema literário que vem a ser a peculiaridade basilar do gênero romanesco.

Bakhtin desenvolve extensa reflexão sobre os gêneros poéticos. Como, porém, o conceito de gênero poético envolve tanto prosa como poesia, assim como o discurso poético diz respeito à poesia e à prosa, em certas passagens do texto empreguei a expressão gênero de poesia ou discurso em poesia com a finalidade de deixar mais clara a especificidade do objeto da reflexão bakhtiniana.

Prefácio

Nota à edição brasileira

A concepção e a escrita da *Teoria do romance* de Mikhail Bakhtin seguiram caminhos bastante intrincados. A redação de sua primeira parte, "O discurso no romance", foi iniciada em 1930 e concluída provavelmente em 1936. No mesmo ano, o autor enviou uma cópia datilografada do texto a Matvei Kagan na esperança de publicá-lo, com a ressalva de que o livro precisava ainda de algumas correções e reelaborações. A publicação não ocorreu e o original permaneceria inédito por mais de três décadas.

Em 1972, o texto "O discurso na poesia e o discurso no romance" (que corresponde ao segundo capítulo de "O discurso no romance") foi publicado na revista *Vopróssi Literaturi* [Questões de Literatura], n° 6. Posteriormente, em 1975, ano da morte de Bakhtin, "O discurso no romance" foi incluído, com vários cortes e adaptações, no volume *Vopróssi literaturi i estétiki*.[1]

No final do século XX, os discípulos de Mikhail Bakhtin, Serguei Botcharov e Vadim Kójinov, começaram a compilar material para a edição de suas *Sobránie sotchiniênii* [Obras reunidas] em sete volumes (a *Teoria do romance* ocupa o tomo 3, lançado em 2012). Trata-se da primeira edição integral da reflexão teórica bakhtiniana a respeito do

---

[1] Foi esta edição de 1975, com supressões e alterações do texto original, que foi traduzida e publicada no Brasil como *Questões de literatura e de estética* (São Paulo, Unesp/Hucitec, 1988).

romance, publicada sem os cortes anteriores e reunida numa rigorosa edição crítica, que conta com notas e comentários dos organizadores.

Para esta nova edição da *Teoria do romance*, os organizadores decidiram recuperar o original datilografado de "O discurso no romance", conservado no arquivo do autor (reconhecido como a fonte básica do texto), e editá-lo na íntegra. Nesse sentido, foram respeitadas as anotações feitas à mão pelo autor, que haviam sido suprimidas ou incorporadas arbitrariamente ao texto na edição de 1975.

A edição russa de 2012 optou por distinguir entre as notas numeradas do texto original datilografado e os acréscimos feitos à mão por Bakhtin no verso das folhas (que muitas vezes têm uma redação mais sintética, quase esquemática). Assim, na presente edição brasileira as notas manuscritas estão indicadas com †, e as notas do tradutor, com * e (N. do T.).

Esta tradução foi realizada a partir do texto crítico de *Sobránie sotchiniênii* [tomo 3, *Teória romana (1930-1961)*, Moscou, Iazikí Slaviánskikh Kultur, 2012], que reúne a totalidade da *Teoria do romance* de Bakhtin. Com o consentimento de Serguei Botcharov, o tradutor e a editora optaram por publicá-la no Brasil em três volumes: *Teoria do romance I: A estilística* compreende a primeira parte da *Teoria do romance*.

O discurso no romance

As questões da estilística do romance

A linguagem no romance é uma das questões mais atuais de nossos dias.

Contudo, à luz das ideias do *realismo socialista*, elaborar com eficiência e profundidade esse problema à base de matérias de nossa atualidade e da produção soviética pressupõe resolver de antemão uma questão de *princípio*, vinculada à *natureza especial da linguagem* do romance, àquelas tarefas particulares e possibilidades do discurso determinadas pelas peculiaridades do gênero romanesco. Nessa questão falta até hoje a clareza necessária, e este livro é uma tentativa de resolvê-la.

Este livro nasceu como prolegômenos teóricos e, em parte, históricos ao estudo concreto da estilística do romance soviético atual. Daí a dupla limitação da tarefa que nele colocamos. Em primeiro lugar, não apresentamos uma estilística do romance minimamente acabada e nos concentramos na questão geral da vida específica do discurso na prosa romanesca. Em segundo, limitamo-nos aos modelos clássicos do gênero romanesco e, em linhas gerais, não ultrapassamos os limites do passado, isto é, limitamo-nos à *herança literária* no campo da estilística do romance.

As referidas limitações devem-se também à natureza um tanto abstrata deste livro (sobretudo dos capítulos 2 e 4). O aumento do número de exemplos que caberia citar tornaria o livro mais pesado. Faremos isso em outro lugar.[1] Achamos perfeitamente satisfatórios os exemplos que arrolamos para fundamentar e elucidar nossas teses basilares sobre o papel especial do discurso no romance.

Como já dissemos, este livro surgiu como uma introdução ampliada à estilística do romance soviético. Em nosso país criou-se o terreno para uma reviravolta radical nos destinos do discurso romanesco. A busca errática de sentidos nas linguagens — característica do gênero romanesco —, certo desabrigo da linguagem, uma "sem-linguagem" (que também é "multilinguagem"), tudo isso vem sendo superado em nosso país, ou melhor: aqui se criou pela primeira vez na história do romance o terreno socioideológico para tal superação. É evidente, porém, que o próprio processo de superação e a *subsequente transformação do gênero romanesco* ainda estão muito distantes da conclusão (no tocante à forma e à linguagem). Nesse processo da mais profunda reconstrução — não só temática, mas também *sociolinguística* — do gênero romanesco, a assimilação crítica da herança literária no campo da estilística do romance reveste-se de uma seriedade e uma responsabilidade peculiares. Sem uma compreensão aprofundada das particularidades específicas do uso literário da palavra em modelos clássicos do gênero romanesco como *Dom Quixote, Simplicissimus, Gargântua e Pantagruel, Gil Blas* e o romance dos grandes humoristas ingleses (Henry Fielding, Tobias Smollett, Laurence Sterne), dificilmente seria possível uma assimilação crítica eficiente. Sem um coerente estudo

---

[1] Refiro-me ao livro sobre a estilística do romance soviético que preparamos para publicação. Fizemos inúmeras análises do estilo romanesco em "O discurso em Dostoiévski (ensaio de estilística)", segunda parte do livro *Problemas da obra de Dostoiévski*, Leningrado, Pribói, 1929.

[Em 1961-62, Mikhail Bakhtin refez esse livro, inserindo dois novos capítulos e dando-lhe o título de *Problemas da poética de Dostoiévski*. (N. do T.)]

filosófico das peculiaridades da "consciência sociolinguística" que se materializou nesses modelos do romance europeu, as questões da linguagem e da estilística do romance atual não podem ser elevadas ao devido nível.

O fio condutor deste livro é a superação do divórcio entre o "formalismo" abstrato e o igualmente abstrato "ideologismo" no estudo do discurso literário, e uma superação baseada numa *estilística sociológica*, para a qual a forma e o conteúdo são indivisos no discurso concebido como fenômeno social — social em todos os campos de sua vida e em todos os seus elementos, da imagem sonora às camadas semânticas abstratas.

Essa ideia determinou também que nos apoiássemos na "estilística do *gênero*". O fato de o estilo e a linguagem terem se separado do gênero acabou redundando consideravelmente num estudo que privilegiava os tons harmônicos individuais e tendenciais do estilo, ignorando, porém, seu *tom social* de base. Os grandes destinos históricos do discurso literário, ligados aos destinos dos gêneros, foram bloqueados pelos pequenos destinos das modificações estilísticas, vinculados a escritores e tendências individuais. Por isso, a estilística privou-se de um enfoque autenticamente filosófico e sociológico de seus problemas, excedeu-se em minúcias estilísticas, foi incapaz de perceber por trás dos avanços tendenciais e individuais os grandes e anônimos destinos do discurso literário. Na maioria dos casos, a estilística era uma estilística da maestria de gabinete e ignorava a vida social da palavra fora da oficina do artista, na vastidão das praças, ruas, cidades e aldeias, dos grupos sociais, gerações, épocas. A estilística não operava com a palavra viva, mas com seu preparado histológico, com a palavra abstrata da linguística a serviço da maestria individual do escritor. Mas até esses tons harmônicos individuais e tendenciais do estilo, desligados das principais vias sociais da vida da palavra, receberam inevitavelmente um tratamento superficial e abstrato e não puderam ser estudados em unidade orgânica com as esferas semânticas e ideológicas da obra.

Esse divórcio entre a estilística e a ideologia no campo do estudo do romance tinha uma significação particular. O enfoque sociológico coerente da palavra o supera radicalmente neste livro, ampliando e aprofundando as bases da sociologia do discurso literário.

Por isso, pensamos que o tema de nosso livro — a vida específica do discurso no romance —, a despeito de sua natureza abstrata, tem uma importância bastante atual.

1

A estilística atual e o romance

Até bem recentemente não havia uma colocação nítida das questões da estilística do romance que partisse do reconhecimento da *originalidade estilística* (prosaico-ficcional)* do discurso *romanesco*.

O lugar da retórica, sob cuja alçada toda a prosa esteve desde sempre, inclusive a prosa ficcional,[2] acabou não sendo ocupado por ninguém no século XIX; a retórica morreu sem deixar sucessor. A poética não abrigou a prosa literária, que ficara órfã. Aliás, a própria prosa, na qual começaram a predominar tendências naturalistas, fugia da poética. Durante muito tempo, o romance foi objeto apenas de um enfoque

---

* No original, *khudójestvenno-prozaítcheskoe*, literalmente, "artístico-prosaico". Em russo não existe o termo ficção como é concebido no Ocidente. Portanto, "literatura ficcional" ou "ficção" como modalidade específica de arte literária vem sempre antecedida do epíteto *khudójestvennoe*, isto é, artístico; o mesmo acontece com a prosa de ficção ou ficcional, que, ao longo deste livro, aparece também como prosa literária. Assim, *khudójestvennaia literatura* é ficção ou literatura ficcional, reservando-se o termo "literatura" a um emprego mais geral como, por exemplo, literatura russa, literatura ocidental, etc. Nesta tradução, emprego o termo artístico quando se trata de modo de produção ficcional ou literária. Para maiores esclarecimentos, ver o meu prefácio e o glossário no final desta obra. (N. do T.)

[2] Sabe-se que a poética neoclássica ignorou inteiramente o romance como gênero literário independente, situando-o dentro dos gêneros retóricos mistos.

abstrato-ideológico e uma apreciação publicística.* Passava-se totalmente ao largo das questões concretas da estilística ou dava-se a elas um tratamento apressado e desprovido de um princípio; concebia-se o discurso da prosa literária como um discurso poético em sentido estrito e a ele se aplicavam, de maneira acrítica, as categorias da estilística tradicional (centradas na doutrina dos tropos como fundamento), ou ficava-se simplesmente em vazias apreciações valorativas da linguagem como "expressividade", "figuralidade", "força", "clareza", etc., sem que se introduzisse nesses conceitos nenhum sentido estilístico minimamente claro e elaborado.

Em fins do século XIX, em contraposição ao exame abstrato-ideológico, começa a intensificar-se o interesse pelas questões concretas da maestria artística na prosa e pelos problemas tecnológicos do romance e da novela.[3] Entretanto, a situação não sofreu nenhuma alteração nas questões da estilística: a atenção se concentrava exclusivamente nos problemas de composição (em sentido amplo). Mas, como antes, não havia um enfoque de princípio e ao mesmo tempo concreto (impossível existir um sem o outro) das peculiaridades da vida estilística do discurso no romance (e também na novela); continuavam a dominar as mesmas observações valorativas e casuais acerca da língua no espírito da estilística

---

* Enfoque sociopolítico da literatura. A publicística é uma espécie de gênero jornalístico crítico e mordaz centrado na atualidade ideológica e integra a sátira menipeia (criada por Menipo de Gadara, no século II). Em Bakhtin, a referência à publicística aponta para a crítica jornalística. (N. do T.)

[3] Isso se verifica em vários trabalhos de Friedrich Spielhagen (1829-1911) sobre a técnica do romance e da novela (começaram a ser publicados em 1864) e sobretudo no trabalho de Robert Riemann: *Goethes Romantechnik* [A técnica romanesca de Goethe], Leipzig, Hermann Seemann Nachfolger, 1902; na França, a questão aparece sobretudo em Ferdinand Brunetière (1849-1906) e Gustave Lanson (1857-1934).

tradicional, que não tocam, absolutamente, o autêntico *specificum* da prosa literária.[4]

Era muito difundido e peculiar o ponto de vista que via no discurso romanesco certo ambiente extraliterário, privado de uma elaboração estilística particular e original. Sem encontrar neste discurso a esperada enformação puramente poética (em sentido restrito), negam-lhe qualquer significação artística: como no discurso vital e prático ou científico, não passa de um instrumento artístico neutro de comunicação.[5]

---

[4] Em inúmeras monografias sobre a técnica do romance e da novela — por exemplo, as de Edmund Reiss (sobre os romances de Wilhelm Heinse), de Georg Leyh (novela de Gottfried Keller), de Ernst Bertram (novela de Adalbert Stifter), nas pesquisas de Moritz Goldstein e Hans Bracher sobre a técnica da novela emoldurada etc. —, as questões de estilística são simplesmente ignoradas ou se perdem de forma completamente casual. Entretanto, na maioria dos casos, especialmente na questão do *Rahmenerzählung* [narrativa emoldurada], o lado composicional é inseparável do estilístico.

No trabalho conjunto republicado de Heinrich Keiter e Tony Kellen, *Der Roman: Theorie und Technik des Romans und der erzählenden Dichtung nebst einer geschichtlichen Einleitung* [O romance: teoria e técnica do romance e da narrativa, acompanhado de uma introdução histórica] (Essen-Ruhr, Fredebeul & Koenen, 1912), em todo o livro são dedicados às questões de estilística do romance três pequenos capítulos: ao todo, tratam do romance trinta páginas, de um total de quinhentas. Essas páginas são repletas de argumentações banalíssimas e se encerram com a afirmação geral de que "o estilo épico romanesco deve se distinguir pela clareza e pela evidência", p. 427. Claro, esse livro não tem caráter de pesquisa, e seu valor como guia é nulo — mas no caso em questão ele de fato reflete o nível geral do tratamento dado aos problemas de estilística do romance.

[5] Viktor Jirmúnski oferece uma expressão muito coerente e precisa desse ponto de vista: "Se uma poesia lírica é, efetivamente, uma obra de *arte verbal* na escolha e na combinação de palavras, tanto no aspecto semântico quanto no aspecto sonoro, e completamente subordinada à tarefa estética, o romance de Lev Tolstói, livre em sua composição verbal, faz uso da palavra não como um elemento artístico-significativo de influência, mas como um meio neutro ou como um sistema de designações, su-

Tal ponto de vista descarta a necessidade de análises estilísticas do romance e revoga a própria questão de sua estilística ao permitir que nos limitemos a análises puramente temáticas.

Só recentemente a situação sofreu uma nítida mudança: o discurso da prosa romanesca começa a conquistar o seu lugar na estilística contemporânea. De um lado, surge uma série de análises estilísticas concretas da prosa romanesca;[6] de outro, empreendem-se tentativas de princípio no sentido de compreender e definir a originalidade estilística da prosa literária naquilo que a difere da poesia.

---

bordinadas, como no discurso prático, à função comunicativa, que nos introduzem no movimento de elementos temáticos abstraídos do discurso. Essa *obra literária* não pode ser chamada de obra de *arte verbal*, ou, em todo caso, não no mesmo sentido da poesia lírica". "A questão do 'método formal'", em sua coletânea de ensaios *Vopróssi teorii literaturi* [Questões de teoria da literatura], Leningrado, Academia, 1928, p. 173. Cf. também nessa mesma coletânea pp. 48-9.

[6] Trabalhos particularmente valiosos em relação a isso: Helmut Hatzfeld, *Don Quijote als Wortkunstwerk, die einzelnen Stilmittel und ir Sinn* [*Dom Quixote* como obra de arte literária, os procedimentos estilísticos particulares e o seu sentido], 1927; Georg Loesch, *Die impressionistische Syntax der Goncourts* [A sintaxe impressionista dos Goncourts], 1919; Albert Thibaudet, *Gustave Flaubert*, 1922 (o trabalho não trata apenas do plano da estilística); há valiosas análises estilísticas nos livros de Wilhelm Dibelius *Englische Romankunst* [A arte do romance inglês] e *Charles Dickens*; análises da prosa de ficção no livro de Ernst Hirt *Das Formgesetz der epischen, dramatischen und lyrischen Dichtung* [A lei da forma da poesia épica, dramática e lírica], 1923; talvez quem tenha conseguido chegar mais perto da questão central da estilística da prosa tenha sido Leo Spitzer nos trabalhos sobre a estilística de Charles-Louis Philippe, Charles Péguy e Marcel Proust, reunidos no segundo tomo do livro *Stilstudien* (*Stilsprachen*, 1928). Entre nós, há os trabalhos de Viktor Vinográdov sobre a estilística de Gógol e Dostoiévski (reunidos no livro *Gógol i Dostoiévski. K istóri naturálnoi chkoli* [Gógol e Dostoiévski. Uma história da escola natural], 1927) e os trabalhos de Boris Eikhenbaum e Yuri Tiniánov (sobre a prosa de Púchkin, Gógol, Dostoiévski, Tolstói e Leskov).

Mas foram precisamente essas análises concretas e essas tentativas de um enfoque de princípio que revelaram com absoluta clareza que todas as categorias da estilística contemporânea e a própria concepção de discurso poético que lhes servia de base são inaplicáveis ao discurso romanesco. O discurso romanesco veio a ser a pedra de toque para todo o pensamento estilístico atual, revelando a sua estreiteza e a sua inadequação a todos os campos da vida artística da palavra.

Todas as tentativas de análises estilísticas concretas da prosa romanesca ou se convertem em descrições linguísticas da linguagem do romancista ou se limitam a destacar certos elementos estilísticos que se subpunham (ou apenas pareciam subpor-se) às categorias da estilística. Tanto num caso como no outro, o todo estilístico do romance e o *specificum* do discurso romanesco escapam aos pesquisadores.

O romance como um todo verbalizado é um fenômeno pluriestilístico, heterodiscursivo, heterovocal. Nele, o pesquisador esbarra em várias unidades estilísticas heterogêneas, às vezes jacentes em diferentes planos de linguagem e subordinadas às leis da estilística.

Eis os tipos básicos de unidade estilístico-composicional, nos quais costuma decompor-se o todo romanesco:

1) Narração direta do autor da obra literária (em todas as suas multiformes variedades);

2) Estilização das diferentes formas de narração oral do cotidiano (*skaz*);*

---

* O primeiro significado desse termo é narração oral em prosa, centrada na atualidade ou num passado recente. Oriundo do folclorismo, passou a ser empregado com bastante frequência pela crítica soviética a partir dos anos 1930 em face da presença cada vez mais forte da oralidade na literatura, que, se já era grande no século XIX (Púchkin, Gógol, Dostoiévski, Mámin-Sibiriak, Leskov, Górki e outros), ampliou-se e aprofundou-se ainda mais nos anos 1920. A literatura dessa época, povoada por heróis populares (o *Tchapáiev* de Dmitri Fúrmanov é, talvez, o exemplo

3) Estilização das diferentes formas de narração semiliterária (escrita) cotidianas (cartas, diários, etc.);

4) Diferentes formas de discurso literário, mas extra-artístico, do autor (juízos morais, filosóficos, científicos, declamações retóricas, descrições etnográficas, informações protocolares, etc.);

5) Discursos estilísticos individualizados dos heróis.

mais ilustrativo), é caracterizada pela presença marcante (às vezes predominante) do discurso oral vivo, à queima-roupa e quase fotográfico, de um narrador exótico saído do povo. Esse é o alimento do *skaz*, que permitirá a muitos estudiosos russos lançar um olhar retroverso para a literatura; o melhor exemplo é o texto "Como é feito *O capote* de Gógol", de Boris Eikhenbaum. Assim, o termo tem sentidos vários, embora integrados. Tipo específico de relato estruturado como narração de alguém distanciado do autor (pessoa concretamente nomeada ou subentendida), dotado de uma forma de discurso próprio e *sui generis*, para Eikhenbaum o *skaz* é uma forma de prosa narrativa que no léxico, na sintaxe e na escolha das entonações revela uma diretriz centrada no discurso falado do narrador. Em um contexto literário mais amplo, o *skaz* apresenta em primeiro plano uma contínua sensação de uma narração não profissional, embasada num discurso alheio que, em sua forma interior, é amiúde inaceitável para o autor. Essa liberdade em relação à batuta linguística do autor cria uma espécie de biplanaridade na estrutura da narração, na qual ecoam ora a voz do autor, ora da personagem, e o leitor percebe essa novidade. Muitos autores usam o *skaz* com o fim de violar certa mediania na tradição literária, pois ele permite incorporar à cena literária matéria nova e um novo tipo de personagem distanciado da cultura livresca, dotado de linguagem de seu próprio universo sociocultural e maneiras novas de falar, inusuais para os hábitos correntes de linguagem. Em "Literatúrnoe segódnia" [O presente literário], texto publicado em 1924 na coletânea *Rússki sovremiênnik* [O contemporâneo russo], Yuri Tiniánov escreve: "o *skaz* torna a palavra fisiologicamente perceptível, toda a narrativa se torna um monólogo dirigido a cada leitor e este *entra* na narração, começa a entoar, a gesticular, a sorrir; ele não lê a narrativa, ele a representa". Isto, sob a ótica de Bakhtin, abre as mais amplas possibilidades para o jogo com a palavra do outro. (Texto em parte baseado na *Krátkaia literatúrnaia entsiklopédia* [Breve enciclopédia literária], v. 6, Moscou, Soviétskaia Entsiklopédia, 1971, pp. 875-6). (N. do T.)

Quando essas unidades estilísticas heterogêneas passam a integrar o romance, neste se combinam num harmonioso sistema literário e se subordinam à unidade estilística superior do conjunto, que não pode ser identificada com nenhuma das unidades a ele subordinadas.

A originalidade estilística do gênero romanesco reside de fato na combinação dessas unidades subordinadas, mas relativamente independentes (às vezes até heterolinguísticas)* na unidade superior do conjunto: *o estilo do romance reside na combinação de estilos*; *a linguagem do romance é um sistema de "linguagens"*. Cada elemento discriminado da linguagem do romance é determinado de modo imediato pela unidade estilística subordinada que ele integra diretamente: pelo discurso estilisticamente individualizado do herói, pelo *skaz* do narrador centrado no cotidiano, pela escrita, etc. É esta unidade imediata que determina o aspecto estilístico e linguístico de dado elemento (léxico, semântico, sintático). Tal elemento, acompanhado de sua unidade estilística imediata, comunga ao mesmo tempo no estilo do conjunto, incorpora os seus acentos, participa da construção e da revelação do sentido único desse conjunto.

O romance é um heterodiscurso** social artisticamente*** organizado, às vezes *uma diversidade de linguagens e uma dissonância individual*. A estratificação interna de uma língua nacional única em dialetos sociais, modos de falar de grupos, jargões profissionais, as linguagens dos gêneros, as

---

* Leia-se como unidades pertencentes à diversidade de linguagens. (N. do T.)

** Heterodiscurso ou diversidade de discursos. Heterodiscurso é minha tradução para a antiga palavra russa *raznorétchie*, que no Brasil foi traduzida como "plurilinguismo" e "heteroglossia". Observe-se que nesse parágrafo está toda a concepção bakhtiniana de heterodiscurso. Para maiores detalhes, ver o glossário no final deste livro. (N. do T.)

*** Ver nota sobre esse emprego. (N. do T.)

A estilística atual e o romance

linguagens das gerações e das faixas etárias, as linguagens das tendências e dos partidos, as linguagem das autoridades, as linguagens dos círculos e das modas passageiras, as linguagens dos dias sociopolíticos e até das horas (cada dia tem sua palavra de ordem, seu vocabulário, seus acentos), pois bem, a estratificação interna de cada língua em cada momento de sua existência histórica é a premissa indispensável do gênero romanesco: através do heterodiscurso social e da dissonância individual, que medra no solo desse heterodiscurso, o romance *orquestra* todos os seus temas, todo o seu universo de objetos e sentidos que representa e exprime. O discurso do autor, os discursos dos narradores, os gêneros intercalados e os discursos dos heróis são apenas as unidades basilares de composição através das quais o heterodiscurso se introduz no romance; cada uma delas admite uma diversidade de vozes sociais e uma variedade de nexos e correlações entre si (sempre dialogadas em maior ou menor grau). Tais nexos e correlações especiais entre enunciados e linguagens, esse movimento do tema através das linguagens, sua fragmentação em filetes e gotas de heterodiscurso social e sua dialogização constituem a peculiaridade basilar da estilística romanesca, seu *specificum*.

A estilística tradicional desconhece esse tipo de combinação de linguagens e de estilos em uma unidade superior e carece de um enfoque do peculiar *diálogo social das linguagens* no romance. É por isso que a análise estilística não se orienta no sentido da totalidade do romance, mas apenas de uma ou outra unidade estilística subordinada do mesmo. O pesquisador passa à margem da peculiaridade basilar do gênero romanesco, substitui o objeto da pesquisa e, em vez de analisar o estilo do romance, analisa algo que, no fundo, é completamente diverso. É como se transpusesse para o piano um tema sinfônico (orquestrado).

Observam-se, como já dissemos, dois tipos de substituição: no primeiro caso, em vez de uma análise do estilo do romance faz-se uma descrição da *linguagem do romancista* (ou, no melhor dos casos, das "linguagens" do romance); no segundo caso, destaca-se um dos estilos subordinados, que é analisado como estilo do conjunto.

No primeiro caso, o estilo é separado do gênero e da obra e examinado como um fenômeno da própria linguagem; a unidade do estilo de dada obra transforma-se em unidade de certa linguagem individual ("dialeto individual") ou em uma unidade de fala individual (*parole*). É justamente a *individualidade do falante* que se reconhece como aquele fator que transforma um fenômeno de linguagem, linguístico, em unidade estilística.

No caso em questão, não nos importa em que direção segue esse tipo de análise do estilo romanesco: se no sentido de revelar certo dialeto individual do romancista (ou seja, seu vocabulário, sua sintaxe) ou de descobrir as peculiaridades da obra como certo conjunto discursivo, como "enunciado". Tanto num caso como no outro o estilo é concebido como *individualização da língua geral* (no sentido do sistema de normas gerais da língua). Diante disso, a estilística se transforma numa peculiar linguística de línguas individuais ou numa linguística da enunciação (*linguistique de la parole*, segundo a terminologia de Saussure).[7]

Assim, segundo o ponto de vista em discussão, a unidade do estilo pressupõe, por um lado, a *unidade da língua* em termos de sistema de formas normativas gerais e, por outro, a *unidade da individualidade* que se realiza nessa língua.

---

[7] A redução do fenômeno estilístico à individualização do fenômeno linguístico é igualmente característica das duas maiores escolas linguísticas da atualidade: da Escola de Genebra de Ferdinand de Saussure (Charles Bally e Albert Sechehaye) e da escola de Karl Vossler (Leo Spitzer, Georg Loesch e outros), por maiores que sejam as diferenças entre essas escolas na concepção do próprio fenômeno linguístico e dos métodos da análise estilística concreta.

Essas duas condições são, de fato, obrigatórias na maioria dos gêneros de poesia em verso, mas também aqui elas estão longe de esgotar e ainda não determinam o estilo da obra. A descrição mais exata e completa da linguagem individual e do discurso do poeta, mesmo que tome como diretriz a representatividade e a expressividade dos elementos da língua e do discurso, ainda não é uma análise estilística da obra, uma vez que esses elementos respeitam ao sistema da língua ou ao sistema da fala, etc., isto é, a algumas unidades linguísticas e não ao sistema da obra literária, que é guiada por leis totalmente diversas daquelas que regem os sistemas linguísticos da língua e da fala.

Contudo, repetimos, na maioria dos gêneros poéticos a unidade do sistema da língua e a unidade (e singularidade) da individualidade linguística e discursiva do poeta, que se realiza imediatamente em tal unidade, são premissas indispensáveis do estilo poético. O romance, por sua vez, não exige essas condições — inclusive, como já afirmamos, a premissa da autêntica prosa romanesca é a estratificação interna da língua, seu heterodiscurso social e a dissonância individual que o povoa.

Por isso, a substituição do estilo do romance pela linguagem individual do romancista (uma vez que isto pode ser descoberto no sistema de "linguagens" e "discursos" do romance) é duplamente injustificável: deforma a própria essência da estilística do romance. Tal substituição leva inevitavelmente a que se destaquem do romance apenas aqueles elementos que se enquadram nos limites de um sistema único de linguagem e que exprimem de forma direta e imediata a individualidade do autor na linguagem.[8] O conjunto do romance e as tarefas específicas de construção desse conjunto

---

[8] Assim agem Helmut Hatzfeld, Georg Loesch, Albert Thibaudet e Leo Spitzer nas obras que mencionamos, a despeito de certa diferença na interpretação dos fenômenos linguístico e estilístico.

a partir de elementos heterodiscursivos, dissonantes, estilisticamente diversos e amiúde heterolinguísticos fica fora dos limites de semelhante estudo.

É esse o primeiro tipo de substituição do objeto da análise estilística do romance. Não nos aprofundamos nas distintas variedades desse tipo, determinadas por uma concepção diferente de tais conceitos como "totalidade discursiva", "sistema de linguagem", "individualidade linguística e discursiva do autor", e pela diferença de concepção da própria relação de reciprocidade entre o estilo e a linguagem (*respectivamente*, entre a estilística e a linguística). Diante de todas as possíveis variações desse tipo de análise, que conhece apenas uma só e única língua e uma única individualidade do autor que nela se traduz imediatamente, o *specificum* estilístico do romance escapa irremediavelmente ao pesquisador.

O segundo tipo de substituição se caracteriza pela diretriz não mais centrada na linguagem do autor mas no estilo do romance; porém, esse estilo se restringe ao estilo de apenas alguma das unidades subordinadas (relativamente autônomas) do romance.

Na maioria dos casos, o estilo do romance se enquadra no conceito de "estilo épico" e a ele se aplicam as correspondentes categorias da estilística tradicional. Neste caso, destacam-se do romance apenas os elementos da representação épica (predominantemente do discurso direto do autor). Ignora-se a profunda diferença entre a representatividade romanesca e a puramente épica. As diferenças entre o romance e a epopeia costumam ser percebidas apenas nos planos composicional e temático.[9]

---

[9] Assim são as análises, em si muito valiosas, do estilo épico na prosa ficcional no referido livro de Ernst Hirt. Hirt conhece apenas a narração épica, que, segundo ele, é similar em todos os gêneros de prosa ficcional. Ele aplica as mesmas categorias à análise do conto maravilhoso (*Dornröschen* [A bela adormecida]), da novela do mesmo estilo (*O terremoto no*

Em outros casos destacam-se outros elementos do estilo romanesco como os mais característicos dessa ou daquela obra concreta. Assim, os elementos da narração podem ser enfocados não do ponto de vista de sua representatividade objetiva, mas da expressividade subjetiva. Podemos destacar os elementos da narração extraliterária do cotidiano (*skaz*) ou os elementos de natureza temático-informativa (por exemplo, na análise do romance de aventuras).[10] Por fim, pode-se destacar também o elemento puramente dramático do romance, reduzindo-se o elemento narrativo a uma simples observação dos diálogos das personagens romanescas.[11†]

Todas as análises desse tipo são inadequadas ao estilo, não só do conjunto do romance, mas também do elemento que elas destacam como basilar para ele, pois esse elemento, retirado da interação com outros, muda seu sentido estilístico e deixa de ser aquilo que realmente era para o romance.

Chile, de Kleist) e do romance (*As afinidades eletivas*, de Goethe). Escapa-lhe a especificidade do estilo romanesco. É análogo o que faz Emil Ermatinger no livro *Das dichterische Kunstwerk* [A obra de arte literária], Leipzig, B. G. Teubner, 1921.

[10] Entre nós, os formalistas estudaram o estilo da prosa ficcional predominantemente segundo os dois últimos planos, isto é, estudaram ou os elementos de *skaz* como os mais característicos da prosa ficcional (Boris Eikhenbaum) ou os temático-informativos (Viktor Chklóvski).

[11] São estes os pontos de vista de Friedrich Spielhagen, que exige do romance objetividade na representação, entendendo por objetividade, segundo justa observação de Käte Friedemann, apenas a "ilusão dramática". Cf. Käte Friedemann, *Die Rolle des Erzählers in der Epik* [O papel do narrador na épica], Leipzig, H. Haessel, 1910, pp. 5-6, 30-2.

† O romance e o drama.

Definição de romance na Antiguidade como "drama contado".

O sistema de línguas no drama é organizado de outra maneira, por isso essas línguas também soam de forma completamente diferente em relação ao romance. Não há uma língua abrangente, dialogicamente voltada para as línguas separadas, não há um segundo diálogo abrangente sem enredo (não dramático).

O atual estado das questões da estilística do romance revela com total evidência que todas as categorias e métodos da estilística tradicional são incapazes de dominar a originalidade artística do discurso do romance, sua vida específica nesse gênero. A "linguagem poética", a "individualidade linguística", a "imagem", o "símbolo", o "estilo épico" e outras categorias gerais elaboradas e aplicadas pela estilística, assim como o conjunto de procedimentos estilísticos concretos enquadrados nessas categorias — a despeito de toda a diferença de sua concepção por pesquisadores particulares — estão igualmente voltados para os gêneros de uma só linguagem e um só estilo, para os gêneros poéticos em sentido estrito. A essa orientação exclusiva está ligada uma série de peculiaridades e limitações essenciais das categorias estilísticas tradicionais. Todas essas categorias e a concepção filosófica do discurso poético que a fundamentam são estreitas e restritas e não incorporam aos seus limites o discurso prosaico-literário do romance.

A estilística e a filosofia do discurso veem-se, no fundo, diante de um dilema: reconhecer o romance (e, por conseguinte, toda a prosa literária que tende para ele) como um gênero não literário ou pseudoliterário ou rever radicalmente a concepção de discurso poético que fundamenta a estilística tradicional e determina todas as suas categorias.

Contudo, nem todos se dão conta desse dilema. A maioria dos estudiosos não é propensa a uma revisão radical da concepção filosófica basilar do discurso poético. Muitos não veem nem reconhecem as raízes filosóficas da estilística (e da linguística) com que operam e, de forma positivista, esquivam-se de qualquer princípio filosófico. Por trás das observações estilísticas particulares e desarticuladas e das descrições linguísticas, não enxergam a questão de princípio do discurso romanesco. Outros, mais assentados em princípios, mantêm-se no terreno de um idealismo filosófico coerente e do individualismo na concepção da linguagem e do estilo (os

A estilística atual e o romance

partidários de Vossler, bem como de Hirt, Ermatinger e outros). No fenômeno estilístico procuram antes de tudo a expressão direta e imediata da individualidade do autor, e o que essa concepção menos favorece é a revisão das categorias estilísticas basilares no devido sentido. O individualismo idealista em filosofia da linguagem e do estilo é incapaz de resolver a questão do discurso romanesco. É exatamente neste discurso que se revela com nitidez especial a estreiteza e a inadequação da linguística e da poética idealistas à vida real da palavra.

Entretanto, também é possível a seguinte solução de princípio do nosso dilema: podemos mencionar a esquecida retórica sob cujo domínio toda a prosa literária manteve-se ao longo de séculos. Ora, reinvestindo-se a retórica de seus antigos direitos, pode-se permanecer na velha concepção do discurso poético, relacionando às "formas retóricas" tudo o que na prosa romanesca não se enquadra no leito de Procusto das categorias tradicionais da estilística.[12]

É essa solução do dilema em nosso país que propõe G. G. Chpiet,* plenamente estribado em princípios e coerência. Ele exclui totalmente a prosa literária e sua realização limite — o romance — do campo da poesia, situando-as entre as formas puramente retóricas.[13]

---

[12] Tal solução do problema foi particularmente sedutora para o método formal em poética: ora, restaurar os direitos da retórica reforça em extremo as posições dos formalistas. A retórica formalista é um complemento necessário da poética formalista. Nossos formalistas mostraram plena coerência quando, há muito tempo, começaram a falar da necessidade de restabelecer a poética ao lado da retórica (cf. Boris Eikhenbaum, *Literatura*, Leningrado, Pribói, 1927, pp. 147-8).

* Gustav Gustávovitch Chpiet (1879-1937), hermeneuta russo. (N. do T.)

[13] Primeiro em *Estetítcheskie fragmenti* [Fragmentos estéticos], Petrogrado, 1922-23, e, de forma mais acabada, em *Vnútrenniaia forma slova* [A forma interna do discurso], Moscou, GAKhN, 1927.

Eis o que ele diz sobre o romance: "A consciência e a concepção de que as formas atuais de propaganda moral — o romance — não são formas de criação poética, mas composições puramente retóricas, ao que tudo indica, mal surgem e logo esbarram em obstáculos de difícil superação sob a forma de um reconhecimento universal de que, apesar de tudo, há por trás do romance alguma significação estética".[14]

Chpiet nega qualquer valor estético ao romance. O romance é um gênero retórico extraliterário, uma "forma atual de propaganda moral"; o discurso literário é apenas um discurso poético (em sentido restrito).

Ponto de vista análogo assume V. V. Vinográdov em seu livro de 1930 *O khudójestvennoi proze* [Acerca da prosa literária], quando associa à retórica o *specificum* da prosa literária. Muito afinado com Chpiet nas definições filosóficas basilares do "poético" e do "retórico", Vinográdov, entretanto, não é tão ousado e paradoxalmente coerente: considera o romance uma forma sincrética mista ("uma formação híbrida") e admite que nele também há elementos genuinamente poéticos ao lado dos retóricos.[15]

Esse ponto de vista, que exclui totalmente do âmbito da poesia a prosa romanesca como uma formação puramente retórica, no fundo é incorreto, embora tenha alguns méritos indiscutíveis. Reúne em si o reconhecimento de princípio e fundamentado da inadequação de toda a estilística atual, com sua base linguístico-filosófica, às particularidades específicas da prosa romanesca. Demais, o próprio apelo às formas retóricas tem grande significado heurístico. O discurso retórico, tomado como objeto de estudo em toda a sua viva diversida-

[14] *Vnútrenniaia forma slova*, cit., p. 215.

[15] Cf. *O khudójestvennoi proze*, Moscou, GIZ, 1930, pp. 75-106: "Nem sempre é essencial chamar o todo de retórico ou poético, ao menos para o linguista, porém acontece ser mais essencial cruzar os procedimentos e princípios de fusão das formas poéticas com as retóricas".

de, não pode deixar de exercer uma influência profundamente revolucionária sobre a linguística e a filosofia da linguagem. Nas formas retóricas, quando enfocadas de modo correto e não preconcebido, revelam-se com grande precisão externa os aspectos de *qualquer discurso* (a dialogicidade interna do discurso e as manifestações que a acompanham) que até hoje não foram suficientemente considerados e compreendidos no tocante ao seu imenso peso específico na vida da linguagem. Nisto reside a importância metodológica e heurística das formas retóricas para a linguística e a filosofia da linguagem.

É igualmente grande e especial a importância das formas retóricas para a interpretação do romance. Toda a prosa literária e o romance têm o mais estreito parentesco genético com as formas retóricas. Ao longo de todo o sucessivo desenvolvimento do romance, sua estreitíssima interação (pacífica ou em luta) com os gêneros retóricos vivos (publicísticos, morais, filosóficos, etc.) não cessou e não foi, talvez, menor que sua interação com os gêneros literários (épicos, dramáticos e líricos). Mas, nessa contínua interação, o discurso do romance conserva sua originalidade qualitativa e é irredutível ao discurso da retórica.

* * *

O romance é um gênero *literário*. O discurso romanesco é um discurso *poético*, mas, no âmbito da concepção vigente de discurso poético, ele efetivamente não se aloja. Esta concepção tem por base algumas premissas restritivas. No processo de sua formação histórica, de Aristóteles aos nossos dias, tal concepção norteou-se nos gêneros "oficiais" definidos e esteve ligada a tendências históricas definidas da vida verboideológica. Por isso, toda uma série de fenômenos permaneceu fora de seu horizonte.

A filosofia da linguagem, a linguística e a estilística postulam uma relação simples e imediata do falante com "sua" língua única e singular e uma realização simples dessa língua no enunciado *monológico* do indivíduo. No fundo, elas só conhecem dois polos da vida da linguagem, entre os quais se situam todas as manifestações linguísticas e estilísticas que lhes são acessíveis: *o sistema da língua única* e o *indivíduo* que fala nessa língua.

Em diferentes épocas (e em estreita relação com os diferentes estilos poéticos e ideológicos concretos dessas épocas), diferentes correntes da filosofia da linguagem, da linguística e da estilística introduziram matizes diversos nos conceitos de "sistema de linguagem", "enunciado monológico" e "indivíduo falante", mas seu conteúdo basilar permanece estável. Esse conteúdo basilar está condicionado a determinados destinos sócio-históricos das línguas europeias, aos destinos do discurso ideológico (inclusive do literário) e àquelas tarefas históricas especiais que o discurso ideológico resolveu em certas esferas sociais e em etapas definidas de seu desenvolvimento histórico.

Esses destinos e tarefas determinaram tanto certas variedades de gênero do discurso ideológico quanto certas correntes verboideológicas e, enfim, uma determinada concepção filosófica de discurso, sobretudo de discurso poético, a qual serviu de base a todas as correntes estilísticas.

Em tal condicionamento das categorias basilares da estilística a certos destinos históricos e tarefas do discurso ideológico reside a força dessas categorias e, simultaneamente, também as suas limitações. Estas foram geradas e formuladas pelas forças históricas atuais da formação verboideológica de certos grupos sociais, foram uma expressão teórica dessas forças ativas que criam a vida da linguagem.

Essas forças são as *forças da unificação e centralização* do mundo *verboideológico*.

A categoria de língua única é uma expressão teórica dos processos históricos da unificação e centralização linguística, uma expressão das *forças centrípetas* da língua. A língua única não é dada, mas, no fundo, sempre indicada e em cada momento de sua vida opõe-se ao heterodiscurso real. Ao mesmo tempo, porém, é real enquanto força que supera esse heterodiscurso, que lhe impõe certos limites, que assegura certo *maximum* de compreensão mútua e se cristaliza na unidade real, embora relativa, da linguagem falada (do dia a dia) com a linguagem literária, com a "linguagem correta".

A língua única e comum é um sistema de normas linguísticas. Contudo, essas normas não são um imperativo abstrato, mas *forças criadoras* da vida da língua, que superam o heterodiscurso da linguagem, unificam e centralizam o pensamento verboideológico, criam no interior da língua nacional heterodiscursiva um núcleo linguístico firme e estável da língua literária oficialmente reconhecida ou protegem essa língua já formada contra a pressão do crescente heterodiscurso.

Não temos em vista um *minimum* linguístico abstrato da língua comum, no sentido de um sistema de formas elementares (símbolos linguísticos) que assegure um *minimum* de compreensão na comunicação prática. Não tomamos a língua como um sistema de categorias gramaticais abstratas; tomamos a língua *ideologicamente preenchida*, a língua enquanto cosmovisão e até como uma opinião concreta que assegura um *maximum* de compreensão mútua em todos os campos da vida ideológica. Por isso a língua única exprime as forças da unificação verboideológica concreta e da centralização que ocorre numa relação indissolúvel com os processos de centralização sociopolítica e cultural.

A poética de Aristóteles, a poética de Agostinho, a poética eclesiástica medieval da "língua única da verdade", a poética cartesiana do neoclassicismo, o universalismo gramatical abstrato de Leibniz (a ideia da "gramática universal"), o ideologismo concreto de Humboldt, a despeito de todas as diferenças de nuanças, traduzem as mesmas forças centrípetas da vida sociolinguística e ideológica, servem a uma mesma e única tarefa — à centralização e à unificação das línguas europeias. A vitória de uma língua dominante (dialeto) sobre outras, o desalojamento de línguas, sua subjugação, sua instrução pela palavra verdadeira, a familiarização dos bárbaros e dos segmentos sociais inferiores com a língua única da cultura e da verdade, a canonização dos sistemas ideológicos, a filologia com seus métodos de estudo e ensino das línguas mortas e de fato únicas como tudo o que é morto, a linguística indo-europeia com sua diretriz partindo da multiplicidade de línguas para uma protolíngua única — tudo isso determinou o conteúdo e a força da categoria de língua única no pensamento linguístico e estilístico e o seu papel criador e formador de estilos na maioria dos gêneros poéticos que se constituíram no curso das mesmas forças centrípetas da vida verboideológica.

As forças centrípetas da vida da língua, materializadas numa "língua única", atuam no meio de um efetivo heterodiscurso.

Em cada momento concreto de sua formação, a língua é estratificada em camadas não só de dialetos no exato sentido do termo (segundo traços formalmente linguísticos, sobretudo fonéticos), mas também — o que é essencial para nós — em linguagens socioideológicas: linguagens de grupos sociais, profissionais, de gêneros, linguagens de gerações, etc. Desse ponto de vista, a própria linguagem literária é apenas uma das linguagens do heterodiscurso e, por sua vez, também está estratificada em linguagens (de gêneros, tendências, etc.). E essa estratificação factual e diversamente discursiva não são apenas a estática da vida da língua, mas também a sua dinâmica. A estratificação e o heterodiscurso se ampliam e se aprofundam enquanto a língua está viva e em desenvolvimento; ao lado das forças centrípetas segue o trabalho incessante das forças centrífugas da língua, ao lado da centralização verboideológica e da unificação desenvolvem-se incessantemente os processos de *descentralização* e *separação*.

Cada enunciação concreta do sujeito do discurso é um ponto de aplicação tanto das forças centrípetas quanto das centrífugas. Nela se cruzam os processos de centralização e descentralização, unificação e separação, um basta não só a sua língua como materialização discursiva individual como também basta ao heterodiscurso, é seu participante ativo. E essa comunhão ativa de cada enunciado no heterodiscurso vivo determina a feição linguística e o estilo do enunciado em grau não inferior à sua pertença ao sistema normativo-centralizador da língua única.[†]

O autêntico meio da enunciação, no qual ela se forma e vive, é justamente o heterodiscurso dialogizado, anônimo e social como a língua, mas concreto, rico em conteúdo e acentuado como enunciação individual.

Enquanto as variedades básicas de gêneros literários se desenvolvem no curso das forças centrípetas unificadoras e centralizadoras da vida verboideológica, *o romance e os gêneros da prosa literária que gravitam em torno dele formaram-se historicamente no curso das forças centrífugas descentralizadoras*. Enquanto nas cúpulas socioideológicas a poesia resolvia uma tarefa de centralização cultural, nacional e política do mundo ideológico verbalizado, no mundo baixo,[*] nas farsadas e tablados do teatro de feira ecoava um histriônico heterodiscurso, um arremedo de todas as "lín-

---

[†] A comunhão de cada enunciado com uma "língua única" (forças e tendências centrípetas) e, ao mesmo tempo, com o heterodiscurso social e histórico (forças centrífugas, estratificadoras).

É a linguagem do dia, da época, do grupo social, do gênero, da orientação, etc. Fazer uma análise concreta e desenvolvida do *enunciado*, que o revele como uma unidade contraditória e artificial de duas tendências contraditórias da vida da língua.

O estudo das diferentes linguagens (dos colegiais, dos estudantes, das gerações, etc.) segundo Jirmúnski.

[*] A meu ver, é a tradução mais adequada da expressão russa *v nizakh*. (N. do T.)

guas" e dialetos, desenvolvia-se a literatura do *fabliau* e das canções de rua, provérbios, anedotas — onde não havia nenhum centro da língua, onde se levava a cabo o livre jogo com as "línguas" dos poetas, cientistas, padres, cavalheiros, etc., onde todas as "línguas" eram máscaras e não havia uma pessoa linguística autêntica e indiscutível.

O heterodiscurso, organizado nesses gêneros inferiores, não foi simplesmente um heterodiscurso em relação à linguagem literária reconhecida (em todas as suas modalidades de gênero), isto é, em relação ao centro da linguagem da vida verboideológica de uma época, mas foi uma contraposição consciente a tal linguagem. Esse heterodiscurso foi paródica e polemicamente afiado contra as linguagens oficiais da contemporaneidade. Foi um heterodiscurso *dialogizado*.

A filosofia da linguagem, a linguística e a estilística, nascidas e em formação no leito das tendências centralizantes da vida da linguagem, ignoravam esse heterodiscurso dialogizado, que materializava as forças centrífugas da vida da língua. Por isso não lhes podia ser acessível a dialogicidade da linguagem, condicionada pela luta entre pontos de vista sociolinguísticos, e não pela luta intralinguística de vontades individuais ou por contradições lógicas. Aliás, até recentemente nem o diálogo no interior da linguagem (dramático, retórico, cognitivo e cotidiano) havia sido estudado em termos linguísticos nem estilísticos. Pode-se dizer com franqueza que o elemento dialógico do discurso e todas as manifestações a ele vinculadas permaneceram até ultimamente fora do horizonte da linguística.

Quanto à estilística, era totalmente surda ao diálogo. A estilística concebia a obra literária como um todo fechado e autossuficiente, com todos os seus elementos constituindo um sistema fechado que, fora do seu âmbito, não pressupunha nada, nem quaisquer outros enunciados. O sistema de uma obra (no plano estilístico) era concebido por analogia com o sistema da língua, que não pode estar em interação dialógica

A estilística atual e o romance

com outras línguas. Do ponto de vista da estilística, a obra em seu todo, qualquer que seja ele, é um monólogo fechado do autor, que se basta a si mesmo, que, fora do seu âmbito, só pressupõe um ouvinte passivo. Se concebêssemos uma obra como uma réplica de certo diálogo, cujo estilo fosse determinado pela interação com outras réplicas desse diálogo (na totalidade da conversa), então, do ponto de vista da estilística tradicional não haveria um enfoque adequado a esse estilo dialogizado. As manifestações mais agudas e externadas dessa espécie — o estilo polêmico, paródico,* irônico — costumam ser qualificadas como manifestações retóricas, e não como poéticas (cf. Chpiet). A estilística fecha cada fenômeno estilístico no contexto monológico de um dado enunciado autossuficiente e fechado, como se o encerrasse na prisão de um contexto; tal enunciado não pode responder a outros enunciados, não pode realizar seu sentido estilístico em interação com eles, deve esgotar-se apenas no seu contexto fechado.

Ao servir às grandes tendências centralizadoras da vida verboideológica europeia, a filosofia da linguagem, a linguística e a estilística procuravam, antes de tudo, a *unidade* na diversidade. Na vida atual e passada das línguas, essa exclusiva *"diretriz centrada na unidade"* concentrava a atenção do pensamento linguístico-filosófico nos elementos mais estáveis, sólidos, pouco mutáveis e unívocos da palavra — antes de tudo os *fonéticos* —, elementos esses que eram mais distantes das esferas sociossemânticas da palavra. A "consciência linguística" real repleta de ideologia, que comungava no heterodiscurso real e na diversidade de linguagens, permanecia fora do campo de visão. Essa mesma diretriz, volta-

---

* Embora os dicionários Aurélio e Houaiss só acolham o termo "parodístico" e ignorem "paródico", este, talvez pela leveza da pronúncia, já se tornou usual. Por isso, resolvi incorporá-lo no lugar de "parodístico", que sempre empreguei em meus textos de tradução. (N. do T.)

da para a unidade, levava a ignorar os mesmos gêneros verbalizados (de costumes, retóricos, prosaico-literários) que eram portadores das tendências centralizadoras da vida da língua ou, em todo caso, comungavam muito essencialmente no heterodiscurso. A expressão dessa consciência, heterodiscursiva, centrada na diversidade de linguagens e expressa nas formas de manifestações específicas na vida verbalizada, continuou a não exercer nenhuma influência determinante sobre o pensamento linguístico e estilístico.

Por isso, não pôde ser teoricamente apreendida e iluminada de forma adequada a sensação específica da linguagem e do discurso, que encontrou sua expressão nas estilizações, no *skaz*, nas paródias, nas diversas formas da máscara verbalizada, do "falar indireto" e em formas literárias mais complexas de organização do heterodiscurso, de sua orquestração por aquelas manifestações em todos os modelos característicos e profundos de prosa romanesca — em Grimmelshausen, Cervantes, Rabelais, Diego Hurtado de Mendoza, Fielding, Smollett, Sterne e outros.

Os problemas da estilística do romance acarretam inevitavelmente a necessidade de, nos próximos capítulos do nosso trabalho, abordar várias questões de princípio da filosofia do discurso vinculadas àqueles aspectos da vida da palavra que não receberam quase nenhuma luz do pensamento dialógico e estilístico — à vida e ao comportamento da palavra no universo *do heterodiscurso e da diversidade de linguagens.*

2

O discurso na poesia
e o discurso no romance

Fora do horizonte da filosofia da linguagem, da linguística e da estilística que as tomou como base para a sua construção, permaneceram quase inteiramente aquelas manifestações específicas do discurso que são determinadas por uma diretriz dialógica desse discurso entre enunciados alheios no âmbito da mesma língua, entre outras "línguas sociais" no âmbito da mesma língua nacional e, por último, entre outras línguas nacionais no âmbito da mesma cultura, do mesmo universo socioideológico.[16]

É verdade que, ultimamente, essas manifestações já começam a chamar a atenção da ciência da linguagem e da estilística, mas falta muito para que sua importância ampla e de princípio seja assimilada em todos os campos da vida do discurso.

A orientação dialógica do discurso entre discursos alheios (de todos os graus e qualidades do alheio) cria possibilidades novas e essenciais do discurso literário, seu peculiar potencial de *prosa literária*, que encontrou sua expressão mais plena e profunda no romance.

É nas diversas formas e graus de orientação dialógica do discurso e das peculiares potencialidades prosaico-literá-

---

[16] A linguística só conhece as influências recíprocas (socialmente inconscientes) e as mesclas de línguas que se refletem nos elementos abstratos (fonéticos e morfológicos) da língua.

rias a elas vinculadas que concentramos nossa atenção neste capítulo.

O discurso do pensamento estilístico tradicional só conhece a si mesmo (isto é, o seu contexto), o seu objeto, sua expressão direta e sua língua única e singular. Só conhece outro discurso, situado fora do seu contexto, como discurso neutro da língua, como uma palavra de ninguém, como possibilidade de discurso. O discurso direto, segundo o concebe a estilística tradicional em sua diretriz voltada para o objeto, só encontra resistência do próprio objeto (sua inesgotabilidade pelo discurso, sua inefabilidade), mas em seu caminho para o objeto não esbarra em contraposições essenciais e multiformes do *discurso do outro*. Ninguém o atrapalha, ninguém o contesta.

Contudo, todo discurso vivo varia na forma de sua oposição ao seu objeto: entre o discurso e o objeto, o discurso e o falante situa-se o meio elástico e amiúde dificilmente penetrável de outros discursos alheios a respeito do mesmo objeto, "no mesmo tema". O discurso pode individualizar-se estilisticamente e enformar-se no processo mesmo de interação viva com esse meio específico.

Ora, todo discurso concreto (enunciado) encontra o objeto para o qual se volta sempre, por assim dizer, já difamado, contestado, avaliado, envolvido ou por uma fumaça que o obscurece ou, ao contrário, pela luz de discursos alheios já externados a seu respeito. Ele está envolvido e penetrado por opiniões comuns, pontos de vista, avaliações alheias, acentos. O discurso voltado para o seu objeto entra nesse meio dialogicamente agitado e tenso de discursos, avaliações e acentos alheios, entrelaça-se em suas complexas relações mútuas, funde-se com uns, afasta-se de outros, cruza-se com terceiros; e tudo isso pode formar com fundamento o discurso, ajustar-se em todas as suas camadas semânticas, tornar complexa sua expressão, influenciar toda a sua feição estilística.

O enunciado vivo, que surgiu de modo consciente num determinado momento histórico em um meio social determinado, não pode deixar de tocar milhares de linhas dialógicas vivas envoltas pela consciência socioideológica no entorno de um dado objeto da enunciação, não pode deixar de ser participante ativo do diálogo social. É disto que ele surge, desse diálogo, como sua continuidade, como uma réplica e não como se com ele se relacionasse à parte.[†]

Conceber seu objeto pelo discurso é um ato complexo: por um lado, todo objeto "precondicionado" e "contestado" é elucidado; por outro, é obscurecido pela opinião social heterodiscursiva, pelo discurso do outro sobre ele; e nesse complexo jogo de claro-escuro entra o discurso que dele se impregna, que nele lapida seus próprios contornos semânticos e estilísticos. A interação dialógica que, no interior do objeto, ocorre entre diferentes elementos de sua apreensão e prévia combinação socioverbal, torna complexa a concepção de tal objeto. E a representação literária respectiva, a imagem do objeto, pode ser penetrada por esse jogo dialógico de intenções verbalizadas que nele se encontram e se entrelaçam, pode não abafá-las, mas, ao contrário, ativá-las e organizá-las. Se imaginarmos a intenção, isto é, a orientação de uma palavra em forma de raio voltada para o objeto, então o jogo vivo e singular de cores e luz que tal palavra constrói nas facetas da imagem deve-se à refração raio-palavra não no próprio objeto (como o jogo de imagem-tropo no discurso poético em sentido restrito, na "palavra isolada"), mas à sua refração no ambiente de palavras, avaliações e acentos alheios pelo qual passa o raio em direção ao objeto: o clima social

---

[†] Vide a luta contra a depreciação do objeto (a ideia do retorno à consciência primeira, à consciência primitiva, ao próprio objeto em si, à sensação etc.) no rousseauísmo, no naturalismo, no impressionismo, no acmeísmo, no dadaísmo, no surrealismo e em outras tendências análogas.

Ligação com a categoria de *incompreensão* no romance.

Incompreensão que causa estranhamento em Tolstói.

da palavra que cerca o objeto obriga as facetas de sua imagem a entrarem no jogo.

O discurso, ao abrir caminho para o seu sentido e a sua expressão através de um meio verbalizado pelas diferentes dicções do outro, entrando em assonância e dissonância com os seus diferentes elementos pode enformar sua feição e o seu tom estilístico nesse processo dialogizado.

É exatamente essa a imagem da *prosa ficcional* e, em particular, a imagem da prosa romanesca. No clima do romance, a intenção direta e imediata do discurso afigura-se inadmissivelmente ingênua, e, no fundo, inviável, pois nas condições do autêntico romance a própria ingenuidade ganha inevitavelmente caráter interno polêmico e, por conseguinte, também é dialogada (por exemplo, entre os sentimentalistas, em Chateaubriand, em Tolstói). Essa imagem dialogada ocorre também (é verdade que sem dar o tom) em todos os gêneros poéticos, inclusive na lírica.[17] Mas semelhante imagem só pode desenvolver-se e ganhar complexidade, profundidade e, ao mesmo tempo, acabamento literário nas condições do gênero romanesco.

Na imagem poética em sentido restrito (na imagem-tropo) toda a ação e a dinâmica da imagem-palavra desencadeiam-se entre o discurso (com todos os seus elementos) e o objeto (em todos os seus elementos). O discurso mergulha na riqueza inesgotável e na diversidade contraditória do próprio objeto, em sua natureza "virgem" e ainda não "exprimida"; por isso não pressupõe nada além do limite do seu contexto (exceto, é claro, os tesouros da própria língua). O discurso esquece a história da controversa apreensão verbal de seu objeto e o presente igualmente heterodiscursivo dessa apreensão.

---

[17] Veja-se a lírica de Horácio, François Villon, Heinrich Heine, Jules Laforgue, Innokenti Ánnienski e outros, por mais heterogêneas que sejam essas manifestações.

O oposto se dá com o prosador ficcional, a quem o objeto começa por revelar exatamente essa variedade heterodiscursiva social de seus nomes, definições e avaliações. Em vez da plenitude virginal e da inesgotabilidade do próprio objeto, revela-se para o prosador a diversidade de vias, caminhos e sendas nele estendidos pela consciência social. Ao lado das contradições internas do próprio objeto, revela-se ao prosador também o heterodiscurso social em torno dele, aquela mescla babilônica de línguas que passa em torno de qualquer objeto: a dialética do objeto se entrelaça com o diálogo social em torno dele. Para o prosador, o objeto é o ponto de concentração de vozes heterodiscursivas, entre as quais deve ecoar também sua própria voz; essas vozes criam o campo necessário para a voz do prosador, fora da qual os matizes de sua prosa ficcional são imperceptíveis, "não ecoam".

O artista da prosa erige esse heterodiscurso social em torno do objeto até atingir a imagem acabada, penetrada pela plenitude dos ecos dialógicos, das ressonâncias literárias calculadas para todas as vozes e tons essenciais desse heterodiscurso. Contudo, como já afirmamos, todo discurso da prosa extraliterária — discurso do dia a dia, o retórico, o científico — não pode deixar de orientar-se "dentro do que já foi dito", "do conhecido", "da opinião geral", etc. A orientação dialógica do discurso é, evidentemente, um fenômeno próprio de qualquer discurso. É a diretriz natural de qualquer discurso vivo. Em todas as suas vias no sentido do objeto, em todas as orientações, o discurso depara com a palavra do outro e não pode deixar de entrar numa interação viva e tensa com ele. Só o Adão mítico, que chegou com sua palavra primeira ao mundo virginal ainda não precondicionado, o Adão solitário conseguiu evitar efetivamente até o fim essa orientação dialógica mútua com a palavra do outro no objeto. Isto não é dado à palavra histórica concreta do homem: pode abstrair-se da palavra do outro, mas apenas em termos convencionais e só até certo grau.

O discurso na poesia e o discurso no romance

O mais impressionante é que a filosofia do discurso e a linguística visavam, de modo predominante, justamente a esse estado artificial e convencional da palavra retirada do diálogo, tomando-a como palavra normal (embora se declare com frequência o primado do diálogo sobre o monólogo). Estudava-se o diálogo tão somente como uma forma composicional de construção do discurso, mas quase se ignorava a *dialogicidade interna do discurso* (tanto na réplica como na enunciação monológica) que penetra toda a sua estrutura, todas as camadas dos seus sentidos e de sua expressão. Mas é justamente essa dialogicidade interna do discurso que não aceita as formas dialógicas externamente composicionais, não se separa da própria concepção do seu objeto pela palavra para se tornar um ato independente, que é dotada de uma imensa força formadora de estilo. A dialogicidade interna do discurso encontra sua expressão em várias particularidades da semântica, da sintaxe e da composição até hoje não estudadas pela linguística e a estilística (como, aliás, não foram estudadas sequer as peculiaridades da semântica no diálogo comum).

O discurso surge no diálogo como sua réplica viva, forma-se na interação dinâmica com o discurso do outro no objeto. *A concepção do seu objeto pelo discurso é dialógica.*

* * *

Com isso, porém, não se esgota a dialogicidade interna do discurso. Não é só no objeto que ela depara com o discurso do outro. Todo discurso está voltado para uma *resposta* e não pode evitar a *influência profunda do discurso responsivo antecipável.*

O discurso falado vivo está voltado de modo imediato e grosseiro para a futura palavra-resposta: provoca a resposta, antecipa-a e constrói-se voltado para ela. Formando-se num clima do já dito, o discurso é ao mesmo tempo determinado pelo ainda não dito, mas que pode ser forçado e antecipado pelo discurso responsivo. Assim acontece em qualquer diálogo vivo.

Todas as formas retóricas, monológicas estão, por sua construção composicional, direcionadas para o ouvinte e sua resposta. Costuma-se até considerar essa diretriz fixada no ouvinte como peculiaridade constitutiva basilar do discurso retórico.[18] É de fato característico da retórica introduzir na própria construção externa do discurso retórico a relação com o ouvinte concreto, o registro desse ouvinte. Aqui a diretriz fixada na resposta é aberta, desnudada e concreta.

Essa diretriz aberta para o ouvinte e a resposta no diálogo do dia a dia e nas formas retóricas atraía a atenção dos linguistas. Mas até neste caso os linguistas se fixavam predominantemente nas formas de composição do registro do ouvinte e não procuravam a sua influência nas camadas profundas do sentido e do estilo. Consideravam apenas os aspectos do estilo que são determinados pelas exigências de inteligibilidade e clareza, isto é, justamente aqueles aspectos desprovidos de dialogicidade interna, que só consideram o ouvinte como alguém que compreende passivamente, mas não responde e objeta ativamente.[19]

São próprios do diálogo corrente e da retórica também o registro composicionalmente expresso e a resposta do ou-

---

[18] Cf. o livro de Viktor Vinográdov, *O khudójestvennoi proze*, cit., capítulo "Retórica e poética", p. 75, onde são citadas definições oriundas de velhas retóricas.

[19] Cf. o livro de Leo Spitzer, *Italienische Umgangssprache* [Linguagem coloquial italiana], Bonn/Leipzig, Kurt Schroeder, 1922, em particular o capítulo 2, "Sprecher und Hörer" [Falante e ouvinte], pp. 39-191. No plano da filosofia e da psicologia da linguagem, o papel determinante do ouvinte foi sugerido por Ottmar Dittrich, *Die Probleme der Sprachpsychologie* [O problema da psicologia linguística], Leipzig, Quelle & Meyer, 1913. Na literatura russa, além do livro de Vinográdov, ver Liev Iakubínski, *O dialoguítcheskoi rietchi* [Acerca do discurso dialógico], Petrogrado, Rúskaia Rietch, 1923.

O discurso na poesia e o discurso no romance

vinte, assim como toda e qualquer palavra direcionada para a interpretação responsiva, mas essa diretriz não se particulariza num ato independente e não é ressaltada em termos composicionais. A interpretação responsiva é uma força essencial que participa da formação do discurso, sendo ainda uma interpretação ativa, sentida pelo discurso como resistência ou apoio que o enriquecem.

A filosofia do discurso e a linguística conhecem apenas a interpretação passiva da palavra, e ademais predominantemente no plano da língua comum, isto é, a interpretação do *significado neutro* do enunciado e não do seu *sentido atual*.

O significado linguístico de certo enunciado é interpretado no campo da língua, ao passo que o seu sentido atual é interpretado no campo de outros enunciados concretos sobre o mesmo tema, no campo de opiniões, pontos de vista e avaliações dispersas, isto é, exatamente no campo daquilo que, como vimos, torna complexo o caminho de qualquer discurso na direção do seu objeto. Mas só agora esse meio heterodiscursivo de palavras do outro é dado ao falante não no objeto, mas na alma do ouvinte como seu campo aperceptivo, prenhe de resposta e objeções. Também para esse campo aperceptivo — não linguístico, mas concreto-expressivo — direciona-se todo enunciado. Dá-se um novo encontro do enunciado com a palavra do outro, que exerce uma nova influência original sobre o seu estilo.

Em geral, a interpretação passiva do significado linguístico não é uma interpretação, apenas um elemento abstrato desta; contudo, a interpretação *passiva* mais concreta do sentido de uma enunciação, da *intenção* do falante, ao permanecer puramente passiva, puramente receptiva, também não introduz nada de novo na palavra a ser interpretada, limitando-se a dublá-la, aspirando, como a um limite supremo, a uma reprodução plena daquilo que já foi dado em tal palavra a ser interpretada; a interpretação não ultrapassa o âmbito do seu contexto e em nada enriquece o interpretável. Por isso, o registro dessa interpretação passiva pelo falante não pode introduzir nada de novo em seu discurso, nenhum elemento concreto e expressivo. Ora, exigências puramente negativas, que só poderiam partir de uma interpretação passiva — tais como grande clareza, poder de persuasão, evidência, etc. — mantêm o falante em seu próprio contexto, em seu próprio horizonte, não saem do âmbito deste; são, na íntegra, imanentes à sua palavra e não desfazem sua autossuficiência semântica e expressiva.

Na vida real do discurso, toda interpretação concreta é ativa: familiariza o interpretável com *seu* horizonte concreto-expressivo e está indissoluvelmente fundida com a resposta, com a objeção-aceitação motivada (ainda que implícita). Em certo sentido, o primado cabe exatamente à resposta como princípio ativo: cria o terreno para a interpretação, um apresto ativo e interessado para ela. A interpretação só amadurece na resposta. A interpretação e a resposta estão dialeticamente fundidas e se condicionam mutuamente: uma é impossível sem a outra.

Desse modo, a interpretação ativa, ao familiarizar o interpretável com o novo horizonte do interpretador, estabelece uma série de inter-relações complexas, consonantes e heterossonantes com o objeto da interpretação, enriquece-o com novos elementos. É exatamente essa interpretação que o falante leva em conta. Por isso sua diretriz centrada no ouvinte é uma diretriz centrada num horizonte especial, no universo especial do ouvinte, insere elementos absolutamente novos em seu discurso; porque aí ocorre uma interação de diferentes contextos, de diferentes pontos de vista, de diferentes horizontes, de diferentes sistemas expressivo-acentuais, de diferentes "línguas" sociais. O falante procura orientar sua palavra — e o horizonte que a determina — no horizonte do outro que a interpreta, e entra em relações dialógicas com elementos deste horizonte. O falante abre caminho para

O discurso na poesia e o discurso no romance   55

o horizonte alheio do ouvinte, constrói sua enunciação em território alheio, no campo aperceptivo do ouvinte.

Essa nova espécie de dialogicidade interna do discurso distingue-se daquilo que se definia como encontro com a palavra do outro no próprio objeto: aqui não é o objeto que serve como arena do encontro, mas o horizonte subjetivo do ouvinte. Por isso essa dialogicidade insere um caráter mais psicológico-subjetivo e amiúde casual, às vezes grosseiramente adaptativo, vez por outra polêmico e provocativo. Com muita frequência, sobretudo nas formas retóricas, essa diretriz centrada no ouvinte e a dialogicidade interna do discurso vinculada a tal diretriz pode simplesmente encobrir o objeto: a convicção do ouvinte concreto torna-se uma tarefa autossuficiente e separa o discurso do trabalho criador do próprio objeto.

A relação dialógica com a palavra do outro no objeto e com a palavra do outro na resposta antecipável do ouvinte, sendo, em essência, diferentes e gerando na palavra efeitos estilísticos diferentes podem, não obstante, entrelaçar-se de modo muito estreito, tornando-se quase indissolúveis para a análise estilística.

Assim, o discurso em Tolstói se distingue por uma acentuada dialogicidade interna, sendo que é dialogizado tanto no objeto como no horizonte do leitor, cujas peculiaridades semânticas e expressivas Tolstói sente de maneira muito aguda. Essas duas linhas de dialogação (o mais das vezes dialogicamente enfeitadas) estão entrelaçadas de modo muito estreito em seu estilo: o discurso em Tolstói, até em suas expressões mais "líricas" e nas descrições mais "épicas", é consonante e dissonante (mais dissonante) com os diferentes elementos da consciência socioverbal heterodiscursiva que envolve o objeto, e, ao mesmo tempo, invade polemicamente o horizonte concreto e axiológico do ouvinte, empenhando-se em afetar e destruir o campo aperceptivo normal de sua compreensão ativa. Nesse sentido, Tolstói é um herdeiro do século XVIII, particularmente de Rousseau. Daí decorre vez por outra o estreitamento da consciência social heterodiscursiva com a qual Tolstói polemiza até chegar à consciência do contemporâneo imediato, do contemporâneo do dia e não da época, e a consequência disto é uma extrema concretização da dialogicidade (quase sempre da polêmica). Por isso a dialogicidade que ouvimos com tanta precisão na feição expressiva do seu estilo carece às vezes de um comentário histórico-literário especial: não sabemos com o que exatamente esse tom está em dissonância ou consonância, mas, por outro lado, essa dissonância ou consonância integra a tarefa do estilo.[20] É verdade que essa extrema concretude (às vezes quase folhetinesca) só é inerente aos elementos secundários, aos harmônicos da dialogicidade interna do discurso tolstoiano.

Nas manifestações da dialogicidade interna do discurso (da dialogicidade interna à diferença do diálogo externo composicional) que aqui examinamos, a atitude em face da palavra do outro, da enunciação do outro é da competência do estilo. O estilo inclui organicamente indicações externas e a correspondência dos seus elementos com elementos do contexto do outro. A política interna do estilo (a combinação de elementos) é determinada por sua política externa (pela relação com a palavra do outro). É como se a palavra vivesse na fronteira do meu contexto e do contexto do outro.

A réplica de todo diálogo real também leva essa vida dupla: ela é construída e assimilada no contexto de um diálogo integral, constituído por minhas (do ponto de vista do falante) enunciações e pelas enunciações do outro (do parcei-

---

[20] Cf. o livro de Boris Eikhenbaum: *Lev Tolstói*, livro I, Leningrado, Pribói, 1928, onde há muito material correspondente: por exemplo, revela-se o contexto imediato de *Felicidade conjugal*.

O discurso na poesia e o discurso no romance

ro). Não se pode retirar a réplica desse contexto mesclado de palavras minhas e do outro sem perder o seu sentido e o seu tom. Ela é parte orgânica do todo heterodiscursivo.

O fenômeno da dialogicidade interna, como já dissemos, está presente em diferentes graus em todos os campos da vida da palavra. Mas, se na prosa extraliterária (do cotidiano, retórica, científica) a dialogicidade costuma isolar-se num ato independente particular e se desdobra num especial diálogo direto ou em outras formas nítidas de demarcação e polêmica composicionalmente expressas com o discurso do outro, na prosa literária, sobretudo no romance, ela penetra de dentro para fora a própria concepção do seu objeto pelo discurso e a sua expressão, transformando a semântica e a estrutura sintática do discurso. A orientação dialógica recíproca torna-se aqui uma espécie de acontecimento do próprio discurso, que o anima e dramatiza de dentro para fora em todos os seus momentos.

Como já afirmamos, na maioria dos gêneros poéticos (no sentido restrito do termo) não se emprega artisticamente a dialogicidade interna do discurso, ela não integra o "objeto estético da obra", ela extingue-se convencionalmente no discurso poético. Já no romance, a dialogicidade interna se torna um dos elementos mais substanciais do estilo prosaico e aqui passa por uma elaboração artística específica.

Contudo, a dialogicidade interna só pode tornar-se força essencial geradora de forma no romance onde as divergências e contradições individuais são fecundadas pelo *heterodiscurso social*, onde os ecos dialógicos não fazem ruído nos topos semânticos do discurso (como nos gêneros retóricos), mas penetram em suas camadas profundas e dialogizam a própria linguagem, a própria cosmovisão linguística ("a forma interior" do discurso), onde o diálogo de vozes medra imediatamente do diálogo social das "línguas", onde a enunciação do outro começa a ecoar como linguagem social, onde a orientação da palavra entre enunciações alheias se transforma em sua orientação entre linguagens socialmente alheias no âmbito da mesma língua nacional.

* * *

Nos gêneros poéticos em sentido restrito, a dialogicidade natural do discurso não é artisticamente empregada, a palavra se basta a si mesma e fora de seu âmbito não pressupõe os enunciados do outro. O estilo poético está convencionalmente desligado de qualquer interação com o discurso do outro, de qualquer mirada para o discurso do outro.

É igualmente estranha ao estilo poético qualquer tipo de mirada para linguagens alheias, para a possibilidade de outro vocabulário, de outra semântica, de outras formas sintáticas, etc., para a possibilidade de outros pontos de vista *linguísticos*. Consequentemente, também é estranha ao estilo poético a sensação de limite, de historicidade, de precisão social e de especificidade de sua linguagem, razão pela qual é estranha e crítica a relação depreciada com sua linguagem como uma das muitas linguagens do heterodiscurso e, vinculada a essa relação, a entrega incompleta de si mesma, de todo o seu sentido a uma dada linguagem.

É claro que a nenhum poeta que tenha existido historicamente como pessoa cercada de heterodiscurso e linguagens diversas poderia ser estranha essa sensação de limitação de sua linguagem (em maior ou menor grau), mas ela não conseguiria encontrar um lugar no *estilo poético* de sua obra sem destruir esse estilo, sem traduzi-lo à moda da prosa nem transformar o poeta em um prosador.

Nos gêneros de poesia, a consciência artística — em termos de unidade de todas as intenções semânticas e expressivas do autor — é totalmente imanente à linguagem, nesta se exprime de forma direta e imediata, sem depreciações nem distâncias. A linguagem do poeta é a *sua* linguagem, nela ele está integral e indiviso, usando cada forma, cada palavra, cada expressão segundo sua destinação imediata (por assim dizer, "sem aspas"), isto é, como expressão pura e imediata da sua intenção. Que "angústias da palavra" o poeta não vivencia no processo de criação! Na obra criada, a linguagem é um órgão obediente, integralmente adequado à intenção do autor.

Em uma obra de poesia, a linguagem se realiza como indubitável, indiscutível e abrangente. Tudo o que vê, compreende e pensa o poeta ele vê, compreende e pensa pelos olhos de uma determinada linguagem, em suas formas internas, e para a sua expressão não há nada que suscite a necessidade de ajuda da linguagem do outro, alheia. A linguagem de um gênero poético é um *universo ptolomaico* único e singular, fora do qual nada existe e nada é necessário. A ideia de uma pluralidade de universos de linguagens, igualmente assimilados e expressivos, é organicamente inacessível ao estilo da poesia.

O universo da poesia, não importa quantas contradições e conflitos insolúveis o poeta tenha aí revelado, é sempre iluminado por um discurso único e indiscutível. As contradições, os conflitos e as dúvidas permanecem no objeto, nas ideias, nas vivências, em suma, no material, mas não se transferem para a linguagem. Em poesia, a palavra referente a dúvidas deve ser indubitável enquanto palavra.

A responsabilidade igual e direta pela linguagem de toda uma obra como *sua linguagem*, a plena solidariedade com cada um dos seus elementos, tom, nuance, é uma exigência essencial do estilo da poesia; este basta a uma linguagem e a uma consciência linguística. O poeta não pode contrapor sua consciência poética e suas intenções à linguagem que usa, pois ele está todo nela, e por isso no âmbito do estilo não pode torná-la objeto de apreensão, reflexão, relação. A linguagem lhe é dada somente *de dentro para fora*, em seu trabalho intencional, e não de fora para dentro em sua especificidade e originalidade material. A intencionalidade incondicional direta, o peso integral da linguagem e sua concomitante amostra material (como a de uma realidade linguística social e historicamente limitada) são incompatíveis no âmbito do estilo poético. A unidade e a singularidade da linguagem são condições indispensáveis para a realização da intencionalidade direta (e não objetivamente característica) da individualidade do estilo poético e de sua moderação monológica.

Isso não significa, evidentemente, que o heterodiscurso ou até mesmo o estrangeirismo não possam integrar de modo algum uma obra de poesia. É verdade que essas possibilidades são limitadas (certa amplidão para o heterodiscurso só existe nos gêneros poéticos "inferiores" — nas sátiras, comédias, etc.). Ainda assim, o heterodiscurso (outras linguagens socioideológicas) pode ser introduzido nos gêneros puramente poéticos, preferivelmente nas falas das personagens, mas aqui ele é coisificado, aqui é mostrado em essência como coisa, não se situa na mesma camada da linguagem real da obra: trata-se do gesto representado da personagem e não da palavra que representa. Aí os elementos do heterodiscurso não entram com direitos de outra linguagem — que é portadora dos seus pontos de vista especiais, na qual se pode dizer o que alguém não diria em sua própria linguagem —, mas com direitos de coisa representada. Até sobre o que é do outro o poeta fala em sua própria linguagem. Para elucidar o universo do outro, ele nunca recorre à linguagem do outro como mais adequada a esse universo. Já o prosador, como veremos, até sobre o que é seu procura falar na linguagem do outro (por exemplo, na linguagem não literária de um narrador, representante de um determinado grupo socioideológico), e amiúde mede o seu universo por escalas linguísticas alheias.

Em consequência de várias exigências, a linguagem dos gêneros de poesia, onde estes se aproximam do seu limite estilístico,[21] torna-se frequentemente autoritária, dogmática

---

[21] Estamos sempre caracterizando, é claro, o limite ideal dos gêneros poéticos; em obras reais são possíveis prosaísmos importantes, existem

e conservadora, fechando-se contra a influência de dialetos sociais extraliterários. Por isso, no terreno da poesia é possível a ideia de uma "linguagem poética" especial, de uma "linguagem dos deuses", de uma "linguagem de sacerdotes da poesia", etc. É característico que o poeta, ao rejeitar determinada linguagem literária, antes sonhará com a criação artificial de uma nova linguagem poética especial do que com o emprego de dialetos sociais reais disponíveis. As linguagens sociais são coisificadas, características, socialmente localizadas e limitadas; uma linguagem poética artificialmente criada será uma linguagem francamente intencional, indiscutível, única e singular. Assim, em época recente, quando os prosadores passaram a manifestar interesse exclusivo por dialetos e pelo *skaz*, os simbolistas (Konstantin Balmont, Viatcheslav Ivánov) e depois os futuristas sonhavam criar a "linguagem peculiar" da poesia e até tentaram criar essa linguagem (as experiências de Velimir Khliébnikov).

A ideia de uma linguagem peculiar única e singular da poesia é um sintomático filosofema utópico do discurso poético: tinha por base condições e exigências reais de um estilo poético que bastasse a uma linguagem intencional direta, de cujo ponto de vista outras linguagens (a linguagem falada, a linguagem dos negócios e outras linguagens socioideológicas) são percebidas como coisificadas e em nenhum grau se equiparam a ela.[22] A ideia da "linguagem poética" peculiar exprime a mesma concepção ptolomaica de um universo estilístico de linguagens.

* * *

inúmeras variedades híbridas de gêneros, difundidos sobretudo em épocas de substituição de linguagens poéticas literárias.

[22] É esse o ponto de vista do latim sobre as línguas nacionais da Idade Média.

A língua, como o meio concreto vivo habitado pela consciência do artista da palavra, nunca é única. Só é única como sistema gramatical abstrato de formas normativas, desviada das assimilações ideológicas concretas que a preenchem e da contínua formação histórica da língua viva. A vida social viva e a formação histórica criam no âmbito de uma língua nacional abstratamente única uma pluralidade de universos concretos, de horizontes verboideológicos sociais e fechados. Os elementos fechados e abstratos da língua no interior desses diferentes horizontes são completados por conteúdos semânticos e axiológicos e soam de modo diferente.

A própria linguagem literária — falada e escrita —, já sendo única não só por seus traços linguísticos abstratos, mas também pelas formas de assimilação desses elementos abstratos, é estratificada e heterodiscursiva em seu aspecto semântico-material concreto e expressivo.

Essa estratificação se deve antes de tudo aos organismos específicos dos *gêneros*. Esses ou aqueles elementos da língua (lexicológicos, semânticos, sintáticos, etc.) agregam-se estreitamente à diretriz intencional e ao sistema geral de acento desses ou daqueles gêneros: dos gêneros oratórios, publicísticos, dos jornais, revistas, dos gêneros inferiores da literatura (romance vulgar, por exemplo) e, por fim, dos diversos gêneros da grande literatura. Vários elementos da língua ganham o aroma específico desses gêneros: agregam-se aos pontos de vista específicos, aos enfoques, às formas de pensamento, às nuances e aos acentos de dados gêneros.

Com essa estratificação de gêneros da linguagem entrelaça-se a estratificação profissional (em sentido amplo) da linguagem, ora coincidindo, ora divergindo dela: a linguagem do advogado, do médico, do comerciante, do político, do mestre, etc. Essas linguagens evidentemente se distinguem não só por seu vocabulário: envolvem determinadas formas de diretriz intencional, formas de assimilação e avaliação concreta. A própria linguagem do escritor (poeta, romancis-

O discurso na poesia e o discurso no romance   63

ta) pode ser percebida como um jargão profissional ao lado de outros jargões profissionais.

Neste caso, importa-nos o aspecto intencional, isto é, concreto-semântico e expressivo da estratificação da "língua geral". Pois não é a composição linguística neutra da linguagem que se estratifica e se diferencia, mas são as suas potencialidades intencionais que se sequestram: estas são realizadas em direções definidas, são completadas por um conteúdo definido, concretizam-se, especificam-se, impregnam-se de avaliações concretas, ligam-se a *horizontes* definidos, concretos e expressivos dos gêneros e profissões. De dentro desses horizontes, isto é, voltadas para os próprios falantes, essas linguagens dos gêneros e jargões profissionais são francamente intencionais, ricas de sentido e imediatamente expressivas; já de fora, isto é, voltadas para os que não comungam em um determinado horizonte intencional, elas podem ser objetais, características, coloridas, etc. As intenções que perpassam essas linguagens endurecem para os estranhos, convertem-se em limitações semânticas e expressivas, sobrecarregam a palavra para eles e deles a isolam, dificultando-lhes o emprego intencional direto e irrestrito dessa palavra.

Contudo, o assunto está longe de se esgotar na estratificação da linguagem literária comum nos gêneros e profissões. Embora, em seu núcleo basilar, a linguagem literária seja amiúde uma linguagem homogênea de classe como linguagem falada e escrita de um grupo social dominante, ainda assim sempre existe nela certa diferenciação social, certa estratificação social que, em diferentes épocas, pode tornar-se sumamente rara. Aqui e ali a estratificação social pode coincidir com a estratificação dos gêneros e profissões, mas, sem dúvida, sua essência é de absoluta independência e originalidade.

A estratificação social também é determinada, acima de tudo, pela diferença de horizontes concreto-semânticos e expressivos, isto é, manifesta-se nas diferenças padronizadas de apreensão e acentuação dos elementos da língua e pode não perturbar a unidade dialetológica linguístico-abstrata da linguagem literária comum.

A capacidade de dilapidar as potencialidades intencionais da língua por meio da realização específica e concreta de tais potencialidades encontra-se em quaisquer cosmovisões sociais significativas, tendências (artísticas e outras), partidos, círculos, revistas, certos jornais, até certas obras significativas e suas criaturas individualizadas: todas elas, à medida de sua importância social, são capazes de estratificar a língua, sobrecarregar suas palavras e formas com suas intenções típicas e acentos, afastando-as até certo grau de outras tendências, partidos, obras, pessoas.

Toda manifestação verbal socialmente significativa é capaz de, às vezes por muito tempo, às vezes para um amplo círculo, contagiar com suas intenções os elementos da língua atraídos para a sua aspiração semântica e expressiva, impondo-lhes determinadas nuances semânticas e determinados tons axiológicos: assim ela pode criar uma palavra-lema, uma palavra-desaforo, uma palavra-elogio, etc.

Em cada dado momento histórico da vida verboideológica, cada geração tem sua própria linguagem em cada camada social; ademais, toda idade tem, em essência, a sua linguagem, o seu vocabulário, o seu sistema de acento específico que, por sua vez, variam dependendo da camada social, da instituição de ensino (a linguagem de alunos da escola militar, do realista* e de colegiais são linguagens diferentes) e de outros fatores estratificantes. Tudo isso são linguagens sociotípicas, por mais estreito que seja o seu círculo social. É possível, como limite social da linguagem, até o jargão familiar; por exemplo, o jargão da família dos Irtêniev com seu

---

* Aluno das escolas de ciências aplicadas, que na Rússia eram chamadas de "escolas reais". (N. do T.)

peculiar vocabulário e seu sistema de acento específico, representado em Tolstói.[23]

Por último, em cada momento convivem linguagens de diferentes épocas e períodos da vida socioideológica. Existem até as linguagens dos dias: porque o dia socioideológico e político de hoje e de ontem, em certo sentido, não têm uma língua comum. Cada dia tem sua conjuntura socioideológica, semântica, seu vocabulário, seu sistema de acento, seus lemas, seu desaforo e seu elogio. A poesia despersonaliza os dias na linguagem, ao passo que a prosa, como veremos, frequentemente os desarticula, intencionalmente, dando-lhes representantes materializados e confrontando-os nos impasses dialogizados do romance.

Desse modo, em cada dado momento de sua existência histórica a língua é inteiramente heterodiscursiva: é uma coexistência concreta de contradições socioideológicas entre o presente e o passado, entre diferentes épocas do passado, entre diferentes grupos socioideológicos do presente, entre correntes, escolas, círculos, etc. Essas "línguas" do heterodiscurso cruzam-se de modos diversos entre si, formando novas "línguas" sociotípicas.

Entre todas essas "línguas" do heterodiscurso existem as mais profundas diferenças metodológicas: pois em seus fundamentos há princípios de separação e formação (princípio funcional em alguns casos, temático-conteudístico em outros, propriamente sociodialetológicos em terceiros). Por isso as línguas não excluem umas às outras e se cruzam de múltiplas formas (a língua ucraniana, a língua de um poema épico, a língua do início do simbolismo, a língua do estudante, a língua de uma geração de crianças, a linguagem do pequeno intelectual, a linguagem do nietzschiano, etc.). Talvez a própria palavra "língua" perca, neste caso, qualquer senti-

---

[23] Cf. Lev Tolstói, *Juventude*.

do, pois, ao que parece, não há um plano único para uma confrontação de todas essas "línguas".

De fato, existe esse plano comum que justifica em termos metodológicos a nossa confrontação; todas as línguas do heterodiscurso, qualquer que seja o princípio que sirva de fundamento ao seu isolamento, são pontos de vista específicos sobre o mundo, formas de sua compreensão verbalizada, horizontes concreto-semânticos e axiológicos específicos. Como tais, todas elas podem ser confrontadas, podem completar umas às outras, podem contradizer umas às outras, podem ser correlacionadas dialogicamente. Como tais, encontram-se e coexistem na consciência dos homens e, em primeiro lugar, na consciência criadora do artista-romancista. Como tais, vivem de modo real, lutam e se firmam no heterodiscurso social. Por isso todas elas podem integrar o plano único do romance, que pode reunir em si estilizações populares das linguagens dos gêneros, diferentes modos de estilização e exibição de linguagens profissionais, tendenciais, de linguagens de gerações, de dialetos sociais, etc. (no romance humorístico inglês, por exemplo). Todas elas podem ser incorporadas pelo romancista à orquestração de seus temas e à expressão refratada (indireta) de suas intenções e avaliações.

Por isso, sempre apresentamos o elemento concreto-semântico e expressivo, isto é, o elemento intencional como força que estratifica e diferencia a linguagem literária comum e não aqueles indícios linguísticos (coloridos lexicais, harmônicos, etc.) das linguagens dos gêneros, dos jargões profissionais, etc., que são, por assim dizer, antecipações esclerosadas do processo intencional, sinais deixados no caminho do trabalho vivo das intenções, da compreensão das formas comuns da língua. Esses sinais externos, observados e fixados por via linguística, não podem por si sós ser compreendidos e estudados sem que se interprete a sua concepção intencional. A palavra vive fora de si, em seu direcionamento vivo para o objeto; se nos abstrairmos por completo desse direcionamen-

O discurso na poesia e o discurso no romance

to, ficaremos com um cadáver nu da palavra em nossas mãos, através do qual nada conseguiremos descobrir sobre a situação social nem sobre o destino vital de dada palavra. Estudar a palavra nela mesma ignorando seu direcionamento fora de si carece tanto de sentido como estudar um vivenciamento psíquico fora daquela realidade para a qual ele está voltado e na qual é determinado.[†]

Ao apresentarmos o lado intencional da estratificação da linguagem literária, podemos, como já dito, colocar na mesma fileira fenômenos metodologicamente heterogêneos como jargões profissionais, dialetos sociais, visões de mundo e obras individuais, pois em seu aspecto intencional situa-se o plano no qual todos podem ser confrontados, e ademais confrontados ideologicamente. Por mais diferentes que sejam as forças sociais que realizam o trabalho de estratificação — uma profissão, um gênero, um partido, uma tendência, uma personalidade individual —, em toda parte o próprio trabalho se reduz a uma saturação longa (relativa) e socialmente significativa (coletiva) da língua por determinadas (e, por conseguinte, restritivas) intenções e acentos.

Quanto mais longa for essa saturação estratificadora, quanto mais amplo for o círculo social por ela abrangido e, por conseguinte, quanto mais essencial for a força social que produz a estratificação da língua, tanto mais acentuadas e sólidas serão as marcas, as mensurações linguísticas dos sinais da língua (símbolos linguísticos) que nela permanecem como resultado da ação de tal força — das sólidas (e, por conseguinte, sociais) nuances semânticas aos autênticos indícios

---

[†] Nos diários de Gógol encontra-se o material para exemplificar a estratificação da linguagem (profissionalismos, tecnicismos, etc.).

Tudo consiste em que entre as "linguagens", quaisquer que sejam, são possíveis relações dialógicas (originais), isto é, elas podem ser interpretadas como pontos de vista sobre o mundo.

Algumas linguagens rompem o plano, outras não (as linguagens objetais).

dialetológicos (fonéticos, morfológicos, etc.) que já permitem falar de um peculiar dialeto social.[†]

Como resultado do trabalho de todas essas forças estratificadoras, não permanecem na língua quaisquer palavras e formas neutras, "de ninguém": a língua fica toda em frangalhos, perpassada de intenções, acentuada. A língua, para a consciência que nela vive, não é um sistema abstrato de formas normativas, mas uma opinião concreta e heterodiscursiva sobre o mundo. Todas as palavras exalam uma profissão, um gênero, uma corrente, um partido, uma determinada obra, uma determinada pessoa, uma geração, uma idade, um dia e uma hora. Cada palavra exala um contexto e os contextos em que leva sua vida socialmente tensa; todas as palavras e formas são povoadas de intenções.

Em essência, a língua como concretude socioideológica viva, como opinião heterodiscursiva situa-se, para a consciência individual, na fronteira entre o que é seu e o que é do outro. A palavra de uma língua é uma palavra semialheia; só se torna palavra quando o falante a satura de sua intenção, de seu acento, assume o domínio da palavra, fá-la comungar em sua aspiração semântica e expressiva. Até este momento de apropriação, a palavra não está numa língua neutra e impessoal (pois não é do dicionário que o falante tira a palavra!), mas em lábios alheios, em contextos alheios, a serviço de intenções alheias: é daí que deve ser tomada e tornada sua. Nem todas as palavras se prestam de modo igualmente fácil a essa apropriação por qualquer pessoa, a essa incorporação como propriedade; muitas resistem com tenacidade, outras continuam mesmo alheias, soam de modo alheio nos lábios do falante que dela se apropriou, não podem ser assimiladas no contexto dele e dele se separam; é como se elas mesmas se fechassem entre aspas a despeito da vontade do

---

[†] Harmônicos contextuais (de gênero, tendenciais, individuais).

O discurso na poesia e o discurso no romance

falante. A língua não é um meio neutro, não é *res nullius*, que passa fácil e livremente à propriedade intencional do falante: ela é povoada e repovoada por intenções alheias. Dominá-la, subordiná-la às suas intenções e acentos é um processo difícil e complexo.

Partimos da suposição da unidade abstrato-linguística (dialetológica) da linguagem literária. Mas exatamente a linguagem literária não é nem de longe um dialeto fechado. Assim, já pode haver um limite mais ou menos acentuado entre a linguagem literária falada no dia a dia e a escrita. As diferenças entre os gêneros coincidem amiúde com as diferenças dialetológicas (por exemplo, os elevados gêneros eclesiásticos eslavos e os baixos gêneros falados do século XVIII); por fim, alguns dialetos podem ser legitimados na literatura e assim incorporados até certo ponto à linguagem literária.

Ao entrarem para a literatura, ao se familiarizarem com a linguagem literária, os dialetos perdem, evidentemente, sua qualidade de sistemas sociolinguísticos fechados; deformam-se e, em essência, deixam de ser aquilo que eram como dialetos. Mas, por outro lado, esses dialetos, ao entrarem na linguagem literária e conservando aí sua elasticidade linguística dialetológica, sua condição de outra língua, deformam a própria linguagem literária — esta também deixa de ser aquilo que era: um sistema sociolinguístico fechado. A linguagem literária é um fenômeno profundamente original, assim como a consciência linguística — a ela correlacionada — do homem cultivado em literatura: nela o heterodiscurso intencional (que existe em qualquer dialeto vivo fechado) converte-se numa diversidade de linguagens: não é uma linguagem, mas um diálogo de linguagens.

A linguagem literária nacional de um povo dotado de uma desenvolvida cultura de prosa literária, particularmente da cultura romanesca, de uma história verboideológica rica e tensa é, em essência, um microcosmo organizado que reflete o macrocosmo não só do heterodiscurso nacional russo como também do europeu. A unidade da linguagem literária não é a unidade de um sistema de línguas fechado, mas uma unidade profundamente original de "línguas" que entraram em contato e tomaram consciência umas das outras (uma dessas línguas é a linguagem poética em sentido restrito). Nisto reside a especificidade da questão metodológica da linguagem literária.

* * *

A consciência linguística socioideológica concreta, ao tornar-se criadoramente ativa, isto é, ativa em termos literários, pré-encontra-se cercada de heterodiscurso e nunca de uma língua única e singular, indiscutível, incontestável. A consciência linguística literariamente ativa encontra, sempre e em toda parte (em todas as épocas históricas inacessíveis), "linguagens" e não uma língua. Depara então com a necessidade de *escolher uma linguagem*. Em cada manifestação literária verbalizada, orienta-se ativamente pelo heterodiscurso, ocupando aí uma posição, escolhendo uma "linguagem". Só permanecendo num ambiente fechado, sem escrita e sem sentidos, à margem de todas as vias de formação socioideológica, o homem pode não perceber esse ativismo linguístico seletivo e repousar no solo indiscutível e predeterminado de sua língua.

No fundo, porém, mesmo esse homem opera não com uma língua, mas com línguas: contudo, o lugar de cada uma delas é sólido e indiscutível, a passagem de uma para outra é predeterminada e automática como a passagem de um cômodo a outro. Essas línguas não se chocam entre si na consciência desse homem, ele não tenta correlacioná-las, não tenta olhar para uma delas com os olhos de outra língua.

Assim, um camponês analfabeto, que se encontra no reino dos confins, distante de qualquer centro, ainda mergulhado num ambiente que para ele é imóvel e inabalável, vive em vários sistemas de linguagem: ora a Deus numa língua (o eslavo eclesiástico), canta em outra, num ambiente familiar fala uma terceira, mas começa a ditar, como pessoa alfabetizada, uma declaração para a administração regional — procura falar também uma quarta língua (a língua "burocrática" oficial correta). Tudo isso são *línguas* diferentes até do ponto de vista dos traços sociodialetológicos abstratos. Mas essas línguas não estão dialogicamente correlacionadas com a consciência linguística do camponês: ele passa de uma à outra sem pensar, de forma automática: cada uma é indiscutível em seu lugar, e o lugar de cada uma é indiscutível. Ele ainda não é capaz de olhar para uma língua (e para o mundo dos sentidos que a esta corresponde) com os olhos de outra língua (olhar para a língua do dia a dia e para o mundo corrente com a língua das orações ou das canções, e vice-versa).[24]

Tão logo as línguas começam a iluminar criticamente umas às outras na consciência do nosso camponês, tão logo se verifica que elas não são apenas línguas diferentes mas também heterodiscursivas, que os sistemas e enfoques ideológicos do mundo vinculados a essas línguas se contradizem uns aos outros e jamais repousam tranquilamente uns ao lado dos outros, termina o que havia de indiscutível e predeterminado nessas línguas e começa uma ativa orientação seletiva entre elas. A língua e o mundo da prece, a língua e o mundo da canção, a língua e o mundo do trabalho e dos costumes, a língua específica e o mundo da administração regional, a nova língua e o mundo do operário urbano que foi passar uns dias em casa — mais dia, menos dia, todas essas línguas e mundos deixarão o estado de equilíbrio tranquilo e morto e revelarão seu potencial heterofônico.[†]

---

[24] Estamos, evidentemente, simplificando de propósito: até certo ponto o camponês real sempre soube fazer isto e sempre o fez.

[†] Problema da escolha da língua em Púchkin segundo Vinográdov.

A consciência linguística ativo-literária pré-encontra, sem dúvida, um heterodiscurso ainda mais diversificado e profundo tanto na linguagem literária como fora dela. Desse fato fundamental deve partir qualquer estudo importante da vida estilística do discurso. A natureza do heterodiscurso pré-encontrável e os modos de orientação em seu interior determinam a vida estilística concreta do discurso.

O poeta é definido pela ideia de uma língua única e singular e de um enunciado monológico, único e fechado. Essas ideias são imanentes àqueles gêneros poéticos com os quais ele opera. Com isto se definem os modos de orientação do poeta no real heterodiscurso. O poeta deve entrar no pleno domínio unipessoal de sua linguagem, assumir igual responsabilidade por todos os seus elementos, subordiná-los a intenções próprias e somente suas, cada palavra deve exprimir direta e imediatamente a intenção do poeta; não deve haver nenhuma distância entre o poeta e sua palavra. Ele deve partir da linguagem como um conjunto intencional único: nenhuma estratificação dela, nenhum heterodiscurso e, menos ainda, nenhuma diversidade de linguagens pode ter um reflexo minimamente substancial numa obra de poesia.

Para tanto, o poeta expurga as palavras das intenções alheias, só emprega essas palavras e formas e as emprega unicamente pelo fato de que elas perdem o seu laço com camadas intencionais determinadas da língua e com contextos definidos. Por trás das palavras de uma obra poética não se devem perceber imagens típicas e objetais de gêneros (exceto o próprio gênero poético dado), profissões, tendências (exceto a tendência do próprio poeta), visões de mundo (exceto a visão de mundo única e singular do próprio poeta), imagens típicas ou individuais dos falantes, de suas maneiras de falar, de suas entonações típicas. Tudo o que entra na obra deve afundar no Letes, esquecer sua vida pregressa em outros contextos: a linguagem (aqui também são possíveis reminiscências concretas) só pode recordar sua vida nos contextos poéticos.

Sem dúvida, sempre existe um círculo limitado de contextos mais ou menos concretos com os quais devemos perceber uma acentuada ligação no discurso poético: mas esses contextos são puramente semânticos e, por assim dizer, acentuados de modo abstrato, ao passo que, em termos de linguagem, são impessoais ou, em todo caso, por trás deles não se deve perceber uma especificidade linguística demasiado concreta, por trás deles não deve olhar nenhuma pessoa linguística sociotípica (um possível personagem-narrador). Em toda parte há apenas uma pessoa — a pessoa linguística do autor, responsável por toda palavra como por algo seu. Por mais numerosas e multiformes que sejam as linhas semânticas e acentuais, as associações, sugestões, insinuações, correspondências que partem de cada palavra poética, todas elas bastam a uma única língua, a um único horizonte e não a contextos sociais heterodiscursivos. Além disso, o movimento do símbolo poético (por exemplo, o desdobramento de uma metáfora) predetermina exatamente a unidade da linguagem correlacionada de modo imediato com seu objeto. O heterodiscurso social, que penetraria numa obra e estratificaria a sua linguagem, inviabilizaria até o desenvolvimento normal e o movimento do símbolo nessa linguagem.

O próprio ritmo dos gêneros poéticos não favorece uma estratificação minimamente importante da linguagem. Ao criar uma comunhão imediata de cada elemento do sistema acentual no todo (passando pelas unidades rítmicas imediatas), o ritmo mata no embrião os universos e indivíduos sociodiscursivos potencialmente alicerçados no discurso: em todo caso, o ritmo lhes impõe determinados limites, não lhes permite desdobrar-se, materializar-se. O ritmo fortalece ainda mais e ajusta a unidade e o fechamento da superfície do estilo poético e da língua comum que postula esse estilo.

Como resultado desse trabalho destinado a expurgar as intenções e acentos alheios de todos os elementos da linguagem, apagar todos os vestígios do heterodiscurso social e da diversidade de linguagens, cria-se na poesia uma tensa unidade da linguagem. Essa unidade pode ser ingênua e dada apenas em raríssimas épocas da poesia, quando esta não vai além dos limites de um círculo social ingênuo e fechado em si mesmo, único, ainda não diferenciado, cujas ideologia e língua ainda não se estratificaram de fato. Costumamos sentir aquela tensão profunda e consciente, com a qual a linguagem poética única de uma obra emerge do caos do heterodiscurso e das várias linguagens integrantes da língua literária viva de sua atualidade.

Assim age o poeta. O prosador romancista trilha um caminho inteiramente diverso. Acolhe em sua obra o heterodiscurso e a diversidade de linguagens da língua literária e não literária, sem enfraquecê-las e até contribuindo para o seu aprofundamento (pois contribui para a consciência isoladora das linguagens). Com base nessa estratificação da língua, em suas potencialidades heterodiscursivas e até em suas múltiplas linguagens ele constrói o seu estilo, mantendo aí a unidade de sua personalidade criadora e a unidade (é verdade que de outra ordem) do seu estilo.

O prosador não depura as palavras de intenções e tons que lhes são estranhos, não mata os embriões de heterodiscurso social que aí se encontram, não remove as pessoas linguísticas e as maneiras discursivas (personagens-narradores potenciais) que transparecem por trás das palavras e formas de linguagem; mas ele dispõe de todas essas palavras e formas em diferentes distâncias do último núcleo semântico de sua obra, do próprio centro de suas intenções.

O prosador dispõe sua linguagem segundo o grau de maior ou menor proximidade em relação ao autor e à sua última instância semântica: uns elementos da linguagem exprimem de forma direta e imediata (como na poesia) as in-

O discurso na poesia e o discurso no romance   75

tenções semânticas e expressivas do autor, outros refratam essas intenções: o autor não se solidariza com essas palavras até o fim e as acentua de modo especial — humorístico, irônico, paródico, etc.;[25] outros elementos estão ainda mais distantes de sua última instância semântica, refratam de modo ainda mais acentuado as intenções dele; há, por fim, elementos inteiramente desprovidos de intenções e acentos do autor: este não se revela neles (como autor de discurso), mostra-os como uma coisa discursiva original, eles são totalmente objetais para ele. Por isso, a estratificação da língua — dos gêneros, profissional, social em sentido restrito, ideológica, partidária, tendencial, individual, seu heterodiscurso social e sua variedade de linguagens (dialetos) — ao ingressarem no romance, aí se ordenam a seu modo, tornam-se um sistema literário original que orquestra o tema intencional do autor.

Assim, o prosador pode se separar da língua de sua obra e, em graus variados, dos seus diferentes elementos e camadas. Pode empregar a linguagem sem se entregar inteiramente a ela, mantendo-a meio alheia ou inteiramente alheia, mas ao mesmo tempo forçando-a, no fim das contas, a servir às suas intenções. O autor não fala nessa linguagem, da qual se afasta em diferentes graus, mas como que através de uma linguagem um tanto encorpada, objetivada, afastada dos seus lábios.

O prosador romancista não expurga de suas obras as intenções alheias da linguagem heterodiscursiva, não destrói aqueles horizontes socioideológicos (mundos e minimundos) que se escondem atrás das linguagens integrantes do heterodiscurso — ele os introduz em sua obra. O prosador usa

---

[25] Isto é, as palavras não são dele se as interpretamos como palavras diretas, mas são dele se as interpretamos como transmitidas ironicamente, mostradas, etc., ou seja, entendidas na devida distância.

linguagens já povoadas de intenções sociais alheias e as obriga a servir às suas novas intenções, a servir a um segundo senhor. Por isso, as intenções do prosador se *refratam*, e se refratam *sob diferentes ângulos*, dependendo do grau de alteridade socioideológica, de encorpadura, de objetificação das linguagens que refratam o heterodiscurso.

A orientação do discurso entre enunciados alheios e linguagens alheias e todos os fenômenos e possibilidades específicas ligados a essa orientação ganham importância literária no estilo romanesco. A dissonância e o heterodiscurso penetram no romance e nele se constituem num harmonioso sistema literário. Nisto está a peculiaridade específica do gênero romanesco.[†]

A estilística adequada a essa peculiaridade do gênero romanesco só pode ser uma *estilística sociológica*. A dialogicidade social interna do gênero romanesco requer que se revele o contexto social concreto do discurso que determina toda a sua estrutura estilística, a sua "forma" e o seu "conteúdo", e ademais determina não por fora mas de dentro: porque o diálogo social soa no próprio discurso, em todos os seus elementos, sejam "conteudísticos", sejam "formais".

O discurso da poesia, sem dúvida, é social, mas as formas poéticas refletem processos sociais mais longos, por assim dizer — "tendências seculares" da vida social. Já o discurso romanesco responde com muita sensibilidade aos mínimos avanços e oscilações do clima social, e ademais, como já dissemos, responde inteiramente, através de todos os seus elementos.

[†] O desenvolvimento do romance está no aprofundamento de sua dialogicidade, de sua ampliação e definição. Diminuem cada vez mais os elementos neutros, estáveis ("verdade de pedra"), não incorporados ao diálogo. O diálogo migra para as profundezas moleculares e, por fim, intra-atômicas.

O discurso na poesia e o discurso no romance

O heterodiscurso introduzido no romance é aí submetido a uma elaboração literária. As vozes históricas e sociais que povoam a língua fornecem-lhe percepções concretas, organizam-se no romance em um harmonioso sistema estilístico que traduz a posição socioideológica *diferenciada* do autor e de seu grupo no heterodiscurso da época.

3

O heterodiscurso no romance

As formas composicionais de inserção e organização do heterodiscurso no romance, elaboradas ao longo do desenvolvimento histórico desse gênero, são assaz diversificadas em suas diferentes variedades. Cada uma dessas formas composicionais está vinculada a determinadas possibilidades estilísticas e requer determinadas formas de elaboração literária das linguagens inseridas no heterodiscurso. Aqui nós nos limitaremos a abordar as formas basilares e típicas da maioria de variedades do romance.

A forma de inserção e organização do heterodiscurso, externamente mais notória e ao mesmo tempo essencial em termos históricos, é fornecida pelo chamado romance humorístico, cujos representantes clássicos na Inglaterra foram Fielding, Smollett, Sterne, Charles Dickens, William Thackeray e outros, e, na Alemanha, Theodor Gottlieb von Hippel e Jean Paul.

No romance humorístico inglês encontramos uma reprodução paródico-humorística de quase todas as camadas da linguagem literária falada e escrita de sua época. Praticamente todos os romances dessa variedade que mencionamos são uma enciclopédia da totalidade dos discursos e formas literárias — a narração, dependendo do objeto de representação, reproduz em termos de paródia ora as formas da eloquência parlamentar, ora da eloquência jurídica, ora as formas específicas de protocolo parlamentar, ora de protocolo jurídico, ora as formas de reportagem dos jornais, ora a linguagem seca dos negócios da City, ora mexericos de bisbilhoteiros, ora o pedante discurso científico, ora todo discurso épico ou estilo bíblico, ora o estilo da pregação moral hipócrita, ora, enfim, a maneira discursiva dessa ou daquela personagem concreta e socialmente determinada referida pela narração.

Essa estilização, habitualmente paródica, das camadas da linguagem dos gêneros, profissionais e de outras camadas da linguagem, é, às vezes, interrompida pelo discurso direto (habitualmente patético ou idílico-sentimental) do autor, que personifica de modo imediato (sem refração) as intenções semânticas e axiológicas do autor. Mas no romance humorístico a base da linguagem é o *modus* absolutamente específico de emprego da "língua comum". Essa "língua comum" — via de regra a linguagem falada e escrita de um determinado círculo — é tomada pelo autor exatamente como *opinião comum*, como um enfoque verbalizado dos homens e das coisas — normal para dado círculo da sociedade —, como *ponto de vista e avaliação correntes*. Em diferentes graus, o autor se separa dessa língua comum, desvia-se dela e a objetiva, levando suas intenções a se refratarem através desse meio da opinião comum (sempre superficial e amiúde hipócrita) personificada na linguagem.

Essa atitude do autor em face da linguagem como opinião comum não é fixa: está sempre em estado de um movimento vivo e de oscilação, às vezes de oscilação rítmica: o autor parodia ora com maior, ora com menor intensidade esses e aqueles elementos da "língua comum", às vezes põe a nu sua inadequação ao objeto, às vezes, ao contrário, quase se solidariza com ela, conservando apenas uma ínfima distância e às vezes faz sua própria "verdade" soar nela de modo direto, isto é, funde integralmente com ela a sua voz. Neste caso, mudam de forma coerente até os elementos da língua comum que, em dado momento, são deformados por via paródica ou sobre os quais se lança uma sombra de objetificação. O estilo humorístico requer esse movimento vivo do autor de aproximação da linguagem e de afastamento dela, requer essa mudança constante da distância entre eles e uma passagem coerente da luz para a sombra ora de uns, ora de outros elementos da linguagem. Caso contrário esse estilo seria uniforme ou requereria a individualização do narrador, ou seja, já requereria outra forma de inserção e organização do heterodiscurso.[†]

Desse segundo plano basilar da "língua comum", da opinião impessoal corrente é que se separam no romance humorístico aquelas estilizações paródicas das linguagens dos gêneros, das profissões e outras de que já falamos, assim como as massas compactas do discurso direto — patético, didático-moral, elegíaco-sentimental ou idílico — do autor. A passagem da "língua comum" à parodização das linguagens dos gêneros, profissões e outras e também ao discurso direto do autor podem ser mais ou menos graduais ou, ao contrário, bruscas. Esse é o sistema da linguagem no romance humorístico.

Detenhamo-nos na análise de alguns exemplos tomados ao romance *A pequena Dorrit* de Dickens. Usemos a tradução de M. A. Engelgardt, da editora Prosveschênie. O que aqui nos interessa são as linhas basilares e grosseiras no estilo do romance humorístico que se conservam de modo bastante adequado na tradução.

Exemplo 1 (livro I, cap. 33):
"A conversa se desenvolvia por volta das quatro ou cinco da tarde, quando a Harley Street e a Cavendish Square estavam cheias de sons do cons-

---

[†] Desse modo, no romance humorístico o discurso direto do autor realiza-se em estilizações incondicionais diretas dos gêneros poéticos (idílicos, elegíacos, etc.) ou retóricos (a patética, a didática moral).

tante ribombar das carruagens e do martelar das portas. No momento em que ela chegava ao referido resultado, *mister* Merdle voltou para casa *depois dos seus trabalhos diurnos, cujo objetivo era a intensa glorificação do nome britânico em todos os confins do mundo capaz de avaliar colossais empresas comerciais e gigantescas combinações de inteligência e capital.* Embora ninguém tivesse o exato conhecimento daquilo em que propriamente consistiam as empresas de *mister* Merdle (sabia-se apenas que ele cunhava dinheiro), eram justamente com esses termos que caracterizavam sua atividade em todas as ocasiões solenes, e assim era a nova redação educada da parábola do camelo passando pelo fundo da agulha, sempre acolhida sem discussões."

O grifo em itálico destaca a estilização paródica da linguagem dos discursos solenes (do parlamento, dos banquetes). A transição para esse estilo foi preparada também pela construção da frase, comedida desde o início em alguns tons épicos solenes. Segue-se — já com a linguagem do autor (logo, em outro estilo) — a revelação do significado paródico da caracterização solene dos trabalhos de Merdle: essa caracterização vem a ser um "discurso do outro", que poderia ser colocado entre aspas ("eram justamente esses termos que caracterizavam sua atividade em todos os casos solenes...").

Desse modo, na linguagem do autor (a narração) foi inserido o discurso do outro em *forma dissimulada*, isto é, sem quaisquer traços formais do discurso do outro — direto ou indireto. Mas não se trata apenas de um discurso do outro na mesma "linguagem" — é um enunciado do outro numa *"linguagem estranha ao autor"* — na linguagem arcaica dos hipócritas gêneros oratórios oficiais, solenes.

Exemplo 2 (livro II, cap. 12):

"Uns dois ou três dias depois toda a cidade soube que Edmund Sparkler, *escudeiro* e enteado do *mundialmente célebre mister* Merdle, havia-se tornado um dos esteios do Circumlocution Office, e com a devida pompa e ao som de cornetas foi *anunciado a todos os fiéis que essa admirável nomeação era um sinal benévolo e caro da atenção dispensada pelo benévolo e caro Decimus à casta dos comerciantes, cujos interesses, em um grande país comercial, devem sempre...* etc., etc., etc. Estimulado por esse sinal oficioso de atenção, *o admirável banco* e outras *admiráveis empresas* imediatamente subiram a montanha; e multidões de basbaques reuniam-se na Harley Street e na Cavendish Square só para contemplar a morada do saco de ouro."

No caso acima, o grifo em itálico no discurso do outro na linguagem do outro (oficial, solene) foi inserido de forma aberta (discurso indireto). Mas ele está cercado pela forma dissimulada do *discurso difuso do outro* (na mesma linguagem oficial, solene), que prepara a inserção da forma aberta e a faz repercutir. Prepara o adendo "escudeiro", característico da linguagem oficial, ao nome Sparkler, concluindo o epíteto "admirável" ao banco e às empresas de Merdle. Esse epíteto, evidentemente, não pertence ao autor mas à "opinião comum", criada pela agiotagem em torno das fictícias empresas de Merdle.

Exemplo 3 (livro II, cap. 12):

"O almoço podia de fato despertar o apetite. Pratos dos mais refinados, magnificamente preparados e magnificamente servidos, frutas selecionadas e vinhos raros; maravilhas da arte em peças de ouro e prata, porcelana e cristal; um sem-número de delícias para o paladar, o olfato e a visão. *Oh, que homem admirável é esse Merdle, que homem grandioso, que homem talentoso, que homem genial*, em suma, que homem rico!"

O início — uma estilização paródica do alto estilo poético, seguida de um entusiástico elogio de Merdle — é um discurso alheio dissimulado do coro dos seus admiradores (grifado). A pontuação tem a função de desmascarar a hipocrisia desse coro, mostrando o fundamento real dos elogios: os adjetivos "admirável", "grandioso", "talentoso", "genial", podem ser substituídos por uma única palavra — "rico". Esse desmascaramento pelo autor se funde imediatamente — no âmbito da mesma oração simples — com o discurso desmascarado do outro. A entusiástica acentuação dos elogios é complexificada pela segunda acentuação irônico-indignada que predomina nas últimas palavras de desmascaramento da oração.

Estamos diante de uma típica *construção híbrida* de dupla dicção e duplo estilo.

Chamamos de construção híbrida um enunciado que, por seus traços gramaticais (sintáticos) e composicionais, pertence a um falante, mas no qual estão de fato mesclados dois enunciados, duas maneiras discursivas, dois estilos, duas "linguagens", dois universos semânticos e axiológicos. Entre esses enunciados, estilos, linguagens e horizontes, repetimos, não há nenhum limite formal — composicional e sintático: a divisão das vozes e linguagens ocorre no âmbito de um conjunto sintático, amiúde no âmbito de uma oração simples, frequentemente a mesma palavra pertence ao mesmo tempo a duas linguagens, a dois horizontes que se cruzam numa construção híbrida e, por conseguinte, tem dois sentidos heterodiscursivos, dois acentos (veja-se o exemplo abaixo). As construções híbridas têm enorme importância no estilo romanesco.[26]

Exemplo 4 (livro II, cap. 12):
"Mas *mister* Tite Barnacle fechava todos os botões da roupa; *por conseguinte*, era um homem de peso."

Um exemplo de *motivação pseudo-objetiva*, que é uma das modalidades do discurso dissimulado do outro, neste caso a opinião corrente.[†]

O termo "motivação pseudo-objetiva" foi introduzido por Leo Spitzer no livro *Pseudoobjektive Motivierung bei Charles-Louis Philippe* [Motivação pseudo-objetiva em Charles-Louis Philippe].[27] Esse autor costuma introduzir a motivação pseudo-objetiva nas formas "à cause de", "parce que", "puisque", "car",[*] que têm caráter objetivo. Por todos os traços formais, a motivação é do autor, que com ela se solidariza formalmente, mas, no fundo, a motivação permane-

---

[26] Para maiores detalhes sobre construções híbridas, veja-se o quarto capítulo deste livro.

[†] É sumamente característica do romance a motivação pseudo-objetiva. Isso seria impossível na epopeia. As conjunções subordinativas e as palavras intercaladas (assim como, porque, por causa, apesar de, etc.) e todas as palavras e orações logicamente intercaladas (assim, por conseguinte, etc.) perdem a intenção direta do autor, entregam-se às linguagens dos outros, tornando-se refratadas ou até objetais.

[27] Cf. Leo Spitzer, *Stilstudien. Zweiter Teil. Stilsprachen* [Estudos estilísticos. Segunda parte. Linguagens estilísticas], Munique, Max Hueber Verlag, 1928, pp. 166-207.

[*] Respectivamente "por causa de", "porque" afirmativo, "já que" e "porquanto", em francês. (N. do T.).

ce no horizonte subjetivo das personagens ou da opinião comum.[28]

A motivação pseudo-objetiva caracteriza, é claro, não só Charles-Louis Philippe, mas também e de um modo geral o estilo romanesco, sendo uma das variedades de construção híbrida sob a forma do discurso dissimulado do outro. Essa motivação é sobretudo característica do estilo humorístico, no qual predomina a forma do discurso dissimulado do outro (de personagens concretas ou, mais amiúde, do discurso coletivo).[29]

> Exemplo 5 (livro II, cap. 13):
> "Como um grande incêndio enche com seu ronco o espaço a uma grande distância, assim a chama sagrada espalhada pelos poderosos Barnacles no altar do grande Merdle enchia cada vez mais o ar com o som desse nome. Ele ecoava em todas as bocas, ressoava em todos os ouvidos. Não houve, não há nem haverá outro homem como *mister* Merdle. Como já foi dito, ninguém sabia que façanhas ele havia realizado, *mas cada um sabia que ele era o maior entre os mortais.*"

É um discurso épico, "homérico" (paródico, é claro), em cuja moldura está inserido o elogio a Merdle pela multidão (discurso dissimulado do outro na linguagem do outro). Seguem-se as palavras do autor, a cuja expressão (grifada) "cada um sabia" foi dado, não obstante, um caráter objetivo. É como se o próprio autor não duvidasse disto.

---

[28] Leo Spitzer toma um dos exemplos de Charles-Louis Philippe em: "*Le peuple, à cause de l'anniversaire de sa délivrance, laisse ses filles danser en liberté*" [O povo, por causa do aniversário de sua libertação, deixa que suas moças dancem em liberdade].

[29] Cf. as motivações pseudo-objetivas do grotesco em Gógol.

Exemplo 6 (livro II, cap. 24):

"Homem ilustre, ornamento da pátria, *mister* Merdle continuava sua marcha ofuscante. Pouco a pouco todo mundo começava a compreender que esse homem, detentor de tais méritos diante da sociedade, *da qual arrancara tão grande monte de dinheiro*, não devia continuar sendo um simples cidadão. Dizia-se que seria promovido a baronete, falava-se até do título de *Sir*."

É a mesma solidariedade fictícia com a opinião comum hipócrita e solene sobre Merdle. Todos os epítetos aplicados a Merdle na primeira oração são epítetos da opinião comum, isto é, são o discurso dissimulado do outro. A segunda oração — "pouco a pouco todo mundo começava a compreender...", etc. — é comedida num estilo acentuadamente objetal, não como opinião subjetiva, mas como reconhecimento de um fato objetivo e absolutamente indiscutível. O epíteto "detentor de tais méritos diante da sociedade" está inteiramente situado no plano da opinião comum (dos elogios oficiais), mas a oração subordinada ligada a esse elogio — "da qual arrancara tão grande monte de dinheiro" — são palavras do próprio autor (como um "sic" intercalado entre aspas numa citação). A continuação da oração principal situa-se mais uma vez no plano da opinião comum. Desse modo, as palavras de desmascaramento do autor encravam-se aqui na citação tirada da "opinião comum". Estamos diante de uma típica construção híbrida, na qual o discurso direto do autor é a oração subordinada, sendo a principal o discurso do outro. As orações principal e subordinada estão construídas em diferentes horizontes semânticos e axiológicos.

Toda a parte da ação do romance, representada em torno de Merdle e das personagens a ele vinculadas, está representada pela linguagem (ou melhor, pelas linguagens) da pér-

O heterodiscurso no romance

fida e entusiástica opinião comum sobre ele, sendo que se estiliza parodicamente ora a lisonjeira tagarelice mundana, ora a linguagem solene das declarações oficiais e dos discursos dos banquetes, ora o elevado estilo épico, ora o estilo bíblico. Esse clima em torno de Merdle, essa opinião comum sobre ele e suas empresas contagia até as personagens positivas do romance, particularmente o sóbrio Panks, levando-o a aplicar toda a fortuna — sua e da pequena Dorrit — nas fictícias empresas de Merdle.

> Exemplo 7 (livro II, cap. 25):
> "O médico resolveu comunicar essa notícia na Harley Street. O advogado não podia retomar de imediato o 'amaciamento' do júri *mais cultivado e notável que ele jamais tivera oportunidade de ver naquele banco, atrevendo-se a assegurar ao seu sábio amigo que com esse júri seria inútil apelar para a sofística banal e sobre ele não surtiria efeito o abuso da arte e das artimanhas da profissão* (com essa frase ele se preparava para começar o seu discurso) e por isso se ofereceu para acompanhar o médico, dizendo-lhe que o esperaria na rua enquanto ele estivesse em casa."

É uma construção híbrida acentuadamente expressa, onde, na moldura do discurso (informativo) do autor — "O advogado não podia retomar de imediato o amaciamento do júri... e por isso se ofereceu para acompanhar o médico, etc." —, insere-se o início do discurso preparado pelo advogado, sendo que esse discurso é dado como um epíteto desdobrado para completar de modo direto a palavra "júri" do autor. A palavra "júri" entra tanto no contexto do discurso informativo do autor, tanto como complemento necessário à palavra "amaciamento", quanto, simultaneamente, no contexto do discurso paródico-estilizado do advogado. A própria palavra do autor — "amaciamento" — ressalta o aspecto paródico da reprodução do discurso do advogado, cujo sentido hipócrita resume-se justamente ao fato de que é impossível amaciar tão notável júri.

Exemplo 8 (livro II, cap. 33):
"Em suma, Mrs. Merdle, como uma bem educada mulher de sociedade, *infeliz vítima de um bárbaro grosseiro* (pois *mister* Merdle assim era reconhecido da cabeça aos pés desde o instante em que se verificara que estava na miséria), foi acolhida sob proteção em seu círculo para o bem do próprio círculo."

É uma análoga construção híbrida, na qual as definições da opinião comum do alto círculo social — "infeliz vítima de um bárbaro grosseiro" — estão fundidas com o discurso do autor, que desmascara a hipocrisia e o interesse dessa opinião comum.

Assim é todo romance de Dickens. Todo esse texto poderia, no fundo, ser pontilhado de aspas, destacando-se ilhotas de um discurso disseminado direto e puro do autor, banhado de todos os lados por ondas de heterodiscurso. Contudo, seria impossível fazer tal coisa, posto que, como vimos, uma mesma palavra entra simultaneamente nos discursos do outro e do autor.

O discurso do outro — narrado, imitado, mostrado sob certas luzes, disposto ora em massas compactas, ora esporadicamente disseminado — é, na maioria dos casos, impessoal ("opinião comum", linguagens de profissões e gêneros) e em parte alguma está delimitado do discurso do autor: os limites são deliberadamente movediços e ambíguos, amiúde ocorrem no interior de um conjunto sintático, amiúde no interior de uma oração simples e, às vezes, dividem os termos essenciais da oração. Esse jogo multiforme com os limites dos discursos, das linguagens e horizontes é um dos elementos essenciais do estilo humorístico.

Desse modo, o estilo humorístico (do tipo inglês) baseia-se na estratificação da língua comum e nas possibilidades de separar, em diferentes graus, suas intenções de suas camadas, sem se solidarizar integralmente com elas. É justamente a natureza heterodiscursiva e não a unidade da língua normativa comum que constitui o fundamento do estilo. É verdade que, neste caso, essa natureza heterodiscursiva não ultrapassa os limites da unidade linguística (segundo os traços linguísticos abstratos) da linguagem literária, não se converte num autêntico heterodiscurso e está fixada na compreensão linguístico-abstrata no plano de uma língua única (isto é, não requer conhecimento de diferentes dialetos ou línguas). Mas essa compreensão linguística é um elemento abstrato da compreensão concreta e ativa (dialogicamente comungante) do heterodiscurso vivo, introduzido e literariamente organizado no romance.

Nos precursores de Dickens — Fielding, Smollett e Sterne —, fundadores do romance humorístico inglês, encontramos a mesma estilização paródica das diferentes camadas e gêneros da linguagem literária, mas neles a distância é mais acentuada do que em Dickens, e o exagero é mais forte (sobretudo em Sterne). Nesses autores (especialmente em Sterne), a percepção paródico-objetal das diversas variedades de linguagem literária penetra em camadas muito profundas do próprio pensamento literário-ideológico, transformando-se em paródias da estrutura lógica e expressiva de todo discurso ideológico (científico, retórico-moral, poético) como tal (quase com o mesmo radicalismo que ocorre em Rabelais).[30]

---

[30] Eis como Dibelius caracteriza o estilo desses humoristas, que ele define como "cômico subjetivo": "*Weniger allgemein, mehr auf die Schule Fieldings (Smollett, Scott, Marriott, Hook) und Sterne beschränkt ist die subjektive Komik. Mit komischer Verschiebung der Quantität heroisiert*

É muito importante o papel que, na construção da linguagem em Fielding, Smollett e Sterne, desempenha a paródia

sie das Kleine, parodiert sie klassische oder biblische Motive (Kampf, Stammbaum) oder äfft durch pomphafte Ausführlichkeit den Stil der Wissenschaft nach [...], sie behandelt das Grosse familiär [...], oder mit komischer Verschiebung der Qualität werden aus falschen oder nichtssagenden Prämissen tiefsnnige oder seltsame Schlüße gezogen, Informationen gegeben, die keinen Wert haben, oder es werden umgekehrt gewöhnliche Eigennamen zur Charakterisierung ihres Trägers benutzt, Böses wird als gut hingestellt und umgekehrt [...] und etwas Harmloses erhält einen pikanten Beigeschmack [...]. Oder schliesslich werden Vorstellungen, denen jede innere Beziehung fehlt, in engsten Zusammenhang gebracht [...], eine besondere Form dieser komischen Wirkung ist das Wortspiel, das Sterne, Marriott und Hook lieben, und Sterne weiss diese Inkongruenz des Inkongruenten zur Darstellung einer Weltanschauung auszubauen" [O cômico subjetivo, menos geral, está mais limitado à escola de Fielding (Smollett, Scott, Marriott, Hook). Com o deslocamento cômico da quantidade, ele heroiciza o pequeno, parodia motivos clássicos e bíblicos (luta, árvore genealógica) ou macaqueia o estilo científico por meio de pomposidade circunstanciada, [...] trata o grandioso de maneira familiar [...] ou então, com o deslocamento cômico da qualidade, são tiradas conclusões insólitas ou profundas a partir de premissas falsas ou que nada dizem, são dadas informações sem nenhum valor, ou se utilizam nomes próprios banais para caracterizar aqueles que os portam, o mal é apresentado como bem e vice-versa [...] e algo inofensivo recebe um tempero picante [...]. Ou, por fim, concepções que carecem de todo e qualquer vínculo interno são constrangidas ao mais estreito contexto [...]. Uma forma especial desse efeito cômico é o trocadilho, que Sterne, Marriott e Hook amam, e Sterne sabe desdobrar essa incongruência do incongruente até à representação de uma concepção de mundo], *Englische Romankunst* [A arte do romance inglês], tomo II, Berlim/Leipzig, Mayer & Muller, pp. 433-4. Dibelius caracteriza e aplica a Fielding esse jogo com avaliações habituais, pontos de vista normais e opinião comum materializados na linguagem da seguinte maneira: *"Fielding freut sich am Seltsamen, an der komischen Situation, an allem, was der Erwartung aufs Schärfste widerspricht. Er liebt es, die üblichen Werte umzuwerten, mit Quantität und Qualität der herkömmlichen Urteile zu spielen"* [Fielding se regozija com o raro, com a situação cômica, com tudo que contradiz a expectativa de maneira mais aguda. Ele adora inverter os valores normais, brincar com a quantidade e qualidade dos juízos tradicionais], *idem*, p. 436.

O heterodiscurso no romance

91

literária em sentido restrito (paródia do romance de Samuel Richardson nos dois primeiros e de quase todas as variedades de romance em Sterne). A paródia literária desloca ainda mais o autor da linguagem, torna ainda mais complexa sua relação com a linguagem literária de sua época, e isto em pleno território do romance. O próprio discurso romanesco dominante nessa época é convertido em objetal e se torna um meio de refração para novas intenções do autor.

Esse papel da paródia literária e seu efeito sobre a variedade de romance dominante é muito grande na história do romance europeu. Pode-se dizer que os mais importantes protótipos e variedades de romance foram criados no processo de destruição paródica dos universos romanescos precedentes. Assim procederam Cervantes, Mendoza, Grimmelshausen, Rabelais, Alain-René Lesage e outros.

Em Rabelais, cuja influência foi muito grande sobre a prosa romanesca, particularmente sobre o romance humorístico, a relação paródica com quase todas as formas de discurso ideológico — filosófico, moral, científico, retórico, poético —, e em especial com as formas patéticas de discurso (para Rabelais, entre o patético e a mentira quase sempre há um sinal de igualdade) é aprofundada até atingir a paródia do pensamento linguístico em geral. O escárnio a que Rabelais sujeita o discurso humano obstinadamente mentiroso (o discurso patético e quase todo "discurso importante" para ele eram falsos por natureza) manifesta-se, aliás, na destruição paródica das construções sintáticas pela via da redução de alguns elementos lógicos e expressivo-acentuais (por exemplo, das predicações, explicações, etc.). Em Rabelais, atingem a máxima pureza prosaica o afastamento da linguagem (por seus próprios meios, é claro), a desqualificação de toda intencionalidade e expressividade direta e imediata (da seriedade "imponente") do discurso ideológico como convencional e falso, como maldosamente inadequado à realidade. Mas aqui a verdade, contraposta à mentira, fica quase desprovida de qualquer expressão verbointencional direta *de sua palavra*: esta só soa na acentuação paródico-desmascarante da mentira. A verdade se restabelece pela redução da mentira ao absurdo, mas ela mesma não procura palavras, teme embaralhar-se na palavra, atolar-se num patético verbal.

Ao observar a imensa influência da "filosofia do discurso" de Rabelais, expressa não tanto em enunciados diretos quanto na prática do seu estilo verbal sobre toda a posterior prosa romanesca e, em especial, dos grandes protótipos do romance humorístico, citamos uma confissão puramente rabelaisiana do Yorick de Laurence Sterne, que pode servir como epígrafe à história da mais importante linha estilística do romance europeu:

"Pelo que sei, poderia haver alguma mistura de infortunada agudeza no fundo de tal Balbúrdia. — Para dizer a verdade, Yorick tinha uma invencível aversão e resistência em sua natureza à seriedade; — não à seriedade em si; — pois, quando fosse de rigor, ele era o mais grave ou sério dos mortais, dias e semanas a fio; — mas era inimigo da afetação de seriedade, e lhe declarava guerra aberta sempre que ela parecesse ser máscara da ignorância ou da necedade; então, quando lhe atravessasse o caminho, por mais que estivesse abrigada e protegida, raramente lhe dava quartel.

Às vezes, na sua maneira desabrida de falar, dizia que a seriedade era um patife errante; e acrescentava — da espécie mais perigosa, outrossim, porque dissimulado; e que verdadeiramente acreditava que mais pessoas honestas e bem-intencionadas eram despojadas de seus bens e de seu dinheiro por ela, num só ano, do que por batedores de carteira e ladrões de loja em sete anos. Costumava dizer que na disposição franca posta a descoberto por um coração jovial não havia perigo senão para ela própria — ao passo que a essência mesma da seriedade era o desígnio e, consequentemente, a fraude; — era um truque ensinado e aprendido ganhar prestígio no mundo pela afetação de maior bom senso e conhecimento do que os que realmente a pessoa possuía; era algo não melhor, mas quase sempre pior, do que aquilo que um engenhoso francês há muito tempo definira — isto é, *uma misteriosa postura do corpo para ocultar os defeitos da mente*; tal definição de gravidade, Yorick costumava dizer com grande imprudência, merecia ser escrita em letras de ouro."*

Ao lado de Rabelais está Cervantes, mas em certo sentido até superando-o pela influência determinante em toda a prosa romanesca. O espírito de Cervantes penetra profundamente o romance humorístico inglês. Não é à toa que o próprio Yorick, em seu leito de morte, cita palavras de Sancho Pança.

Em alguns humoristas alemães como Hippel e sobretudo Jean Paul, a relação com a língua em sua estratificação em gêneros, profissões, etc., sendo basicamente sterniana, aprofunda-se, como em Sterne, a ponto de atingir uma problemática puramente filosófica do discurso literário e ideológico como tal.[31] O aspecto filosófico e psicológico da relação do autor com sua palavra desloca frequentemente para segundo

---

* Laurence Sterne, *A vida e as opiniões do cavalheiro Tristram Shandy*, Rio de Janeiro, Nova Fronteira, 1984. À citação em russo preferi a tradução do grande e saudoso José Paulo Paes. (N. do T.)

[31] Cf. Johann Czerny, *Sterne, Hippel und Jean Paul. Ein Beitrag zur Geschichte des humoristischen Romans in Deutschland* [Sterne, Hippel e Jean Paul. Uma contribuição à história do romance humorístico na Alemanha], Berlim, A. Duncker, 1904.

plano o jogo das intenções com as camadas concretas, principalmente as de gênero e ideologia da linguagem literária (cf. seu reflexo nas teorias estéticas de Jean Paul).[32]

Assim, a estratificação da linguagem literária, sua heterodiscursividade, é uma premissa indispensável do estilo humorístico, cujos elementos devem projetar-se em diferentes planos da linguagem; note-se que as intenções do autor, ao se refratarem através de todos esses planos, podem não se deixar captar inteiramente por nenhum deles. É como se o autor não tivesse sua própria linguagem, mas tivesse seu estilo, sua lei orgânica única de jogo com linguagens e refração de suas autênticas intenções semânticas e expressivas nessas linguagens. Esse jogo com linguagens e a frequente ausência total de *sua* palavra final não diminui minimamente, é claro, a profundidade geral da intencionalidade, isto é, da inteligibilidade ideológica de toda a obra.

* * *

No romance humorístico, a introdução e o emprego estilístico do heterodiscurso são caracterizados por duas peculiaridades.

1) Introduz-se uma variedade de "linguagens" e horizontes verboideológicos — de gêneros, profissões, grupos/castas (a linguagem do nobre, do granjeiro, do comerciante, do camponês), as tendências do ambiente (a linguagem do mexerico, da tagarelice de salão, as linguagens dos criados), etc. —, é verdade que predominantemente no âmbito da linguagem literária escrita e oral; ademais, essas linguagens, na maioria dos casos, não se fixam em determinadas personagens (heróis, narradores) e são introduzidas em forma impes-

---

[32] O juízo, materializado nas formas e métodos do pensamento verboideológico, isto é, o horizonte linguístico do juízo normal do homem, torna-se, segundo Jean Paul, infinitamente pequeno e ridículo à luz da razão. O humor é um jogo com o juízo e suas formas.

soal "por parte do autor", alternando-se (sem limites formais precisos) com o discurso direto do autor.

2) As linguagens e os horizontes socioideológicos introduzidos, embora sejam empregados, é claro, para a realização refratada das intenções do autor, são desmascarados e destruídos como falsos, hipócritas, interessados, limitados, estreitamente racionais e inadequados à realidade. Na maioria dos casos, todas essas linguagens — já constituídas, oficialmente reconhecidas, dominantes, autoritárias e reacionárias — estão condenadas à morte e à substituição. Por isso predominam diferentes formas e graus de *estilização paródica* das linguagens introduzidas, estilização essa que, nos representantes mais radicais e rabelaisianos[33] dessa variedade de romance (Sterne e Jean Paul), confina com a recusa a qualquer seriedade direta e imediata: na destruição de toda seriedade falsa, a seriedade verdadeira não só é patética como também sentimental.[34] Aqui, a paródia confina com a crítica de princípio da palavra como tal.

Dessa forma humorística de introdução e organização do heterodiscurso no romance difere substancialmente o limite das formas determinadas pela introdução do autor convencional personificado e concreto (discurso escrito) ou do narrador (discurso oral).

O jogo com o autor convencional caracteriza o romance humorístico (Sterne, Hippel, Jean Paul) e já foi herdado por eles de *Dom Quixote*. Mas neste caso o jogo é mero procedimento composicional, que reforça a relativização geral, a objetivização e a parodização das formas e gêneros literários. Importância análoga tem, por exemplo, a "troca

[33] Que não estão em cronologia com o próprio Rabelais nem, no fundo, podem ser atribuídas aos representantes do romance humorístico inglês na exata acepção do termo.

[34] Mesmo assim, não se supera até o fim a seriedade sentimental (sobretudo em Jean Paul).

de convites"* entre diferentes romances de Sterne[35] e Jean Paul.[36]

Totalmente diverso é o significado que ganham o autor e o narrador convencionais quando são introduzidos como portadores de um horizonte verboideológico e linguístico, de um ponto de vista especial sobre o mundo e os acontecimentos, de avaliações e entonações especiais — especiais tanto em relação ao autor (ao seu efetivo discurso direto) quanto à narração literária "normal" e à linguagem.

Essa peculiaridade, esse afastamento do autor ou do narrador convencional em relação ao autor real e ao horizonte literário normal pode ser diferente em grau e caráter. Em todo caso, porém, esse peculiar horizonte do outro, esse peculiar ponto de vista do outro sobre o mundo é incorporado pelo autor em prol de sua eficiência, em prol de sua capacidade de, por um lado, apresentar o próprio objeto da representação em nova luz (descobrir nele novos aspectos e elementos) e, por outro, derramar nova luz também sobre o horizonte literário "normal", em cujo segundo plano percebem-se as peculiaridades da narração do narrador.

Por exemplo, Biélkin como narrador foi escolhido (ou melhor, criado) por Púchkin como um ponto de vista especial — "não poético" — sobre os objetos e os enredos poético-tradicionais (sobretudo característico e premeditado é o enredo de *Romeu e Julieta* em *A senhorita camponesa* ou a romântica *danse macabre* em *O fazedor de caixões*). Biélkin, assim como os narradores em terceiro plano de cujos lábios ele assimilou as suas histórias, é um homem "prosaico", desprovido de uma poética patética. As bem sucedidas soluções

---

* "Troca de convites": intercâmbio de experiências. (N. do T.)

[35] *Viagem sentimental* e *A vida e as opiniões do cavalheiro Tristram Shandy* (que traz um prefácio a *Viagem sentimental*).

[36] Por exemplo, *Hesperus* e *Die unsichtbare Loge* [A *loggia* invisível] (romance de juventude).

"prosaicas" dos enredos e a própria condução da narração quebram as expectativas dos efeitos poéticos tradicionais. Nessa incompreensão da poética patética reside a eficiência prosaica do ponto de vista de Biélkin.

Maksim Maksímitch de *O herói do nosso tempo*, de Liérmontov, Rudi Panko* e os narradores de *O nariz* e *O capote*, de Gógol, os cronistas de Dostoiévski, os narradores folclóricos e os personagens-narradores em Miélnikov-Petchievski e Mámin-Sibiriak, os narradores folclóricos e ambientais de Leskov, os personagens-narradores da literatura populista e, por fim, os narradores da prosa simbolista e pós-simbolista — em Riémizov, Zamiátin e outros —, a despeito de toda a diferença entre as próprias formas de narração (orais ou escritas), apesar de toda a diferença de linguagens da narração (da literatura, das profissões, dos grupos sociais, dos ambientes, dos sotaques, dos dialetos, etc.) são incorporados em toda parte como específicos e limitados, embora eficientes em suas limitações e especificidade do ponto de vista verboideológico como horizontes especiais aos quais se contrapõem o horizonte literário e os pontos de vista em cujo campo eles são percebidos.

O discurso desses narradores é sempre um *discurso do outro* (em relação ao discurso direto real ou possível do autor) na *linguagem do outro* (em relação àquela variedade de linguagem literária à qual se contrapõe a linguagem do narrador).

Também nesse caso estamos diante de um "falar não direto", não na linguagem mas através da linguagem, através de um meio linguístico alheio e, por conseguinte, da refração das intenções do autor.

O autor realiza a si mesmo e ao seu ponto de vista não só no narrador, no seu discurso e em sua linguagem (que,

---

* O narrador dos contos de *Serões numa granja perto de Dikanka*, de Gógol. (N. do T.)

num ou noutro grau são discurso e linguagem objetais, mostradas), mas também no objeto da narração, no ponto de vista diferente do ponto de vista do narrador. Por trás da narração do narrador lemos uma segunda narração: a narração do autor sobre a mesma coisa narrada pelo narrador e, além disso, sobre o próprio narrador. Percebemos nitidamente cada elemento da narração em dois planos: no plano do narrador, em seu horizonte expressivo semântico-objetal, e no plano do autor, que fala de modo refratado com essa narração e através dessa narração. A esse horizonte do autor com tudo o que é narrado também se integra o próprio narrador com sua palavra. Adivinhamos os acentos do autor situados tanto no objeto da narração quanto na própria narração e na imagem do narrador que se revela no processo da narração. Não perceber esse segundo plano intencional e acentual do autor implica não compreender a obra.

Como já afirmamos, a narração do narrador ou do autor convencional constrói-se no campo da linguagem literária normal, do habitual horizonte literário. Cada elemento na narração se correlaciona com essa linguagem e com o horizonte, contrapõe-se a estes, sendo que se contrapõe *dialogicamente*: como um ponto de vista a outro ponto de vista, uma avaliação a outra avaliação, um acento a outro acento (e não como dois fenômenos linguísticos abstratos). É essa correlatividade, essa conectividade dialógica de duas linguagens e dois horizontes que permite realizar-se a intenção do autor de tal modo que a percebemos nitidamente em cada momento da obra. O autor não se limita à linguagem do narrador nem à linguagem literária normal com a qual se correlaciona a narração (embora ele esteja mais próximo de uma ou de outra linguagem); ele, porém, usa uma e outra linguagem para não deixar que nenhuma delas capte inteiramente as suas intenções; ele se vale dessa "troca de convites", desse diálogo de linguagens em cada momento de sua obra para permanecer ele mesmo como que neutro em termos de linguagem, um terceiro na disputa entre as duas (embora, talvez, seja um terceiro tendencioso).

Todas as formas que introduzem o narrador ou o autor convencional marcam, em diferentes graus, a liberdade do autor em relação a uma língua única e singular, vinculada à relativização dos sistemas de linguagem literária, marcam a possibilidade de autodeterminar-se em termos de linguagem, de transferir suas intenções de um sistema de linguagem a outro, de fundir a "língua da verdade" com a "língua do ambiente", de dizer *o que é seu* em linguagem alheia e em sua linguagem *o que é alheio*.

Uma vez que em todas essas formas (a narração do narrador, do autor convencional ou de uma das personagens) ocorre a refração das intenções do autor, nelas, como no romance humorístico, também é possível uma diferença de distâncias entre elementos particulares da linguagem do narrador e o autor: a refração pode ser ora maior, ora menor, e em determinados momentos é possível até a completa fusão de vozes.

* * *

A próxima forma de introdução e organização do heterodiscurso no romance, forma da qual se vale todo romance sem exceção, são os *discursos dos heróis*.

Os discursos dos heróis, que no romance têm esse ou aquele grau de independência verbo-semântica, sendo por seu horizonte um discurso do outro na linguagem do outro, podem também refratar as intenções do autor e, por conseguinte, ser até certo ponto uma *segunda linguagem do autor*. Além disso, os discursos dos heróis quase sempre influenciam (às vezes de forma poderosa) o discurso do autor, disseminando nele palavras de outro (o discurso dissimulado do herói) e assim inserindo nele a estratificação, a heterodiscursividade.

Por isso, onde não há humor, paródia, ironia, etc. e onde não há narrador, autor convencional e herói narrador, ainda assim a heterodiscursividade e o potencial estratificante da língua servem de fundamento ao estilo romanesco. Também onde, numa visão superficial, a língua do autor parece única e comedida, direta e imediatamente intencional, mesmo assim descobrimos no plano liso dessa língua única uma tridimensionalidade prosaica, um abissal heterodiscurso que integra o edifício do estilo e o determina.

A linguagem e o estilo dos romances de Turguêniev parecem uma língua única e pura. Contudo, essa linguagem pura em Turguêniev está muito distante do absolutismo poético. Em seu conjunto básico, essa linguagem é atraída, arrastada para a luta entre pontos de vista, avaliações e acentos nela introduzidos pelos heróis, é contagiada pelas intenções em luta e por elas estratificada: disseminam-se por essa linguagem palavras, palavrinhas, expressões, definições e epítetos contagiados por intenções alheias com as quais o autor não se solidariza até o fim e através das quais refrata suas próprias intenções. Percebemos com nitidez as diferentes distâncias entre o autor e diferentes elementos de sua linguagem, que exalam universos sociais alheios, horizontes alheios. Percebemos com nitidez o variado grau de presença do autor e de sua última instância semântica nos diferentes elementos da linguagem. A heterodiscursividade, o potencial de estratificação da linguagem em Turguêniev é um fato estilístico essencial e orquestra sua verdade de autor, sua consciência linguística, a consciência relativizada do prosador.

Em Turguêniev, o heterodiscurso social é introduzido predominantemente nos discursos diretos dos heróis, nos diálogos. Mas é, como já dissemos, disseminada também no discurso do autor em torno dos heróis, criando *zonas de heróis* especiais. Essas zonas são formadas por semidiscursos dos heróis, pelas diferentes formas de transmissão dissimulada da palavra do outro, por disseminadas palavras e palavrinhas do discurso do outro, pelas invasões do discurso do autor por elementos expressivos (reticências, perguntas, ex-

O heterodiscurso no romance

clamações do outro) alheios. A zona é uma região da ação da voz do herói, que, de uma forma ou de outra, se junta à voz do autor.

Entretanto, repetimos, em Turguêniev a orquestração romanesca do tema se concentra nos diálogos diretos, os heróis não criam em torno de si zonas amplas e saturadas, os híbridos estilísticos desenvolvidos e complexos são bastante raros.

Examinemos alguns exemplos de heterodiscurso disseminado em Turguêniev.

Exemplo 1 (*Pais e filhos*):
"Ele se chama Nikolai Pietróvitch Kirsánov. A quinze verstas da hospedaria ele tem uma fazenda com duzentas almas* ou adquiriu uma *'chácara' de duas dessiatinas** de extensão*, como ele mesmo se exprime desde que dividiu suas terras com os camponeses."

Aqui foram tomadas entre aspas ou depreciadas as novas expressões características da época em estilo liberal.

Exemplo 2 (*Pais e filhos*):
"Ele começava a sentir uma secreta irritação. Indignava sua natureza aristocrática, o desembaraço absoluto de Bazárov. *Esse filho de médico não só não se acanhava como até respondia de modo descontínuo e a contragosto, e nos sons de sua voz havia qualquer coisa de grosseiro, quase descarado.*"

---

* Assim eram chamados os servos camponeses antes da abolição do estatuto servil em 1861 na Rússia. (N. do T.)

** Antiga medida agrária russa equivalente a 1,09 ha. (N. do T.)

A terceira oração desse parágrafo (grifos nossos), sendo por seus traços sintáticos formais parte do discurso do autor é ao mesmo tempo, pela escolha das expressões ("esse filho de médico") e por sua estrutura expressiva um dissimulado discurso do outro (Pável Pietróvitch).

Exemplo 3 (*Pais e filhos*):
"Pável Pietróvitch sentou-se à mesa. Usava um elegante terno matinal em estilo inglês: vermelhava em sua cabeça um pequeno fez. Esse fez e uma gravatinha arrumada com negligência insinuavam a liberdade da vida no campo; mas o duro colarinho da camisa, verdade que não branca mas listrada *como é praxe para a toalete matinal*, cutucava de modo habitualmente impiedoso o queixo barbeado."

Essa caracterização irônica da toalete matinal de Pável Pietróvitch tem os tons comedidos no preciso estilo de *gentleman* da personagem. A afirmação "como é praxe para a toalete matinal" não é, evidentemente, uma simples afirmação do autor, mas uma norma do círculo cavalheiresco de Pável Pietróvitch ironicamente transmitida. Teríamos certo direito de incluí-la entre aspas. Trata-se de uma fundamentação pseudo-objetiva.

Exemplo 4 (*Pais e filhos*):
"*A brandura de Matviêi Ilitch no tratamento só podia equiparar-se ao seu ar de majestade.* Ele acarinhava a todos — uns com matiz de repulsa, outros com matiz de respeito; desfazia-se em mesuras '*en vrai chevalier français*' com as damas e ria sem parar um riso grande, sonoro e solitário, *como é de praxe a um alto funcionário.*"

O heterodiscurso no romance 103

Temos uma caracterização irônica análoga no ponto de vista do próprio alto funcionário. A mesma fundamentação pseudo-objetiva aparece em "como é de praxe a um alto funcionário".

Exemplo 5 (*Terra virgem*):
"Na manhã seguinte Niejdánov foi ao apartamento de Sipiáguin na cidade e lá, num magnífico gabinete repleto de um mobiliário de estilo severo, *em perfeita conformidade com a dignidade de um* gentleman *e homem de Estado liberal...*"

É uma construção pseudo-objetiva análoga.

Exemplo 6 (*Terra virgem*):
"Semion Pietróvitch servia num ministério da corte, tinha o título de *kammerjunker*;* *o patriotismo o impedira de seguir a carreira diplomática,* para onde, ao que parece, tudo o atraía: a educação, o hábito de viver em sociedade, os sucessos com as mulheres e sua própria aparência... *mais quitter la Russie? Jamais!*"

A motivação da recusa à carreira diplomática é pseudo-objetiva. Toda a caracterização está contida nos tons e do ponto de vista do próprio Semion Pietróvitch Kalloméitsiev e fecha com seu discurso direto que, pelos traços sintáticos, é uma oração subordinada à do autor ("tudo o atraía... mas deixar a Rússia...", etc.).

---

* Título cortês de funcionário subalterno. (N. do T.)

Exemplo 7 (*Terra virgem*):

"Kalloméitsiev viera à província S. para passar dois meses de férias e dedicar-se à administração, isto é, 'assustar um, pressionar outro'. *Porque sem isso é impossível!*"

O fechamento desse parágrafo é um exemplo característico de afirmação pseudo-objetiva. Foi justamente para lhe dar a aparência de juízo objetivo do autor que ele não foi posto entre aspas como as palavras antecedentes do próprio Kalloméitsiev; foi incluído no discurso do autor e premeditadamente colocado logo depois dessas palavras.

Exemplo 8 (*Terra virgem*):

"Em compensação, Kalloméitsiev meteu sem pressa sua lente redonda entre o nariz e a sobrancelha e fixou o olhar *no jovem estudante, que se atrevia a não partilhar dos seus 'receios'.*"

É uma construção tipicamente híbrida. Tanto a oração subordinada quanto o complemento direto ("o jovem estudante") na oração principal do autor são dados nos tons de Kalloméitsiev. A escolha das palavras ("estudante", "se atrevia a não partilhar") é determinada pela expressão indignada de Kalloméitsiev e ao mesmo tempo, no contexto do discurso do autor, essas palavras estão perpassadas de acentos irônicos do autor: por isso a construção tem dois acentos (uma transmissão irônica e um arremedo da indignação do herói).

Por último, citamos exemplos de invasão de elementos expressivos do discurso do outro (reticências, perguntas, exclamações) no sistema sintático do discurso do autor.

Exemplo 9 (*Terra virgem*):

"Era estranho seu estado de alma. Quantas novas sensações, quantas novas pessoas nos últimos

O heterodiscurso no romance

dois dias... Pela primeira vez na vida ele se entendia com uma moça que, ao que tudo indicava, estava amando; presenciava o início de uma atividade à qual, ao que tudo indicava, tinha dedicado todas as suas forças... E então? Estava contente? Não. Vacilava? Estava acovardado? Estava acanhado? Oh, é claro que não. Será que sentia pelo menos ora a tensão de todo o seu ser, ora o impulso de avançar, colocar-se nas primeiras fileiras de combatentes que são chamados pela proximidade da luta? Também não. Ademais, será que, enfim, acreditava nesse negócio? Acreditaria em seu amor? Oh, esteta maldito! Cético! — sussurravam mudos os seus lábios. De onde vinha esse cansaço, essa falta de vontade até de falar a não ser que gritasse e se enfurecesse? Que voz interior desejava ele abafar com esse grito?"

Aqui estamos, em essência, diante de uma forma de discurso direto impessoal do herói. Por seus traços sintáticos é um discurso do autor, mas toda a sua estrutura expressiva é de Niejdánov. É o seu discurso interior, porém numa transmissão ordenada pelo autor e com perguntas provocativas do autor e depreciações ironicamente desmascarantes ("ao que tudo indica"), se bem que mantendo o colorido expressivo da personagem.

É essa a forma habitual de transmissão dos discursos interiores em Turguêniev (e, em geral, uma das formas mais difundidas de transmissão dos discursos interiores no romance). Essa forma de transmissão introduz no fluxo desordenado e descontínuo do discurso interior do herói (pois essa desordem e essa descontinuidade teriam de ser reproduzidas ao empregar-se a forma do discurso direto) uma ordem e uma coerência estilística. Além disso, por suas peculiaridades sintáticas (terceira pessoa) e os traços estilísticos basilares (lexicológicos e outros), essa forma permite combinar de maneira orgânica e coerente o discurso interior do outro com o contexto do autor. Ao mesmo tempo, porém, essa forma permite conservar a estrutura expressiva do discurso interior dos heróis e certa reticência e instabilidade próprias do discurso interior, o que é absolutamente impossível na transmissão do discurso indireto em forma seca e lógica. São essas peculiaridades que tornam essa forma mais adequada à transmissão dos discursos interiores dos heróis. Evidentemente essa forma é híbrida, sendo que a voz do autor, que interfere no discurso do herói, pode apresentar um variado grau de ativismo e inserir seu segundo acento (irônico, indignado, etc.) no discurso que transmite.

A mesma hibridização, a mistura de acentos, o apagamento de limites entre o discurso do autor e o discurso do outro ainda são obtidos por outras formas de transmissão dos discursos dos heróis. Havendo apenas três modelos sintáticos de transmissão (discurso direto, discurso indireto e discurso direto impessoal) por diferentes combinações desses modelos e — principalmente — por diferentes meios de sua moldurardagem replicadora e de sua estratificação alternada pelo contexto do autor, realiza-se um jogo diversificado de discursos dos heróis, no qual uns produzem marulho sobre os outros, uns contagiam os outros.

Os exemplos que citamos de Turguêniev caracterizam bastante o papel do herói como fator que estratifica a linguagem do romance, introduzindo nele o heterodiscurso. O herói do romance, como foi dito, sempre tem a sua zona, sua esfera de influência sobre o contexto circundante do autor, que vai além — amiúde muito além — do discurso direto veiculado pelo herói. A região de ação da voz do herói principal deve, em todo caso, ser mais ampla do que seu discurso direto autêntico. Essa zona em torno dos heróis principais do romance é, em termos estilísticos, profundamente peculiar: nela predominam as formas mais diversificadas de constru-

O heterodiscurso no romance

ções híbridas e ela é sempre dialogada nesse ou naquele grau; nela se representa o diálogo entre o autor e seus heróis — não um diálogo dramático, desmembrado em réplicas —, mas um específico diálogo romanesco, que se realiza no âmbito de construções externamente monológicas. A possibilidade de tal diálogo é um dos mais importantes privilégios da prosa romanesca, que não é acessível aos gêneros dramáticos nem aos puramente poéticos.

As zonas dos heróis são o objeto mais interessante para as análises estilísticas e linguísticas: nessas zonas podemos encontrar construções que derramam uma luz completamente nova sobre as questões de sintática e estilística.

* * *

Examinemos, por último, outra das formas mais basilares e substanciais de introdução e organização do heterodiscurso no romance: os *gêneros intercalados*.

O romance permite que se introduzam em sua composição diferentes gêneros tanto literários (novelas intercaladas, peças líricas, poemas, cenas dramáticas, etc.) como extraliterários (retóricos, científicos, religiosos, narrativa de costumes, etc.). Em princípio, qualquer gênero pode ser incluído na construção do romance, e de fato é muito difícil encontrar um gênero que não tenha sido introduzido algum dia e por alguém no romance. Os gêneros introduzidos no romance costumam conservar nele a elasticidade de sua construção, sua autonomia e sua originalidade linguística e estilística.

Além disso, existe um grupo especial de gêneros que desempenham no romance o mais importante papel construtivo e às vezes determinam por si sós e de forma direta a construção do todo romanesco, criando variedades peculiares de gênero de romance. São eles: a confissão, o diário, a descrição de viagens, a biografia, a carta e alguns outros gêneros. Todos esses gêneros podem não só integrar o romance como sua construção essencial, mas também definir a forma do romance como um todo (romance-confissão, romance-diário, romance em cartas, etc.). Cada um desses gêneros tem suas formas verbo-semânticas de assimilação de diversos aspectos da realidade. O romance usa esses gêneros exatamente como formas elaboradas de assimilação verbal da realidade.

O papel desses gêneros integrantes do romance é tão grande que pode parecer que o romance carece de seu *essencial* enfoque verbal da realidade e necessita de uma elaboração prévia da realidade através de outros gêneros, limitando--se a uma unificação sincrética secundária de tais gêneros verbais primários.

Todos esses gêneros que integram o romance inserem nele as suas linguagens, e por isso estratificam a sua unidade linguística e, a seu modo, aprofundam a sua natureza hetero-discursiva.

As linguagens dos gêneros extraliterários que integram o romance ganham amiúde tal importância que a introdução de um gênero correspondente (do epistolar, por exemplo) cria uma época não só na história do romance, mas também na história da linguagem literária.

Os gêneros introduzidos no romance podem ser diretamente intencionais, podem ser objetais em sua totalidade, isto é, inteiramente desprovidos de intenções do autor, não declarados mas apenas mostrados como coisa, numa palavra. O mais das vezes refratam em diferentes graus as intenções do autor, cabendo notar que alguns de seus elementos podem estar, de diferentes maneiras, atrasados em relação à última instância semântica da obra.

Desse modo, os gêneros poéticos em versos introduzidos no romance (por exemplo, os líricos) podem ser, de forma direta, poeticamente intencionais, plenamente conscientes. Assim são, por exemplo, os poemas introduzidos por Goethe em *Os anos de aprendizado de Wilhelm Meister*. Assim introduziram os seus versos na prosa os românticos, que, como se sabe, consideravam a existência de poemas no romance

O heterodiscurso no romance

(como expressões diretamente intencionais do autor) um traço constitutivo desse gênero.[37] Em outros casos, os poemas introduzidos refratam as intenções do autor: por exemplo, o poema de Liênski em *Ievguêni Oniéguin*, de Púchkin ("aonde, aonde você se foi..."). Se o poema de *Wilhelm Meister* pode ser atribuído diretamente à lírica de Goethe (o que se costuma fazer), "aonde, aonde você se foi..." não pode, de maneira nenhuma, ser atribuído à lírica de Púchkin, podendo apenas ser colocado numa seção particular de "estilizações paródicas" (onde se deve inserir também os poemas de Griniov de *A filha do capitão*). Por último, os poemas inseridos no romance também podem ser quase inteiramente objetais: por exemplo, os poemas do capitão Lebiádkin de *Os demônios* de Dostoiévski.

Problema análogo ocorre também com a introdução de toda sorte de sentenças e aforismos no romance: de igual maneira estes podem oscilar entre puramente objetais ("o discurso mostrado") e diretamente intencionais, isto é, aqueles que são sentenças filosóficas plenamente conscientes do próprio autor (a palavra incondicional proferida sem quaisquer depreciações nem distâncias). Assim, nos romances de Jean Paul, tão ricos em aforismos, encontramos uma longa escala de gradações entre eles: dos puramente objetais aos diretamente intencionais, com diferentes matizes de refração das intenções do autor.[†]

---

[37] Cf. Friedrich Schlegel, "Brief über den Roman" [Carta sobre o romance]: "*Ja, ich kann mir einen Roman kaum anders denken, als gemischt aus Erzählung, Gesang und andern Formen*" [Sim, mal posso conceber um romance de outra maneira senão como mescla de narrativa, canto e outras formas].

[†] Cf. as sentenças da tolice humana em Flaubert, resumidas no termo *glupóvnik*. Aí é uma questão de opinião comum.

[*Glupóvnik*, derivado de *glup*, isto é, tolo, é o termo que Bakhtin usa como tradução de *Le sottisier*. Segundo os organizadores da edição russa das obras reunidas de Bakhtin, a expressão *Le sottisier* foi introduzida

Em *Ievguêni Oniéguin*, os aforismos e sentenças são dados num plano paródico ou num plano irônico, isto é, as intenções do autor estão refratadas em diferentes graus nessas máximas. Por exemplo, a sentença:

> *Quem viveu e meditou não pode*
> *No íntimo não desprezar as gentes.*
> *Teve sentimentos, hoje o impacienta*
> *O fantasma dos dias sem volta —,*
> *Para este já não há encantos,*
> *Afligem-no a serpente das lembranças,*
> *E também o arrependimento.*

É dada em leve plano paródico, embora sempre se sinta a proximidade, a quase fusão com as intenções do autor. Entretanto, as próximas estrofes

> *Tudo isso dá frequentemente*
> *Um grande encanto à conversa*

(do autor convencional com Oniéguin), produzem uma intensificação dos acentos paródico-irônicos, lançam uma sombra objetal sobre essa sentença. Vemos que ela foi construída na zona de ação da voz de Oniéguin, no horizonte dele, Oniéguin, com os acentos dele, Oniéguin.

Contudo, a refração das intenções do autor é aqui — na região de ecos da voz de Oniéguin, na zona de Oniéguin — diferente do que é, por exemplo, na zona de Liênski (cf. a paródia quase objetal dos seus versos).

Esse exemplo pode servir como ilustração também para a influência acima analisada dos discursos do herói so-

---

pelos primeiros estudiosos franceses do romance inacabado de Flaubert, *Bouvard e Pécuchet*, para designar um indivíduo propenso a dizer tolices e usar a língua a seu bel prazer. (N. do T.)]

O heterodiscurso no romance

bre o discurso do autor: o referido aforismo é perpassado pelas intenções (byronianas em moda) de Oniéguin porque o autor não se solidariza integralmente com ele, mantém certa distância.

É bem mais complexo o que acontece com a introdução de gêneros essenciais para o romance (a confissão, o diário, etc.). Eles também introduzem no romance as suas linguagens, mas essas linguagens importam antes de tudo como pontos de vista objetais eficientes, que são desprovidos de convenção literária, ampliam o horizonte linguístico-literário e ajudam a conquistar para a literatura novos universos de apreensão verbal já sondados e particularmente conquistados em outras esferas — extraliterárias — da vida da linguagem.

* * *

O jogo humorístico com linguagens, a narração "não do autor" (do narrador, do autor convencional, do herói), os discursos e as zonas dos heróis e, por último, os gêneros intercalados ou emoldurados são as formas basilares de introdução e organização do heterodiscurso no romance. Todas essas formas permitem realizar um *modus* de emprego indireto, precondicionado e distanciado das linguagens. Todas elas marcam a relativização da consciência linguística, fornecem a expressão de sensação da natureza objetal da linguagem própria dessa consciência, dos limites da língua — limites históricos, sociais e até de princípios (isto é, das fronteiras da língua como tal). Essa relativização da consciência linguística tampouco exige, em absoluto, a relativização das próprias intenções semânticas: as intenções podem ser absolutas até no campo da consciência linguística prosaica. Mas é exatamente por isso que à prosa romanesca é estranha a ideia de uma língua única (como linguagem indubitável, incondicional): a consciência prosaica deve orquestrar suas intenções mesmo que sejam absolutas. Apenas *numa única* das muitas linguagens do heterodiscurso essa consciência se sente restringida; um timbre único de linguagem é insuficiente para ela.

Abordamos apenas algumas formas características das mais importantes variedades do romance europeu. Mas elas, evidentemente, não esgotam todos os meios de introdução e organização do heterodiscurso no romance. Além disso, ainda é possível a combinação de todas essas formas em alguns romances concretos e, por conseguinte, nas variedades de gênero criadas por esses romances. Assim é o modelo clássico e mais puro do gênero romanesco: o *Dom Quixote* de Cervantes, que realizou, com excepcional profundidade e amplitude, todas as potencialidades ficcionais da palavra heterodiscursiva e interiormente dialogada do romance.

* * *

O heterodiscurso introduzido no romance (quaisquer que sejam as formas de sua introdução) é *discurso do outro na linguagem do outro*, que serve à expressão refratada das intenções do autor. A palavra de semelhante discurso é uma *palavra bivocal especial*. Ela serve ao mesmo tempo a dois falantes e traduz simultaneamente duas diferentes intenções: a intenção direta da personagem falante e a intenção refratada do autor. Nessa palavra há duas vozes, dois sentidos e duas expressões. Ademais, essas duas vozes são correlacionadas dialogicamente, como que conhecem uma à outra (como duas réplicas de um diálogo, conhecem uma à outra e são construídas nesse conhecimento recíproco), como se conversassem uma com a outra. A palavra bivocal é sempre interiormente dialogada. Assim é a palavra humorística, prosaica, paródica, assim é a palavra refratadora do narrador, que refrata a palavra nas falas do herói e, por último, a palavra do gênero intercalado: tudo isso são palavras bivocais interiormente dialogadas. Nelas está fixado o diálogo potencial, não desenvolvido, o diálogo concentrado de duas vozes, de duas visões de mundo, de duas linguagens.

A palavra bivocal interiormente dialogada é possível, sem dúvida, também no sistema linguístico fechado puro e único, estranho ao relativismo linguístico da consciência prosaica; é possível, por conseguinte, também nos gêneros puramente poéticos. Mas neste caso ela não possui terreno para um desenvolvimento minimamente significativo e essencial. A palavra bivocal é muito difundida nos gêneros retóricos. Mas também aí, limitada a um sistema linguístico único, ela não é fecundada por uma relação profunda com as forças da formação histórica que estratificam a linguagem e, no melhor dos casos, não passa de um eco distante dessa formação, limitado ao nível de polêmica individual.

Essa bivocalidade poética e retórica, separada do processo de estratificação linguística, pode ser convertida de forma adequada em diálogo individual, discussão individual e conversa entre duas pessoas, sendo que as réplicas desse diálogo serão imanentes a uma língua única e singular: podem ser discordantes, contraditórias mas não heterodiscursivas nem heterolinguísticas. Semelhante bivocalidade, ao permanecer no âmbito de um sistema linguístico fechado e único, sem uma orquestração sociolinguística autêntica e substancial, pode ser apenas um acompanhante estilístico secundário do diálogo e das formas polêmicas.[38] O desdobramento interior (bivocalidade) da palavra, que basta tanto a uma língua única e singular quanto a um estilo monologicamente moderado, nunca pode ser essencial: é um jogo, uma tempestade em copo d'água.

Na prosa, a bivocalidade é diferente. Aqui, no terreno da prosa romanesca, a bivocalidade não haure suas energias, sua ambiguidade dialogada das divergências individuais, dos mal-entendidos e contradições (embora trágicas e profunda-

---

[38] No neoclassicismo ela só se torna essencial nos gêneros inferiores, particularmente na sátira.

mente embasadas nos destinos individuais):[39] no romance essa bivocalidade tem suas raízes profundamente fincadas no essencial heterodiscurso sociolinguístico e na diversidade de linguagens. É verdade que também no romance o heterodiscurso é, no fundo, sempre personificado, encarnado nas imagens individuais de pessoas com divergências e contradições individualizadas. Mas, neste caso, essas contradições das vontades e mentes individuais estão imersas no heterodiscurso social, são por ele reinterpretadas. Aqui, as contradições dos indivíduos são apenas cristas erguidas das ondas do elemento do heterodiscurso social, do elemento que joga com elas e imperiosamente as torna contraditórias, impregna as suas consciências e as suas palavras de sua essencial heterodiscursividade criativa e histórica. Por isso, a dialogicidade interior do discurso bivocal da prosa literária nunca pode ser esgotada em termos temáticos (como não pode ser tematicamente esgotada a energia metafórica da linguagem), não pode ser inteiramente transformada em um diálogo direto do enredo ou problemático que atualize por inteiro a potência dialógica radicada no heterodiscurso linguístico. A dialogicidade interior do discurso autêntico-prosaico, que medra de forma orgânica da linguagem estratificada e integrante do heterodiscurso, não pode ser dramatizada de modo substantivo e dramaticamente concluída (autenticamente concluída); inteira, ela não cabe no âmbito do diálogo direto, no âmbito da conversa entre pessoas, em hipótese nenhuma pode ser dividida em réplicas nitidamente delimitadas.[40] Essa bivocalidade prosaica é pré-formada na própria língua (como autêntica metáfora, como mito), na língua como fenômeno

[39] No âmbito do universo poético e da língua única, tudo o que há de essencial nessas divergências e contradições pode e deve se converter em diálogo dramático direto e puro.

[40] Que, quanto mais agudas, dramáticas e concluídas, mais contida e única é a linguagem.

O heterodiscurso no romance

social em formação histórica, socialmente estratificada e desintegrada nessa formação.

A relativização da consciência linguística, sua substancial comunhão na social multiplicidade e diversidade de linguagens das línguas em formação, a errância das intenções semânticas e expressivas e dos desígnios dessa consciência através das línguas (igualmente compreendidas e igualmente objetivas), a inevitabilidade de que haja para ela um falar indireto, condicionado e refratado — tudo isso são premissas indispensáveis da bivocalidade prosaico-literária do discurso. Essa bivocalidade, repetimos, o romancista a pré-encontra no heterodiscurso vivo que envolve e alimenta a sua consciência e na diversidade de linguagens, não sendo, portanto, criada na superfície de uma polêmica retórica individual entre pessoas.

Se o romancista perde o terreno da linguagem do estilo prosaico, é incapaz de colocar-se à altura da consciência linguística galileiana relativizada; se é surdo à bivocalidade orgânica e à dialogicidade interior do discurso vivo em formação, nunca entenderá nem realizará as reais possibilidades e tarefas do gênero romanesco. Ele, é claro, pode criar uma obra que, em termos composicionais e temáticos, será muito parecida com um romance, será "feita" exatamente como um romance — mas não será um romance. O estilo sempre o trairá. Veremos a unidade ingenuamente segura ou toscamente segura de uma linguagem monovocal plana e pura (ou uma bivocalidade elementar, artificial, forjada). Veremos que tal autor teve facilidade de livrar-se do heterodiscurso: simplesmente não ouviu o essencial heterodiscurso da língua real, os harmônicos sociais que criam os timbres das palavras, concebeu os ruídos como obstáculos a serem suprimidos. Desligado da autêntica heterodiscursividade da linguagem, o romance, na maioria dos casos, degenera em drama ou em leitura com notas desenvolvidas e "literariamente elaboradas" (claro que estamos falando de um drama ruim). Nesse divórcio com a heterodiscursividade linguística, a linguagem do autor no romance cai inevitavelmente numa situação embaraçosa e absurda de rubrica dramática.[41]

O discurso bivocal da prosa é ambíguo. Mas o discurso da poesia em sentido restrito é ambíguo e polissêmico. Nisto reside sua principal diferença em relação à palavra-conceito, à palavra-termo. O discurso poético é um tropo que exige que nele se percebam nitidamente dois sentidos.

Contudo, por mais que interpretemos a inter-relação dos sentidos em um símbolo poético (tropo), essa inter-relação, em todo caso, não é de ordem dialógica e nunca, quaisquer que sejam as condições, se pode conceber um tropo (por exemplo, uma metáfora) desenvolvido em duas réplicas de um diálogo, isto é, com ambos os sentidos divididos entre duas diferentes vozes. Por isso, a ambiguidade (ou polissemia) do símbolo nunca acarreta dois acentos nele. Ao contrário, a ambiguidade poética basta a uma voz e a um sistema acentual. Pode-se interpretar em termos lógicos a inter-relação de sentidos no símbolo (como uma relação do particular ou individual com o geral, por exemplo, um nome próprio que se tornou símbolo como relação do concreto com o abstrato, etc.); pode-se interpretá-lo em termos filosófico-ontológicos como uma relação peculiar da representação ou uma relação do fenômeno com a essência, etc.; pode-se colocar em primeiro plano o aspecto axiológico-emocional dessa inter-relação: esse conjunto de tipos de inter-relação dos sentidos não ultrapassa nem pode ultrapassar o âmbito da relação da palavra com seu objeto e com diferentes elementos desse objeto. Entre a palavra e o objeto representa-se todo o acontecimen-

---

[41] Em seus famosos trabalhos sobre teoria e técnica do romance, Spielhagen se volta exatamente para esse tipo de romance não romanesco, ignora justamente as possibilidades específicas do gênero romanesco. Como teórico, Spielhagen foi surdo à heterodiscursividade linguística e ao seu fruto específico: a palavra bivocal.

O heterodiscurso no romance

to, todo o jogo do símbolo poético. O símbolo não pode pressupor uma relação substancial com a palavra alheia, com a voz alheia. A polissemia do símbolo poético pressupõe a unidade e a identidade da voz consigo mesma e sua completa solidão em sua palavra. Tão logo a palavra alheia, o acento alheio, um possível ponto de vista do outro irrompem nesse jogo do símbolo, destrói-se o plano poético e o símbolo é traduzido para o plano prosaico.

Para se entender a diferença entre a ambiguidade da poesia e a bivocalidade da prosa, basta perceber qualquer símbolo e acentuá-lo ironicamente (claro que no respectivo contexto substancial), isto é, inserir nele a sua voz, refratar nele sua nova intenção.[42] Assim o símbolo poético, mantendo-se, é claro, símbolo, é ao mesmo tempo traduzido para o plano da prosa, torna-se uma palavra bivocal: entre a palavra e o objeto imiscui-se a palavra do outro, o acento do outro, e sobre o símbolo cai uma sombra objetal (evidentemente, a estrutura bivocal acaba sendo primitiva e simples).

Eis um exemplo de conversão de um símbolo poético desse tipo em *Ievguêni Oniéguin*, numa estrofe de Liênski.

> *Ele cantava o amor, a este obediente,*
> *E luminoso era o seu cantar,*
> *Qual o pensar de uma virgem inocente.*
> *Como o sono d'um bebê, como o luar.*

(segue-se o desenvolvimento da última metáfora).

---

[42] Aleksei Aleksándrovitch Kariénin (personagem do romance *Anna Kariênina*, de Tolstói) tinha o hábito de afastar-se de algumas palavras e expressões a elas vinculadas. Criava estruturas bivocais sem nenhum contexto, exclusivamente no plano da entonação: "Bem, como vês, um marido meigo, meigo como no ano seguinte ao casamento, ardendo de desejo de te ver — disse com sua delicada voz lenta e naquele tom que quase sempre empregava com ela, um tom de galhofa com quem quer que assim falasse de fato com ela". *Anna Kariênina*, parte I, cap. 30.

Os símbolos poéticos (precisamente as comparações metafóricas) da estrofe citada, que caracterizam o "canto" de Liênski, não podem ser, é claro, interpretados como imagens poéticas imediatas e diretas de Púchkin. Aqui o "canto" de Liênski se caracteriza a si mesmo em sua linguagem, em sua maneira. O autor reproduz essa maneira do outro, essa "linguagem" alheia do canto de Liênski, seu horizonte semântico e expressivo: é justamente nesse horizonte que são construídas as imagens poéticas da referida estrofe. Entretanto, essas imagens inserem-se ao mesmo tempo no horizonte do autor, e nesse horizonte do autor elas têm aparência objetal, sobre elas recai o acento paródico-irônico de todo o estilo de Liênski no romance, estilo de "alma goethiana" com sua maneira específica de interpretar o mundo e expressar a si mesmo. Caracterizações puramente puchkinianas de Liênski evidentemente soariam de outro modo.[43]

Assim, os símbolos poéticos dessa estrofe são imediatamente orientados em dois planos: no plano do próprio canto de Liênski — no horizonte semântico e expressivo de uma "alma goethiana" — e no plano do discurso de Púchkin, para quem a "alma goethiana", com sua linguagem e sua poética, era um novo fenômeno do heterodiscurso ficcional que na época já se tornava típico: um novo tom, uma nova linguagem na dissonância da linguagem literária, das visões literárias do mundo e da vida guiada por essas visões de mundo. Outras vozes desse heterodiscurso literário vital: as linguagens byroniana e chateaubrianiana de Oniéguin, a linguagem richardsoniana e o universo da Tatiana rural, a linguagem do ambiente distrital da casa senhorial dos Lárin, a linguagem e o universo da Tatiana de Petersburgo e outras

---

[43] Púchkin faz essa caracterização do último canto de Liênski, escrevendo: "Assim ele escrevia — de modo obscuro e indolente, o que chamamos de romantismo, embora eu não veja aí nada de romantismo...".

linguagens, inclusive as diferentes linguagens indiretas do autor, que se modificam ao longo da obra. Todo esse heterodiscurso (*Ievguêni Oniéguin* é uma enciclopédia dos estilos e linguagens da época) orquestra as intenções do autor e cria o estilo autenticamente romanesco dessa obra.

Então, as imagens da estrofe que citamos, sendo símbolos poéticos ambíguos (metafóricos) no horizonte intencional de Liênski, tornam-se símbolos prosaicos bivocais no sistema do discurso de Púchkin. Eles, é claro, são autênticos símbolos de prosa ficcional, que brotam do heterodiscurso da linguagem literária em formação na época, e não uma ironia ou superficial paródia retórica.

É essa a diferença entre a bivocalidade da prosa ficcional e a univocalidade da ambiguidade ou polissemia do símbolo puro da poesia. A ambiguidade do discurso bivocal é interiormente dialogada, prenhe de diálogo e, de fato, pode gerar de si mesma diálogos de vozes efetivamente divididas (mas não dramáticos, diálogos irremediáveis da prosa). Neste caso, porém, a autêntica bivocalidade do discurso nunca se esgota nesses diálogos, não pode ser inteiramente extraída da palavra nem por meio de um desmembramento lógico-racional da distribuição entre os membros de um período monologicamente único (como na retórica), nem por meio da ruptura dramática entre réplicas de um diálogo concluído. Ao gerar de si mesma os diálogos prosaicos do romance, a autêntica bivocalidade não se esgota neles e permanece no discurso, na linguagem como fonte inesgotável de dialogicidade, pois a dialogicidade interior do discurso é um acompanhante indispensável da estratificação da linguagem, consequência de seu superpovoamento por intenções heterodiscursivas. E essa estratificação, o superpovoamento intencional e a sobrecarga de todas as palavras e formas são um acompanhante inevitável da formação sociocontraditória e histórica da linguagem.

Se a questão central da teoria da poesia é o problema do símbolo poético, a questão central da teoria da prosa ficcional é o problema da palavra bivocal interiormente dialogada em todos os tipos e variedades multiformes.

Para o prosador romancista, o objeto está envolvido pela palavra do outro sobre ele, é precondicionado, contestado, diversamente apreendido, diversamente apreciado, é inseparável de sua apreensão social heterodiscursiva. É sobre esse mundo precondicionado que o romancista fala com uma linguagem heterodiscursiva interiormente dialogada. Desse modo, tanto a linguagem como o objeto se revelam ao romancista em seu aspecto histórico, em sua formação social heterodiscursiva. Para ele não existe o mundo fora de sua compreensão social heterodiscursiva e não existe linguagem fora das intenções heterodiscursivas que o estratificam. Por isso no romance, assim como na poesia, é possível uma unidade profunda, porém original da linguagem (ou melhor, das linguagens) com seu objeto, com seu universo. Como a imagem poética parece ter sido gerada e organicamente medrada da própria linguagem pré-transformada em seu interior, também as imagens romanescas parecem ter nascido com sua linguagem dissonante, como que pré-formadas em seu interior, nas entranhas de sua própria heterodiscursividade histórica. No romance, a possibilidade de "precondicionar" o universo e "redizer" a linguagem se entrelaçam no acontecimento único da formação heterodiscursiva do mundo em sua assimilação social na palavra.

O discurso poético em sentido restrito também deve abrir caminho rumo ao seu objeto através do discurso do outro que o envolve, ele pré-encontra a linguagem heterodiscursiva e deve abrir caminho para a sua unidade criada (e não dada e pronta) e para sua intencionalidade pura. Mas esse caminho do discurso poético rumo ao seu objeto e à unidade da linguagem, caminho no qual ele sempre depara e mutuamente se orienta pela palavra do outro, permanece nas escalas do processo criador, arruma-se como se arruma a madeira quando a construção está concluída: então, a obra

O heterodiscurso no romance

acabada se ergue como um discurso único e objetivamente concentrado na "virgindade" do mundo. Essa pureza monovocal e a irrestrita franqueza intencional do discurso poético acabado é compensado por certa convenção da linguagem poética.

Se no solo da poesia nasce, como filosofia utópica dos seus gêneros, a ideia de uma linguagem extra-histórica puramente poética, desligada do curso da vida, de uma linguagem dos deuses, já à prosa ficcional é familiar a ideia de um *universum* historicamente concreto de linguagens. A prosa ficcional pressupõe uma sensação premeditada de concretude histórica e social e relatividade da palavra viva, de sua participação na formação histórica e na luta social; e ela toma a palavra ainda aquecida pelo calor da luta e das hostilidades, ainda não resolvida nem desintegrada pelas entonações e os acentos hostis, e nesse estado a subordina à unidade dinâmica de seu próprio estilo.

4

O falante no romance

Vimos que o heterodiscurso social — a apreensão do mundo e da sociedade pelo heterodiscurso — e as linguagens da época que orquestram o tema romanesco integram o romance como *impessoais*, porém repletos de imagens de falantes, de estilização das linguagens dos gêneros, profissões e outras linguagens sociais ou como imagens *personificadas* do autor convencional, dos narradores e, por fim, dos heróis.

O romancista desconhece uma língua única, singular, ingênua (ou convencionalmente) indiscutível e inquestionável. A língua chega ao romancista estratificada e heterodiscursiva. Por isso, até onde o heterodiscurso permanece fora do romance, onde o romancista atua com sua língua única e consolidada (sem distância, refração, ressalva) ele sabe que essa língua não tem significação universal nem é indiscutível, sabe que ela soa no meio do heterodiscurso, que precisa ser protegida, purificada, defendida, motivada. Por isso, essa língua única e direta do romance é polêmica e apologética, isto é, dialogicamente correlacionada com o heterodiscurso. Assim se define a diretriz totalmente peculiar — que é contestável, discutível e discute — do discurso no romance, discurso que não pode esquecer ou ignorar de modo ingênuo nem convencional o heterodiscurso que o rodeia.

O heterodiscurso, desse modo, ou, por assim dizer, integra ele próprio o romance e neste se materializa em imagens de falantes, ou determina, como segundo plano dialogante, o som peculiar do discurso direto do romance.

Daí se segue a peculiaridade excepcionalmente importante do gênero romanesco: o homem no romance é essencialmente um falante; o romance precisa de falantes que tragam sua palavra ideológica original, sua linguagem.

O objeto fundamental, "especificador" do gênero romanesco, que cria sua originalidade estilística, são *o falante e sua palavra*.

Para que se compreenda corretamente essa afirmação, é indispensável destacar com toda precisão três elementos:

1) O falante e sua palavra no romance são objeto da representação verbalizada e ficcional. A palavra do falante no romance não é simplesmente transmitida nem reproduzida mas *representada literariamente* e, ademais, à diferença do drama, é representada pela palavra mesma (do autor). Mas o falante e sua palavra, como objeto da palavra, são um objeto *sui generis*: não se pode falar da palavra como se fala de outros objetos do discurso — de coisas, manifestações e acontecimentos mudos, etc.; tal palavra requer procedimentos formais inteiramente específicos e uma representação verbalizada.

2) O falante é um homem *essencialmente social*, historicamente concreto e definido, e seu discurso é uma linguagem social (ainda que no embrião), uma linguagem de grupo e não um "dialeto individual". A natureza individual, os destinos individuais e a palavra individual determinada unicamente por tais destinos e natureza são por si mesmos indiferentes para o romance. As peculiaridades da palavra do herói sempre aspiram a certa significação social, a certa difusão social, são linguagens potenciais. É por isso que a palavra do herói pode ser um fator que estratifica a língua, que introduz nela o heterodiscurso.

3) O falante no romance é sempre, em maior ou menor grau, um *ideólogo*, e sua palavra é sempre um *ideologema*.

A linguagem peculiar do romance é sempre um ponto de vista peculiar sobre o mundo, que aspira a uma significação social. É exatamente como ideologema que a palavra se torna objeto de representação no romance e, por isso, ele não corre nenhum risco de tornar-se um jogo verbal abstrato. Além disso, graças à representação dialogada da palavra ideologicamente plena (o mais das vezes atual e ativa) o romance é, menos que todos os outros gêneros verbalizados, o que menos propicia o estetismo e o jogo puramente formalista com as palavras. Por isso, quando um esteta se dispõe a escrever um romance, seu estetismo não se manifesta absolutamente na construção formal do romance, mas no fato de que no romance se representa o homem falante, um ideólogo do estetismo, que revela sua profissão de fé que no romance passa pelo crivo da experimentação. Assim são *O retrato de Dorian Gray* de Oscar Wilde, o jovem Thomas Mann, Henri de Régnier, Joris-Karl Huysmans, Maurice Barrès, André Gide. Desse modo, até um esteta que escreva um romance nesse gênero se torna um ideólogo que defende e experimenta suas posições ideológicas, tornando-se apólogo e polemista.

O falante e sua palavra, como já dissemos, são o objeto especificador do romance, que cria a originalidade desse gênero. Mas no romance, evidentemente, não se representa apenas o falante, e o próprio homem não é representado apenas como falante. No romance, o homem pode agir tanto quanto no drama ou na epopeia, mas essa ação é sempre ideologicamente iluminada, sempre conjugada com a palavra (ainda que apenas possível), com um motivo ideológico, materializa certa posição ideológica. A ação e os atos do herói no romance são necessários tanto para revelar quanto para experimentar sua posição ideológica, suas palavras. É verdade que o romance do século XIX criou uma variedade muito importante na qual o herói é só um falante que não pode agir e está condenado a um discurso vazio: ao sonho, a uma pregação passiva, ao tom professoral, a uma reflexão estéril, etc. Assim é, por exemplo, o romance russo de experimentação do intelectual ideólogo (*Rúdin*, de Turguêniev, é o modelo mais simples).

Esse tipo de herói inerte é apenas uma das variedades temáticas do herói romanesco. Habitualmente, o herói não age menos no romance que na epopeia. A diferença essencial entre ele e o herói épico consiste em que ele não só age, mas também fala, e que sua ação não tem significação universal, não é indiscutível nem se realiza no universo de significação universal e indiscutível da epopeia. Por isso esse tipo de ação sempre requer uma depreciação ideológica, por trás dela sempre há certa posição ideológica, que não é a única possível e por isso é discutível. A condição ideológica do herói épico tem significação universal para todo o mundo épico; ele não tem uma ideologia *especial* ao lado da qual outras ideologias existam e sejam possíveis. O herói épico, é claro, pode pronunciar longos discursos (enquanto o herói romanesco pode calar), mas sua palavra não é ideologicamente destacada (só é destacada formalmente: em termos de composição e enredo), funde-se com a palavra do autor. Mas o autor épico também não destaca sua ideologia: esta se funde com a ideologia geral — a única possível. Por isso não há homens falantes na epopeia como representantes de diferentes linguagens: aí o falante é, em essência, apenas o autor, e a palavra é a única e exclusiva palavra do autor.[†]

No romance também pode ser introduzido um herói que pensa e age (e fala, evidentemente) de modo irrepreensível, segundo o plano do autor, exatamente do modo como qualquer um deve agir, mas essa irrepreensibilidade do romance está longe da ingênua indiscutibilidade da epopeia. Se a po-

---

[†] Na epopeia existe um horizonte único, singular e especial. No romance existem muitos horizontes e o herói costuma agir em seu horizonte especial.

sição ideológica de semelhante herói não se destaca em relação à ideologia do autor (funde-se com ela), em todo caso está destacada em relação ao heterodiscurso circundante: a irrepreensibilidade do herói se contrapõe de modo apologético e polêmico ao heterodiscurso. Assim são os heróis irrepreensíveis do romance barroco, os heróis do sentimentalismo — por exemplo, Grandison.* Os atos desses heróis são ideologicamente iluminados e precondicionados pelo discurso apologético e polêmico.

A ação do herói romanesco sempre é ideologicamente destacada: ele vive e age em seu próprio universo ideológico (e não no universo único da epopeia), tem sua própria apreensão do mundo (*Gesinnung*), que se materializa na ação e na palavra.[44]

Mas por que não se pode revelar a posição ideológica do herói e o universo ideológico que a ela subjaz nas próprias ações do herói e só nelas, sem representar em absoluto sua palavra?

Não se pode representar adequadamente o universo ideológico do outro sem permitir que ele mesmo ressoe, sem revelar sua própria palavra. Pois só a sua própria palavra pode ser efetivamente adequada para representar o universo ideológico original, embora não seja a palavra sozinha, mas unida ao discurso do autor. O romancista até pode não for-

---

* Personagem do romance *The History of Sir Charles Grandison*, de Samuel Richardson, publicado em 1753. (N. do T.)

[44] Goethe chama o romance de "epopeia subjetiva" (*Maximen und Reflexionen* [Máximas e reflexões]). Em outra passagem, ele exige *Handlung und Charakter* [ação e caráter] para o drama, e *Begebenheit und Gesinnung* [fatos e postura] para o romance. "É necessário", diz ele, "que o herói do romance seja passivo ou, pelo menos, não seja ativo em alto grau [...] e todos os fatos se coadunam em certa medida com seus sentimentos". [*Os anos de aprendizado de Wilhelm Meister*, tradução de Nicolino Simone Neto, livro 5, cap. 7, São Paulo, Editora 34, 2006, pp. 300-1. (N. do T.)]

necer ao seu herói o discurso direto, pode limitar-se a representar apenas as suas ações, mas nessa representação construída pelo autor, se é essencial e adequada, junto com o discurso do autor soará inevitavelmente a palavra do outro, a palavra do próprio herói (cf. as construções híbridas que analisamos no capítulo anterior).

O falante no romance, como vimos no capítulo anterior, não deve, em absoluto, ser obrigatoriamente personificado no herói. O herói é apenas uma das formas do falante (é verdade que a mais importante). As linguagens do heterodiscurso integram o romance sob a forma de estilizações paródicas impessoais (como nos humoristas ingleses e alemães), sob a forma de gêneros intercalados, em forma de autores convencionais, em forma de *skaz*; por último, até o discurso absoluto do autor, tendo em vista que é polêmico e apologético, isto é, se contrapõe enquanto linguagem especial a outras linguagens do heterodiscurso, está até certo ponto concentrado em si mesmo, ou seja, não só representa como também é representado.

Todas essas linguagens — até onde não estão personificadas no herói — são social e historicamente concentradas e são objetais em diferentes graus (a única linguagem que não é objetal é aquela que não conhece a seu lado outras linguagens) e por isso transparecem por trás de todas elas as imagens de falantes em trajes sociais e históricos concretos. O que caracteriza o gênero romanesco não é a representação do homem em si, mas exatamente a *representação da linguagem*. Contudo, para se tornar imagem ficcional, a linguagem deve converter-se em discurso em lábios falantes, combinando-se com a imagem do falante que representa um universo social ou um pequeno universo *in statu nascendi* ou, ao contrário, em estado moribundo, em extinção.

Se o objeto específico do gênero romanesco é o falante e sua palavra — com pretensão à significação social e à difusão enquanto linguagem especial do heterodiscurso —, o problema central da estilística romanesca pode ser formulado como o *problema da representação literária da linguagem, o problema da imagem da linguagem.*

É preciso dizer que até hoje essa questão não foi levantada em todo o seu conjunto e em seus princípios. Por isso a especificidade da estilística do romance tem escapado aos pesquisadores. Mas essa questão já vem sendo sondada: no que tange ao estudo da prosa literária, a atenção dos pesquisadores vem se concentrando cada vez mais em fenômenos específicos como a estilização das linguagens, a paródia das linguagens, o *skaz.* De todas essas manifestações é característico o fato de que aí o discurso não só representa, mas ele mesmo é representado, de que nele a linguagem social — a linguagem dos gêneros, das profissões, das tendências literárias — torna-se objeto de uma livre reprodução literariamente orientada, de uma reformulação, de uma transformação literária: tornam-se elementos típicos da linguagem, característicos ou até simbolicamente essenciais. Neste caso, o afastamento em relação à realidade empírica da linguagem representada pode ser muito importante não só em termos de seleção parcial e deformação dos elementos presentes nessa linguagem, mas também em termos de livre criação, no espírito de dada linguagem, daqueles elementos que são absolutamente estranhos à configuração empírica dessa linguagem. É exatamente essa projeção dos elementos da língua a símbolos de linguagem que caracteriza particularmente o *skaz* (Leskov e, em particular, Riémizov). Todos esses fenômenos (estilização, paródia, *skaz*), além do que já foi mostrado anteriormente, são manifestações de dupla voz e bilinguagem.

Em simultaneidade e paralelo com esse interesse pelos fenômenos da estilização, da paródia e do *skaz* desenvolve-se a intensificação do interesse pelo problema da transmissão do discurso do outro, pelo problema das formas sintáticas e estilísticas dessa transmissão. Esse interesse vem se desenvol-

O falante no romance 129

vendo predominantemente na filologia românico-germânica (Etienne Lorck, Eugen Lerch, Leo Spitzer e outros). Concentrando-se basicamente no aspecto linguístico-estilístico (ou até gramatical) da questão, ainda assim esses autores (particularmente Spitzer) se aproximam muito do problema da representação literária do discurso do outro, questão central da prosa romanesca. Apesar de tudo, eles não levantaram a questão da representação da linguagem com toda a clareza, e a própria colocação do problema da transmissão do discurso alheio não foi contemplada com a devida amplitude e o devido princípio.

* * *

A transmissão e a discussão dos discursos do outro, da palavra do outro, são um dos temas mais difundidos e substanciais do discurso humano. Em todos os cantos da vida e da criação ideológica nosso discurso está repleto de palavras alheias, transmitidas com todos os diversos graus de precisão e imparcialidade. Quanto mais interessante, diferenciada e elevada é a vida social de um grupo falante, maior é o peso específico que o ambiente dos objetos passa a ter na palavra do outro, no enunciado do outro enquanto objeto de transmissão desinteressada, de interpretação, discussão, avaliação, refutação, apoio, sucessivo desenvolvimento, etc.

O tema do falante e sua palavra requer em toda parte peculiares procedimentos formais de discurso. Como já dissemos, a palavra enquanto objeto da própria palavra é um objeto *sui generis*, que propõe tarefas especiais à nossa linguagem.

Por isso, antes de passar às questões da representação do discurso do outro com diretriz voltada para a representação da linguagem, cabe abordar a importância do tema do falante e sua palavra nos campos extraficcionais da vida e da ideologia. Se todas as formas de transmissão do discurso alheio fora do romance carecem de uma diretriz determinante voltada para a representação da linguagem, todas essas formas são utilizadas no romance e o fecundam, aí se transformando e se subordinando a uma nova unidade desejada (e, ao contrário, o romance exerce uma poderosa influência sobre a percepção extraficcional e a transmissão da palavra do outro).

O peso do dia a dia no tema do falante é imenso. Em nosso dia a dia, a cada momento ouvimos o discurso sobre o falante e sua palavra. Pode-se dizer francamente: o que mais se fala no dia a dia é sobre o que dizem os outros; transmitem-se, recordam-se, ponderam-se, discutem-se as palavras alheias, opiniões, afirmações, notícias, indigna-se com elas, concorda-se com elas, contestam-nas, referem-se a elas, etc. Caso agucemos o ouvido para fragmentos do diálogo cru na rua, na multidão, nas filas, no saguão do teatro, etc., ouviremos como amiúde se repetem as palavras "diz", "dizem", "disse", e em conversas rápidas na multidão frequentemente se fundem em um contínuo expressões como "ele diz... você diz... eu digo..." e como é imenso o peso específico do "eles dizem" e "disse" na opinião pública, na bisbilhotice pública, nos mexericos, nas malhações, etc. É necessário considerar ainda o peso psicológico que tem no dia a dia aquilo que os outros dizem de nós e a importância que tem para nós o modo de compreender e interpretar essas palavras dos outros (a "hermenêutica do dia a dia").

Nos campos mais elevados e organizados do convívio diário, a importância de nosso tema não sofre nenhuma diminuição. Toda conversa é cheia de transmissões e interpretações de palavras alheias. A todo instante encontramos nela uma "citação" ou "referência" àquilo que foi dito por certa pessoa, ao "dizem" ou "todos dizem", a palavras do meu interlocutor, às minhas próprias palavras que pronunciei antes, a um jornal, a uma deliberação, a um documento, a um livro, etc. A maioria das informações e opiniões costuma ser comunicada não em forma direta, mas como sendo do falan-

O falante no romance

te, com referência a uma fonte comum indeterminada — "ouvi dizer", "estão achando", "estão pensando", etc. Tomemos uma daquelas conversas tão difundidas em nosso dia a dia sobre uma reunião qualquer: ela é toda construída à base de transmissão, interpretação e avaliação de diversas manifestações verbais, resoluções, propostas, recusas e reparos aceitos sobre elas, etc. Assim, em toda parte a questão gira em torno dos falantes e suas palavras: esse tema é sempre recorrente: ou orienta diretamente o discurso como tema dominante ou acompanha o desenvolvimento de outros temas do dia a dia.

Novos exemplos da importância do dia a dia no tema do falante são dispensáveis. Basta escutarmos e meditarmos sobre o discurso que ecoa em toda parte para chegarmos à seguinte afirmação: no discurso do dia a dia de qualquer pessoa que tem vida social, ao menos metade de todas as palavras que ela pronunciou são palavras alheias (apreendidas como alheias), transmitidas com todos os diversos graus de precisão e imparcialidade (ou melhor, de parcialidade).

É claro que — nas condições da fixação escrita — nem todas as palavras alheias transmitidas poderiam ser colocadas entre aspas. O grau de isolamento e pureza da palavra do outro, grau esse que requer aspas no discurso escrito (segundo intenção do próprio falante e na forma como ele determina esse grau) nem de longe é muito frequente no discurso do dia a dia (assim como na prosa literária, como vimos). Demais, a enformação sintática do discurso alheio transmitido jamais se esgota nos modelos gramaticais dos discursos direto e indireto: os meios de sua inserção, enformação e relevo são assaz multiformes. Isso precisa ser levado em conta para que se possa avaliar corretamente nossa afirmação segundo a qual é alheia ao menos metade de todas as palavras e opiniões emitidas no dia a dia.

Para o discurso do dia a dia, o falante e sua palavra não são objeto de representação ficcional, mas de uma transmissão interessada em sentido prático. Por isso, a questão aqui pode não concernir às formas de representação, mas apenas aos meios de transmissão. Esses meios são muito diversos tanto pela enformação verbo-estilística do discurso do outro quanto pelas formas de sua molduragem interpretativa, de sua reinterpretação e reacentuação, indo da literalidade direta na transmissão à deturpação paródica maldosa e premeditada e à calúnia da palavra do outro.[45]

É necessário observar o seguinte: incluído no contexto, o discurso do outro sempre sofre certas mudanças semânticas por mais precisa que seja a sua transmissão. O contexto que moldura o discurso do outro cria um fundo dialogante cuja influência pode ser muito grande. Através dos meios correspondentes de molduragem podem-se conseguir transformações muito substanciais de um enunciado alheio citado com precisão. Um polemista de má-fé e finório sabe perfeitamente que fundo dialógico subpor às palavras de seu adversário citadas com precisão para deturpar o seu sentido. Por meio da influência contextual é particularmente fácil aumentar o grau de objetificação do discurso do outro e provocar reações dialógicas ligadas a essa objetificação; assim, é muito fácil tornar cômico o mais sério enunciado. Inserida no contexto do discurso, a palavra do outro não entra em contato mecânico com o discurso que a moldura, mas numa unificação química (no plano semântico e expressivo); o grau de influência dialogante recíproca pode ser imenso. Por isso, quando se estudam as diferentes formas de transmissão do discurso do outro não se pode promover uma separação entre os meios de enformação do próprio discurso do outro e os mo-

---

[45] São diversos os meios de falsificação da palavra alheia em sua transmissão, os meios de reduzi-la ao absurdo por meio de seu ulterior desenvolvimento, da revelação do seu conteúdo potencial. Nesse campo, alguma coisa foi elucidada pela retórica e pela arte da discussão — a "erística".

O falante no romance

dos de sua molduragem contextual (dialogante); uma é inseparável da outra. Tanto a enformação quanto a molduragem do discurso do outro (o contexto pode começar a preparar de muito longe a inserção do discurso do outro) traduzem o ato único de relação dialógica com tal discurso, relação essa que determina todo o caráter de sua transmissão e todas as mudanças semânticas e acentuais que nele ocorrem durante essa transmissão.

Como já dissemos, o falante e sua palavra no discurso do dia a dia servem como objeto de uma transmissão interessada em sentido prático e nunca de sua representação. Através do interesse prático determinam-se ainda todas as formas de transmissão do discurso do outro no dia a dia e de sua mudança ligada a essas formas: das sutis nuances semânticas e acentuais às deformações externas e grosseiras da própria composição verbal. Contudo, essa diretriz voltada para a transmissão interessada não exclui, tampouco, elementos de representação. Porque para uma avaliação do dia a dia e para decifrar o real sentido das palavras alheias pode ter importância decisiva quem exatamente fala e em que situações concretas o faz. A compreensão do dia a dia e a avaliação do dia a dia não separam a palavra da personalidade do falante (como é possível na esfera ideológica), e isto em toda a sua concretude. Demais, é muito importante toda a situação em que se deu a fala: quem a presenciou, com que expressão, com que mímica foi falado, quais foram os matizes da entonação. No ato de transmissão da palavra do outro no dia a dia todo esse *entourage* da palavra e a personalidade do falante podem ser representadas e até interpretadas (da reprodução exata ao arremedo paródico e à deturpação dos gestos e entonações). Ainda assim, essa representação está subordinada às tarefas da transmissão interessada em sentido prático e é inteiramente determinada por essas tarefas. Aqui, evidentemente, não cabe falar de imagem literária do falante e de representação literária de sua palavra, e menos ainda de representação da linguagem. Entretanto, nas narrações coerentes do dia a dia sobre o falante já se podem delinear procedimentos prosaico-ficcionais de uma representação em voz dupla e até em linguagem dupla do discurso do outro.

Essas conversas a respeito dos falantes e da palavra do outro no dia a dia não ultrapassam os limites dos elementos superficiais do discurso, de sua, por assim dizer, ponderabilidade situacional; as camadas semânticas e expressivas mais profundas do discurso não entram em jogo. Outro sentido é o que adquire o tema do falante no uso ideológico de nossa consciência, no processo de sua comunhão com o mundo ideológico. Nesse corte, o processo de formação ideológica do homem é um processo de assimilação seletiva das palavras dos outros.

A aprendizagem de disciplinas verbais conhece dois modos colegiais básicos de transmissão assimilativa do discurso do outro (do texto, de regras, de modelo): "de cor" e "pelas próprias palavras" do aluno. Esse último *modus* põe em pequena escala uma tarefa estilística de prosa ficcional: a narração do texto pelas próprias palavras do aluno é, até certo ponto, uma narração bivocal da palavra do outro, pois "minhas palavras" não devem dissolver inteiramente a originalidade das palavras do outro, a narração por minhas próprias palavras deve ser de natureza mista, reproduzindo nas devidas passagens o estilo e as expressões do texto em transmissão. Esse segundo *modus* de transmissão colegial da palavra do outro "pelas próprias palavras do aluno" incorpora uma série de variedades de transmissão assimilativa do discurso do outro, dependendo do caráter do texto a ser assimilado e das diretrizes pedagógicas aplicadas em sua interpretação e avaliação.

Ganha um significado ainda mais profundo e substancial a diretriz voltada para a assimilação do discurso do outro no processo de formação ideológica do homem, na própria acepção do termo. Aqui, o discurso do outro já não atua como

O falante no romance

informação, instrução, regras, modelos, etc.; ele procura determinar os próprios fundamentos da nossa relação ideológica com o mundo e do nosso comportamento, atua aqui como um *discurso autoritário* e como discurso *interiormente persuasivo*.

Tanto a autoridade do discurso como sua persuabilidade interna, a despeito de todas as diferenças entre essas duas categorias do discurso do outro, podem unificar-se num só discurso ao mesmo tempo autoritário e interiormente persuasivo. Mas tal unificação raramente é um dado, o processo ideológico de formação costuma caracterizar-se exatamente por uma acentuada divergência entre essas categorias: o discurso autoritário (religioso, político, moral, o discurso do pai, dos adultos, dos mestres, etc.) carece de persuabilidade interna para a consciência, ao passo que o discurso internamente persuasivo é desprovido de autoritarismo, não é apoiado por nenhuma autoridade, amiúde carece de qualquer reconhecimento social (pela opinião pública, pela ciência oficial, pela crítica) e até de legalidade. A luta e as relações dialógicas entre essas categorias do discurso ideológico costumam determinar a história da consciência ideológica individual.[†]

O discurso autoritário exige de nós reconhecimento e assimilação, impõe-se a nós independentemente do grau que, para nós, tem sua persuabilidade interior: já se pré-encontra unido por natureza autoritária. Aqui não podemos examinar

---

[†] Do autoritarismo à persuabilidade interior. A ligação com as zonas espaço-temporais. O discurso autoritário situa-se numa zona distante e está organicamente vinculado a um passado hierárquico. Trata-se, por assim dizer, da palavra dos pais. Esta já foi reconhecida no passado. É uma palavra pré-encontrável. Não cabe procurá-la entre palavras iguais. Ela é dada (soa) numa esfera elevada e não na esfera do contato familiar. Sua linguagem é uma linguagem especial (por assim dizer, hierática). Ela pode se tornar objeto de profanação. Um tabu. Um nome que não pode ser pronunciado em vão.

as diversas variedades de discurso autoritário (por exemplo, o autoritarismo do dogma religioso, da autoridade científica reconhecida, da autoridade de um livro na moda, etc.) bem como os graus de autoritarismo desse discurso. Importam para os nossos objetivos apenas as peculiaridades formais da transmissão e da representação do discurso autoritário, que são comuns a todas as suas variedades e graus.

A vinculação do discurso com a autoridade — não importa se a reconhecemos ou não — cria uma separação específica, um isolamento desse discurso: ele exige distância em relação a si mesmo (essa distância pode ter um colorido tanto positivo como negativo, nossa relação pode ser reverente e hostil). O discurso de autoridade pode organizar em torno de si massas de outros discursos (que o interpretam, elogiam, aplicam-no de modos vários, etc.), mas ele não se funde com estes (por exemplo, por meio de transições graduais) — permanece acentuadamente destacado, compacto e inerte: ele, por assim dizer, exige não só aspas como também um destaque mais monumental, por exemplo, com um tipo especial de letra.[46] Nesse discurso é bem mais difícil inserir mudanças semânticas com auxílio do contexto que o moldura, sua estrutura semântica é imóvel e morta, pois está concluída e é unívoca, seu sentido basta à letra, petrifica.[†]

O discurso autoritário exige de nossa parte um reconhecimento incondicional e nunca um domínio livre e uma assimilação com meu próprio discurso. Por isso ele não permite nenhum jogo com um contexto que o moldura, jogo com seus limites, nenhuma transição vacilante, variações estilizantes

---

[46] Amiúde, o discurso autoritário é o discurso alheio em outra língua: por exemplo, a língua estrangeira dos textos religiosos da maioria dos povos.

[†] A zona do contexto moldurador também deve ser distante; aí, o contato familiar é impossível. O descendente distante percebe e interpreta; a discussão é impossível.

O falante no romance

livremente criadoras. Ele penetra em nossa consciência verbal como uma massa compacta e indivisível, precisa ser integralmente confirmado ou integralmente refutado. Ele se integrou de forma indissolúvel à autoridade externa — com o poder político, uma instituição, uma pessoa —, persiste e cai junto com ela. Não pode ser dividido: deve concordar com um, aceitar parcialmente outro, rejeitar totalmente o terceiro. Por isso, a distância em relação ao discurso autoritário permanece imutável em toda a sua extensão: aqui é impossível o jogo com as distâncias: fusão e divergência, aproximação e afastamento.

Por tudo isso determina-se a originalidade tanto dos modos concretos de enformação do próprio discurso autoritário em sua transmissão como dos modos de sua molduragem pelo contexto. Assim se determina também o seu possível papel na criação da prosa ficcional. Não se representa o discurso autoritário: ele é apenas transmitido. Sua inércia, seu acabamento semântico e sua ossificação, seu afetado isolamento externo, a inadmissibilidade de que se aplique a ele um livre desenvolvimento estilizante — tudo isso exclui a possibilidade de uma representação ficcional do discurso autoritário. Seu papel no romance é insignificante. Ele não pode ser substancialmente bivocal e integrar as construções híbridas. Quando perde toda a sua autoridade torna-se simplesmente um objeto, uma relíquia, uma coisa. Entra no contexto ficcional como um corpo estranho, a seu redor não há jogo, emoções heterodiscursivas e acentos, não há tampouco uma aguda luta ideológica de intenções, não está cercado por uma vida dialógica agitada e heterofônica, a seu redor o contexto morre, as palavras perdem o viço. Por isso nunca se conseguiu no romance uma imagem da verdade e da virtude autoritária oficial (monárquica, eclesiástica, burocrática, moral, etc.). Basta lembrar as tentativas insolúveis de Gógol e Dostoiévski. Por isso o texto autoritário no romance sempre permanece uma citação morta, deslocada do contexto literário (por exemplo, os textos evangélicos no final de *Ressurreição*, de Tolstói).[47†]

Possibilidades inteiramente diversas revela o discurso ideológico do outro, que para nós é interiormente persuasivo e reconhecível. É dele a importância determinante da consciência individual no processo de formação ideológica: para a vida ideológica independente, a consciência desperta cercada em um mundo de palavras dos outros, das quais ele a princípio não se destaca; a distinção de sua palavra e da palavra do outro, de seu pensamento e do pensamento do outro acontece bem mais tarde. Quando o pensamento independente, que experimenta e seleciona, começa a funcionar, o que acontece em primeiro lugar é que a palavra interior-

---

[47] Diante de uma análise concreta do discurso autoritário no romance é necessário ter em mente que o discurso puramente autoritário em uma época pode ser internamente persuasivo em outra; isso se refere particularmente à moral.

[†] Variedades de autoritarismo-autoridade: autoritarismo, autoridade, tradição, reconhecimento geral, oficialidade e outros. Diferentes zonas desses discursos (graus de distância da zona de contato). Diferentes relações desses discursos com um ouvinte pressuposto que entende (campo aperceptivo presumido pelo discurso, grau de respondibilidade, etc.).

O problema da linguagem literária em sua história. A luta contra a oficialidade e o afastamento da zona de contato, luta contra diferentes aspectos e graus de autoritarismo.

A incorporação do discurso na zona de contato e as mudanças semânticas e expressivas (de entonação) ligadas a isso: o enfraquecimento e a diminuição do caráter metafórico, a materialização, a concretização, a cotidianização, etc.

Material histórico-literário.

Tudo isso era estudado no plano da psicologia, mas não do ponto de vista dessa enformação verbal no monólogo interno possível da pessoa em formação, monólogo de toda a vida. O problema sumamente complexo das formas desse monólogo (dialogizado).

Monólogo histórico (milenar) de assimilação da Idade Média e de expulsão do discurso latino sagrado. A figura de Nemo, brincadeira com os textos sagrados.

O falante no romance

mente persuasiva se separa da palavra autoritária e imposta e da massa de palavras indiferentes que não nos tocam.

À diferença do discurso exteriormente autoritário, o discurso interiormente persuasivo, no processo de sua assimilação afirmativa,[48] se entrelaça de modo estreito à "sua palavra". No uso de minha consciência, o discurso interiormente persuasivo é metade meu, metade do outro. Sua eficiência criadora consiste exatamente em que ele desperta o pensamento independente e uma nova palavra independente, em que ele organiza de dentro massas de nossas palavras e não fica em estado isolado e imóvel. Ele não é tanto interpretado por nós quanto segue se desenvolvendo livremente, aplicando-se a um novo material e a novas circunstâncias, intercambiando luzes com novos contextos. Além disso, entra em tensa interação e luta com outros discursos interiormente persuasivos.[†] Nossa formação ideológica é justamente essa tensa luta que em nós se desenvolve pelo domínio de diferentes pontos de vista, enfoques, tendências e avaliações verboideológicas. A estrutura semântica do discurso interiormente persuasivo não é concluída, é aberta, e em cada novo contexto dialogante é capaz de revelar possibilidades semânticas sempre novas.

Tudo isso determina os meios de enformação do discur-

---

[48] Ora, minha palavra é gradual e lentamente elaborada a partir de palavras reconhecidas e assimiladas dos outros, quase não há no início nenhuma fronteira entre elas.

[†] O discurso interiormente persuasivo é o discurso contemporâneo, discurso nascido na zona de contato com a contemporaneidade inacabada ou atualizada: ele se dirige ao contemporâneo e ao descendente como se fosse um contemporâneo; para ele, é constitutiva uma concepção especial de ouvinte-leitor-interpretador. Cada palavra envolve certa concepção de leitor, de seu campo aperceptivo, o grau de sua respondibilidade, envolve certa distância. Tudo isso é muito importante para se compreender a vida histórica do discurso. A ignorância desses elementos e matizes leva à coisificação da palavra (à extinção de sua dialogicidade natural).

so interiormente persuasivo em sua transmissão e os modos de sua molduragem pelo contexto. Estes dão lugar a uma máxima interação do discurso do outro com o contexto, à sua recíproca influência dialógica, ao desenvolvimento livre-criador do discurso do outro, à gradação das transições, ao jogo de limites, ao distanciamento da preparação da inserção do discurso do outro pelo contexto (isto é, seu "tema" pode soar no contexto muito antes do surgimento da própria palavra) e por outras peculiaridades que traduzem a mesma essência do discurso interiormente persuasivo: traduzem para nós seu inacabamento semântico, a capacidade para uma nova vida criadora no contexto da nossa consciência ideológica, a inconclusibilidade, a inesgotabilidade do ainda nosso convívio dialógico com ele. Da parte dele ainda não soubemos tudo o que ele nos pode dizer, introduzimo-lo em novos contextos, aplicamo-lo a um novo material, colocamo-lo em uma nova situação para conseguir dele novas respostas, novos raios de seu sentido e novas *palavras nossas* (uma vez que um eficiente discurso do outro gera dialogicamente nosso novo discurso responsivo).

Os meios de enformação e molduragem do discurso inteiramente persuasivo podem ser tão flexíveis e dinâmicos que esse discurso pode ser literalmente onipresente no contexto, mesclando com tudo seus tons específicos e de quando em quando irrompendo e materializando-se integralmente como discurso do outro isolado e destacado (cf. as zonas dos heróis). Tais variações do tema do discurso do outro são muito difundidas em todos os campos da criação ideológica, inclusive no campo especialmente científico. Assim é, por exemplo, uma explanação talentosa e criadora de concepções alheias determinantes: tal explanação sempre expõe livres variações estilísticas do discurso do outro, apresenta o pensamento do outro por seu próprio estilo e em sua aplicação a um novo material, a uma nova colocação de um problema, ela experimenta e recebe respostas na linguagem do discurso

O falante no romance 141

do outro. (Assim são os livros biográficos de Romain Rolland sobre Goethe, Beethoven e Michelangelo).

Em outros casos menos evidentes, observamos fenômenos análogos. Aqui cabem, antes de mais nada, todos os casos de forte influência do discurso do outro sobre um dado autor. A descoberta de influências se resume justamente na descoberta dessa vida meio secreta da palavra do outro no novo contexto de dado autor. Sob uma influência profunda e eficiente não existe a imitação externa, a simples reprodução; existe, sim, um sucessivo desenvolvimento criador do discurso alheio (semialheio, para ser mais preciso) em um novo contexto e em novas condições.

Em todos esses casos, já não se trata apenas das formas de transição do discurso do outro: nessas formas já estão sempre presentes também embriões de *representação literária*. Com certa mudança de diretriz, o discurso interiormente persuasivo com facilidade se torna objeto de representação ficcional. Então, a imagem do falante se integra de modo substancial e orgânico a certas variedades do discurso interiormente persuasivo: do ético (a imagem do justo), do filosófico (a imagem do sábio), do sociopolítico (a imagem do líder). Sob um desenvolvimento criativamente estilizante, as experimentações do discurso do outro procuram intuir e conceber como se comportaria o homem autoritário em tais circunstâncias e de que modo ele elucidaria essas circunstâncias com seu discurso. Sob tal intuição experimentadora, a representação do falante e do seu discurso se torna objeto da imaginação ficcional criadora.[49]

Ganha significado particularmente importante essa objetivação experimentadora da palavra e da imagem do falante onde já começa a luta com elas, onde, por meio dessa objetivação, procura-se livrar-se de sua influência ou até des-

---

[49] Uma imagem ficcional dialogicamente experimentadora do sábio e do mestre é Sócrates em Platão.

mascará-las. É enorme o significado desse processo de luta com a palavra do outro e com sua influência na história da formação ideológica da consciência individual. Minha palavra e minha voz, nascidas da palavra do outro ou dialogicamente estimuladas por ela, mais cedo ou mais tarde começam a libertar-se do poder dessa palavra alheia. Esse processo se complexifica pelo fato de que as diferentes vozes dos outros entram em luta pela consciência do indivíduo (assim como lutam na realidade social circundante). É tudo isso que cria o terreno propício para a objetivação experimentadora da palavra do outro. O diálogo com esse desmascarável discurso interiormente persuasivo continua, mas assume outro caráter: ele é interrogado e colocado numa nova situação correspondente para desmascarar seus pontos fracos, apalpar os seus limites, sondar seu grau de objetificação. Por isso, essa estilização experimentadora amiúde se torna paródica, mas não grosseiramente paródica, pois a palavra do outro, que outrora fora interiormente persuasiva, oferece resistência e frequentemente começa a soar desprovida de qualquer acento paródico. Neste terreno surgem profundas imagens romanescas bivocais e bilinguísticas,* que objetivam a luta com o discurso interiormente persuasivo do outro que outrora dominara o autor (como ocorre, por exemplo, com o Oniéguin de Púchkin e o Pietchórin de Liérmontov).** O "romance de provação" se baseia frequentemente no processo subjetivo de luta com a palavra interiormente persuasiva do outro e libertação em face dessa palavra por meio da objetivação. Outra ilustração da ideia aqui enunciada pode ser o "romance de educação",*** mas aí o processo de formação ideológica

* Derivadas de dupla linguagem ou bilinguagem. (N. do T.)

** Personagens de *Ievguêni Oniéguin*, de Púchkin, e de *O herói do nosso tempo*, de Liérmontov, respectivamente. (N. do T.)

*** Também denominado "romance de formação" na reflexão teórica de Bakhtin. (N. do T.)

O falante no romance

seletiva se desenvolve como um tema do romance, ao passo que no "romance de provação" o processo subjetivo do próprio autor permanece fora da obra.

Nesse sentido, a obra de Dostoiévski ocupa um lugar exclusivo e original. Em seus romances, a interação aguda e tensa com a palavra do outro se apresenta de duas maneiras: em primeiro lugar, é apresentado nos discursos das personagens um conflito profundo e inacabado com a palavra do outro no plano vital ("a palavra do outro sobre mim"), no plano vitalmente ético (o juízo do outro, o reconhecimento e o não reconhecimento pelo outro) e, por fim, no plano ideológico (as visões de mundo dos heróis como um diálogo inconcluso e inconclusível). Os enunciados dos heróis de Dostoiévski são um campo de luta insolúvel com a palavra do outro em todas as esferas da vida e da criação ideológica. Por isso, esses enunciados podem servir como magníficos protótipos para as formas mais diversas de transmissão e molduragem da palavra do outro. Em segundo lugar, as obras (romances) em seu todo, enquanto enunciados de seu autor, também são esses inviáveis diálogos interiormente inconclusíveis entre os heróis (como pontos de vista personificados) e entre o próprio autor e os heróis; a palavra do herói não é superada até o fim e permanece livre e aberta (como a palavra do próprio autor). As experimentações do herói e de sua palavra, concluídas no enredo, permanecem interiormente sem conclusão nem solução nos romances de Dostoiévski.[50][†]

[50] Cf. meu livro *Probliémi tvôrtchestva Dostoiévskogo* [Problemas da obra de Dostoiévski], Leningrado, Pribói, 1929. Nesse livro fazemos análises estilísticas dos enunciados dos heróis, que revelam diferentes formas de transmissão e molduragem contextual.

[†] Elaborou-se uma técnica jurídica (e ética) de tratamento da palavra do outro e estabelecimento de sua autenticidade, do grau de sua fidedignidade, etc. (por exemplo, a técnica de trabalho do tabelião, etc.). Mas as questões ligadas aos procedimentos composicionais, estilísticos, semânti-

No campo do pensamento ético, jurídico e do discurso é evidente a enorme importância do tema do falante. Aqui, o falante e sua palavra são o objeto central do pensamento e do discurso. Todas as categorias essenciais do juízo ético e jurídico e da avaliação referem-se precisamente ao falante como tal: a consciência ("a voz da consciência", "o discurso interior"), a confissão (a livre confissão do próprio homem), a verdade e a mentira, a responsabilidade, a idoneidade, o direito à voz, etc. A palavra independente, responsável e eficaz ("vontade") são um traço essencial do homem ético, jurídico e político. As conclamações para essa palavra, sua provocação, sua interpretação e avaliação, o estabelecimento dos limites e das formas de sua eficácia (verdades cívicas e políticas), a confrontação de diferentes vontades e palavras, etc. — é imenso o peso específico de todos esses atos nos campos ético e jurídico. Basta mencionar o papel que desempenharam no campo especialmente jurídico a formalização, a análise e interpretação dos depoimentos, declarações, acordos, documentos vários e de outras modalidades de enunciado do outro e, por último, da interpretação das leis.[††]

Nos campos ético e jurídico, o falante e sua palavra enquanto objeto de pensamento e discurso são tratados, evidentemente, apenas no sentido do interesse especial desses campos. A esses interesses e diretrizes especiais estão subordinados todos os meios de transmissão, enformação e mol-

cos, etc. de enformação não foram colocadas. O problema da confissão durante a instrução penal (os meios de sua coação e provocação) foram tratados apenas nos planos jurídico, ético e psicológico. Dostoiévski fornece um profundíssimo material para a colocação desse problema no plano da filosofia da linguagem (da palavra). É a questão do pensamento autêntico, do desejo autêntico, do motivo autêntico (por exemplo, Ivan Karamázov) e sua relação verbalizada, o papel do outro.

[††] Cf. Georg Misch, *Geschichte der Autobiographie* [História da autobiografia], vol. I: *Das Altertum*, Leipzig, B. G. Teubner, 1907 (assinaturas confessionais dos egípcios, etc.).

duragem do discurso do outro. Entretanto, também neste caso os elementos de representação literária desse discurso são possíveis, sobretudo no campo ético: por exemplo, a representação da luta da voz da consciência com outras vozes do homem, a dialogicidade interior da confissão, etc. O elemento prosaico-literário do romance nos tratados de ética, e sobretudo nas confissões, pode ser muito significativo: por exemplo em Epíteto, Marco Aurélio, Agostinho e Petrarca (*Secretum*) estão presentes os embriões do "romance de provação" e "romance de educação".

É ainda mais significativo o peso específico do nosso tema no campo da palavra e do pensamento religioso (mitológica, mística, mágica). O objeto principal dessa palavra é o ser falante: a divindade, o demônio, o adivinho, o profeta. O pensamento mitológico não conhece coisas inanimadas e mudas. A decifração da vontade de um deus, do demônio (bom ou mau), a interpretação dos sinais de cólera ou boa vontade, os sinais de instrução e, por fim, a transmissão e interpretação dos discursos diretos de uma divindade (a revelação), de seus profetas, santos e adivinhos são, em linhas gerais, uma transmissão e uma interpretação da palavra inspirada por um deus (diferentemente da palavra profana): tudo isso são importantíssimos atos do pensamento e da palavra religiosa. Todos os sistemas religiosos, inclusive os primitivos, dominam o imenso dispositivo metodológico especial de transmissão e interpretação das diversas modalidades da palavra divina (hermenêutica).

Um pouco diferente é o que ocorre com a questão do discurso científico. Aqui o peso específico do tema do discurso é relativamente pequeno. As ciências matemáticas e naturais não conhecem o discurso como objeto de orientação. No processo de trabalho científico, evidentemente, cabe operar com a palavra do outro — com trabalhos dos antecessores, juízos dos críticos, opinião comum, etc. —, ocorre operar também com diferentes formas de transmissão e interpretação da palavra do outro — a luta contra o discurso autoritário, a superação das influências, a polêmica, as referências e as citações, etc. —, mas tudo isso permanece no processo do trabalho e não se refere ao conteúdo concreto da ciência em cuja composição o falante e sua palavra não entram, evidentemente. Todo o dispositivo metodológico das ciências matemáticas e naturais está voltado para o domínio de objetos materiais, surdos, que não se revelam na palavra, que nada comunicam a seu respeito. Aqui, a aquisição do conhecimento não está vinculada à obtenção e interpretação das palavras por sinais do próprio objeto cognoscível.[†]

Nas ciências humanas, à diferença da matemática e das ciências naturais, surge a tarefa específica de restabelecer, transmitir e interpretar as palavras do outro (cf., por exemplo, a questão das fontes na metodologia das disciplinas históricas). Já nas disciplinas filológicas, o falante e sua palavra são o objeto central do conhecimento.

A filologia tem objetivos e enfoques específicos de seu objeto — o homem falante e sua palavra, que determinam todas as formas de transmissão e representação da palavra do outro (por exemplo, a palavra como objeto da história da língua). No âmbito das ciências humanas (e da filologia em sentido restrito) é possível um duplo enfoque da palavra do outro como objeto do conhecimento.

[†] Tudo isso (como as formas de transmissão paródica da palavra do outro que analisamos em outro trabalho) é a preparação e o material do romance (o arremedo da palavra do outro na criação cômica e sua transmissão séria em diferentes campos da cultura e da ideologia). Ambas as linhas (do riso e do sério) se cruzam e confluem em um ponto: na representação romanesca da linguagem e do falante.

A penetração dialógica é obrigatória na filologia (pois, sem ela, nenhuma interpretação é possível): ela revela novos elementos no discurso (semânticos em sentido amplo) que, uma vez descobertos por via dialógica, coisificam-se em seguida. Todo o avanço da ciência sobre a palavra é antecedido por sua "fase genial" — a aguda relação dialógica com o discurso, que neste revela novos aspectos.

O falante no romance

A palavra pode ser interpretada de modo inteiramente objetificado (em essência, como coisa). É assim na maioria das disciplinas linguísticas. Nessa palavra objetificada até o sentido é coisificado: dele não pode haver um enfoque dialógico, imanente a toda interpretação profunda e atual. Por isso, nesse caso a interpretação é abstrata: desvia-se inteiramente da significação ideológica viva: de sua veracidade ou falsidade, importância ou insignificância, beleza ou feiura. O conhecimento dessa palavra coisificada carece de qualquer penetração dialógica no sentido cognoscível — com semelhante palavra é impossível dialogar.

Contudo, é possível outro enfoque, mais concreto, que não abstrai a atual significação ideológica da palavra e combina a objetividade do conhecimento com a sua profundidade e animação dialógica. No campo da poética, da história da literatura (em linhas gerais, história da ideologia) bem como, em grau considerável, da filosofia da palavra é até impossível outro enfoque: o positivismo mais seco e superficial nesses campos não pode tratar de forma neutra a palavra como coisa, e aí é forçado a falar não só da palavra mas também com a palavra para poder penetrar em seu sentido ideológico, só acessível a uma interpretação dialógica que compreenda avaliação e resposta. As formas de transmissão e interpretação que realizam essa compreensão dialógica da palavra, com a profundidade e a vivacidade dessa compreensão, podem se aproximar consideravelmente da representação prosaico-literária bivocal da palavra do outro. Cabe observar que também o romance sempre incorpora o elemento do conhecimento da palavra do outro que ele representa.

Por último, algumas palavras sobre a importância do nosso tema nos gêneros retóricos. O falante e sua palavra são, indiscutivelmente, um dos mais importantes objetos do discurso retórico (e aí todos os outros temas também são acompanhados inevitavelmente pelo tema da palavra). O discurso retórico, por exemplo, na retórica forense, acusa ou defende o homem falante, responsável, aí se baseia nas palavras dele, interpreta-as, polemiza com elas, reconstitui criativamente a eventual palavra do réu ou cliente (essa livre criação de palavras inefáveis, às vezes discursos inteiros — "como poderia dizer" ou "como diria o réu" — é o procedimento mais difundido da retórica antiga), procura antecipar suas possíveis objeções, transmite e confronta as palavras das testemunhas, etc. Na retórica política, o discurso apoia, por exemplo, alguma candidatura, representa a personalidade do candidato, expõe e defende seu ponto de vista, suas propostas verbais ou, em outro caso, protesta contra alguma deliberação, lei, ordem, declaração, manifestação, isto é, contra determinados enunciados verbais, para os quais está voltado dialogicamente.

O discurso publicístico também opera com a mesma palavra e com o homem como portador da palavra: critica um discurso, um artigo, um ponto de vista, polemiza, ridiculariza, etc. Se tal discurso analisa uma atitude, ele revela os motivos verbais que servem de base ao seu ponto de vista, formula-o verbalmente com a devida acentuação — irônica, indignada, etc. Isso, evidentemente, não significa que por trás da palavra a retórica esqueça obrigatoriamente uma causa, uma atitude, uma realidade extraverbal. Mas ela opera com o homem social, e cada ato substancial deste é ideologicamente compreendido pela palavra ou diretamente personificado na palavra.

Na retórica, a importância da palavra do outro como objeto é tão grande que amiúde a palavra começa a encobrir e substituir a realidade; nisso a própria palavra se estreita e perde a profundidade. A retórica se limita constantemente a puras vitórias verbais sobre a própria palavra; neste caso ela degenera em um jogo verbalizado formal. Contudo, repetimos, desligar dessa maneira a palavra da realidade é prejudicial para a própria palavra: ela definha, perde a profundidade semântica e a mobilidade, a capacidade de ampliar e renovar seu sentido em novos contextos vivos e, em essência, morre como palavra, pois uma palavra significante vive fora de si mesma, isto é, de sua orientação voltada para fora. Entretanto, a concentração exclusiva na palavra do outro enquanto objeto por si só ainda não pressupõe, absolutamente, tal separação entre a palavra e a realidade.

Os gêneros retóricos conhecem as formas mais diversas de transmissão do discurso do outro, e ademais essas formas, na maioria dos casos, são intensamente dialogadas. A retórica usa amplamente intensas reacentuações das palavras transmitidas (amiúde chegando à sua total deformação) por meio de sua correspondente molduragem pelo contexto. Para estudar as diferentes formas de transmissão do discurso do outro, os diferentes meios de sua enformação e molduragem, os gêneros retóricos são um material sumamente promissor. No campo da retórica ainda é possível uma representação prosaico-ficcional do falante e de sua palavra, mas a bivocalidade retórica de tais imagens raramente é profunda: não tem raízes fincadas na dialogicidade da própria língua em formação, não é construída à base do heterodiscurso essencial mas de divergências, o mais das vezes é abstrata e se presta a uma esgotante delimitação lógico-formal e à divisão das vozes. Por isso, cabe falar sobre uma bivocalidade retórica especial à diferença da bivocalidade prosaico-ficcional autêntica, ou, dito de outra maneira, sobre a transmissão bivocal retórica da palavra do outro — mesmo que não seja estranha aos elementos ficcionais —, diferentemente da *representação* bivocal no romance, com sua diretriz voltada para *a representação da linguagem*.

É essa a importância do tema do falante e sua palavra em todos os campos do dia a dia e da vida verboideológica. Com base nessa assertiva, pode-se afirmar que na composição de quase todo enunciado do homem social — da breve réplica do diálogo cotidiano a grandes obras verboideológicas (literárias, científicas e outras) está presente uma fração significativa de palavras alheias apreendidas em forma aberta ou fechada, transmitidas por esse ou aquele meio. No território de quase todo enunciado ocorrem uma tensa interação e uma luta da minha palavra com a palavra do outro, um processo de sua demarcação e da iluminação dialógica de uma pela outra. Desse modo, o enunciado é um organismo bem mais complexo e dinâmico do que parece quando se consideram sua tendência concreta e sua direta expressividade monovocal.

Até hoje não foi suficientemente levado em conta e avaliado em toda a sua importância de princípio o fato de que um dos objetos centrais do discurso humano é a própria palavra. Não houve uma ampla abrangência filosófica de todos os fenômenos relacionados a esse fato. Não foi compreendida a especificidade daquele objeto do discurso que requer a transmissão e a reprodução da própria palavra do outro: só posso falar da palavra do outro com o auxílio dessa mesma palavra do outro, é verdade que inserindo nela minhas intenções e iluminando-a a meu modo com o contexto. Só se pode falar da palavra ou de qualquer outro objeto, isto é, em termos temáticos, sem transmissão dialogada, quando essa palavra é puramente objetal; assim se pode falar, por exemplo, da gramática, onde nos interessa precisamente o revestimento morto, material da palavra.

* * *

Todas as mais diversas formas de transmissão dialogada da palavra do outro, elaboradas no dia a dia e no convívio ideológico extraliterário, são empregadas de duas maneiras no romance. Na primeira, todas essas formas são dadas e reproduzidas nos enunciados — cotidianos e ideológicos — pelas personagens do romance, bem como nos gêneros intercalados como diários, confissões, artigos publicísticos, etc. Na segunda, todas essas formas de transmissão dialogada do discurso do outro também podem ser imediatamente subor-

O falante no romance 151

dinadas às tarefas da representação ficcional do falante e de sua palavra com diretriz centrada na representação da linguagem, passando aí por certa reenformação literária.

Em que consiste a diferença fundamental entre todas essas formas extraliterárias de transmissão da palavra do outro e sua representação literária no romance?

Todas essas formas, mesmo onde elas mais se aproximam da representação literária como, por exemplo, em alguns gêneros retóricos bivocais (nas estilizações paródicas), estão voltadas para o enunciado de uma pessoa individualizada. São transmissões praticamente interessadas de enunciados singulares do outro que, no melhor dos casos, se projetam ao nível de generalização dos enunciados na maneira discursiva do outro como sociotípica ou característica. Concentradas na transmissão de enunciados (ainda que em transmissão livre e criadora), essas formas não se empenham em perceber e reservar para os enunciados uma representação da linguagem social que nestes se realiza, mas que não a esgotam, isto é, perceber e reservar exatamente a *representação* e não a empiria positiva dessa linguagem. Por trás de todo enunciado percebe-se no autêntico romance o elemento das linguagens sociais com sua lógica interior e sua necessidade interior. Aqui, a representação da linguagem revela não só a realidade, mas também as possibilidades de dada linguagem, revela seus, por assim dizer, limites ideais e seu total sentido integral, sua verdade e suas limitações.

Por isso a bivocalidade no romance, à diferença das formas retóricas e outras, sempre tende para a bilinguagem como seu objeto, razão pela qual essa bivocalidade não pode ser desdobrada em contradições lógicas nem em oposições puramente dramáticas. Com isso se define a peculiaridade dos diálogos romanescos, que visam ao limite da mútua incompreensão de pessoas *que falam linguagens diferentes*.

É necessário ressaltar mais uma vez que não concebemos por linguagem social um conjunto de traços linguísticos que determinam a separação dialetológica e o destaque de uma língua, mas um conjunto concreto e vivo de traços do seu destaque social, que pode se realizar no romance também no âmbito de uma língua única em termos linguísticos, definindo-se pelos traços semânticos e escolhas lexicológicas. Trata-se do horizonte social concreto, que se destaca no âmbito de uma língua abstrata única. Esse horizonte linguístico frequentemente não se presta a uma definição linguística rigorosa, mas é prenhe de possibilidades de um posterior destaque dialetológico: trata-se de um dialeto potencial, de seu embrião que ainda não ganhou forma. A língua, em sua vida histórica, em sua formação heterodiscursiva, é repleta de tais dialetos potenciais: estes se cruzam entre si de maneiras diversas, não atingem o pleno desenvolvimento e morrem, mas alguns florescem em línguas autênticas. Repetimos: é historicamente real a língua como formação heterodiscursiva repleta de linguagens passadas e futuras, de afetados aristocratas linguísticos em extinção, de *parvenus* linguísticos, de inúmeros pretendentes a linguagens mais ou menos bem sucedidas, com maior ou menor amplitude de abrangência social, com essa ou aquela esfera ideológica de aplicação.

A representação de semelhante linguagem no romance é a representação de um horizonte social, de um ideologema social, que cresceu integrado à sua palavra, à sua linguagem. Os traços formais de linguagens, maneiras e estilos do romance são símbolos de horizontes sociais. As peculiaridades linguísticas externas são amiúde empregadas aí como traços secundários de uma diferenciação sociolinguística, às vezes até sob a forma de comentários diretos do autor aos discursos dos heróis. Em *Pais e filhos*, por exemplo, Turguêniev faz, às vezes, essas indicações das peculiaridades do uso das palavras ou da pronúncia de suas personagens (a propósito, muito características do ponto de vista sócio-histórico). Vejamos três casos.

O falante no romance

1) "— Veja só. Bem, pelo que vejo isso não nos diz respeito. Somos gente antiga, supomos que faltam *principes* (Pável Pietróvitch pronunciava essa palavra de forma branda, à maneira francesa. Arkádi, ao contrário, pronunciava 'principio', carregando na primeira sílaba...)."

2) "— Com 'ifso' quero demonstrar, meu caro senhor (quando se zangava, Pável Pietróvitch pronunciava intencionalmente 'ifso' embora soubesse muito bem que a gramática não permitia tais palavras. Nesse capricho manifestava-se um remanescente da tradição do tempo de Alexandre. Então os figurões, nos casos raros em que falavam a língua materna, só empregavam esse 'ifso', como se dissessem: somos russos nativos e ao mesmo tempo grão-senhores, a quem se permite desprezar as normas escolares)."

3) "— Ele é um senhor genial! (Evdókia Kúkchina usava constantemente a palavra 'senhor' em vez de 'pessoa')."

Neste caso, as diferentes pronúncias da palavra "princípios" são um traço que diferencia diversos universos histórico-culturais e sociais: o universo da cultura senhorial dos anos 1820 e 1830, educada com base na literatura francesa, estranha ao latim e à ciência alemã, e o universo do *raznotchíniets** dos anos 1850, no qual o tom era dado por seminaristas e médicos educados com base no latim e na ciência alemã. A dura pronúncia latino-germânica da palavra "prin-

---

* Intelectual russo que não pertencia nem à nobreza, nem à burguesia. (N. do T.)

cípio" venceu na língua russa. Mas o emprego das palavras por Kúkchina, que em vez da palavra "pessoa" usava "senhor", consolidou-se em todos os gêneros de linguagem literária baixos e médios.

Tais observações externas e diretas das peculiaridades das linguagens das personagens são características do gênero romanesco, mas não é com elas que se cria, evidentemente, a representação da linguagem no romance. São observações puramente objetais: aí, a palavra do autor só externamente toca como coisa a linguagem caracterizada, aí não há a dialogicidade interior característica da representação da linguagem. A autêntica representação da linguagem sempre tem uma bivocalidade dialogada e contornos de bilinguagem (por exemplo, as zonas dos heróis a que nos referimos no capítulo anterior).

O papel do contexto que emoldura o discurso na criação da representação da linguagem é de importância primordial. O contexto emoldurador, como o cinzel de um escultor, aplaina os limites do discurso do outro e esculpe da empiria crua da vida discursiva a representação da linguagem: funde e combina a aspiração interior da própria linguagem representada com suas definições objetais externas. A palavra do autor, que representa e emoldura o discurso do outro, cria para este uma perspectiva, distribui sombras e luz, cria a situação e todas as condições para que ele ecoe, por fim penetra nele de dentro para fora, insere nele seus acentos e suas expressões, cria para ele um campo dialogante.

Graças a essa capacidade da linguagem que representa outra linguagem, de ecoar fora dela e dentro dela, de falar sobre ela e ao mesmo tempo falar nela e com ela, e, por outro lado, essa capacidade da linguagem representativa de servir ao mesmo tempo como objeto de representação e falar para si mesma —, pois bem, é graças a essa capacidade que podem ser criadas as específicas representações romanescas das linguagens. Por isso, para o contexto moldurante do autor, a

O falante no romance

linguagem representada é a que menos pode ser coisa, objeto surdo e mudo do discurso que permanece fora dele como qualquer outro objeto do discurso.

* * *

Todos os procedimentos de criação da representação da linguagem no romance podem ser resumidos a três categorias básicas: 1) hibridização das linguagens; 2) interação dialogada das linguagens; 3) diálogos puros de linguagens.

Essas três categorias de procedimentos só podem ser desmembradas *in abstracto*; *in concreto* elas se entrelaçam inseparavelmente no tecido literário único da imagem.

O que é hibridização? É a mistura de duas linguagens sociais no âmbito de um enunciado — o encontro, no campo desse enunciado, de duas diferentes consciências linguísticas divididas por uma época ou pela diferenciação social (ou por ambas).

Tal mistura de duas linguagens no âmbito de um enunciado é, no romance, um procedimento deliberadamente literário (ou melhor, um sistema de procedimentos). Contudo, a hibridização inconsciente não intencional é um dos modos mais importantes da vida e da formação das línguas. Pode-se dizer, de forma direta, que a língua e as linguagens mudam, no plano histórico, basicamente por meio da hibridização, da mistura de diferentes "linguagens" socioideológicas que coexistem nos limites de um dialeto, de diferentes dialetos no âmbito de uma língua nacional, de línguas diferentes no âmbito de um ramo, e, por fim, da mistura de diferentes ramos e de diferentes grupos tanto no passado histórico quanto no paleontológico, observando-se que o *enunciado* é a cratera que serve a essa mistura.[51] Em outra ocasião falaremos do

---

[51] Tais híbridos históricos inconscientes são bilinguais enquanto híbridos mas, evidentemente, monovocais.

imenso papel criador dos híbridos na história da linguagem literária russa.[52]

A representação literária da linguagem deve, por sua própria essência, ser um híbrido (intencional) de linguagens: aí é forçoso que estejam presentes duas consciências linguísticas — a representada e a representadora — pertencentes a outro sistema de linguagens. Porque se não existe essa segunda consciência representadora, a segunda vontade linguística representadora, já não temos diante de nós uma *representação* de linguagem mas simplesmente um *protótipo* autêntico ou falsificado da linguagem do outro.

A representação da linguagem enquanto um híbrido intencional é, em primeiro lugar, um híbrido consciente (à diferença do híbrido de linguagens histórico, orgânico e obscuro): isso é justamente a apreensão de uma linguagem por outra, a iluminação de uma linguagem por outra consciência linguística. A representação da linguagem só pode ser construída do ponto de vista de outra linguagem tomada como norma.

Continuando: no híbrido intencional e consciente não se misturam duas consciências linguísticas impessoais (correlatas de duas linguagens), mas duas consciências linguísticas *individualizadas* (correlatas de dois enunciados e não apenas de duas linguagens) e duas vontades linguísticas individuais: a consciência representadora individual do autor e a vontade e consciência linguística individualizada da personagem representada. Porque à base dessa linguagem representada constroem-se os enunciados concretos e únicos, logo a consciência linguística representada deve ser forçosamente personificada em certos "autores"[53] que falam a mesma linguagem,

---

[52] É característica do sistema literário da linguagem uma hibridização semiorgânica, semi-intencional.

[53] Embora esses "autores" tenham sido impessoais, como ocorre nas estilizações das linguagens dos gêneros e da opinião comum.

nesta constroem os enunciados e por isso inserem na potência da linguagem sua vontade linguística atualizada. Desse modo, no híbrido literário consciente e intencional participam duas consciências, duas vontades, duas *vozes* e, por conseguinte, dois *acentos*.

Contudo, quando se ressalta o elemento individual no híbrido intencional, deve-se salientar mais uma vez e com toda a intensidade que no híbrido ficcional do romance, que constrói a representação da linguagem, o elemento individual necessário à atualização da linguagem e à sua subordinação ao conjunto literário do romance (os destinos das linguagens aí se entrelaçam com os destinos individuais dos falantes) é indissociável do sociolinguístico, isto é, o híbrido romanesco não só é bivocal e biacentuado (como na retórica) mas também bilinguístico — nele não há só (e nem tanto) duas consciências individuais, duas vozes, dois acentos, mas também duas consciências sociolinguísticas, duas épocas, dois grupos sociais que aí, é verdade, se misturaram não por via inconsciente (como em um híbrido orgânico), mas confluíram conscientemente e lutam no território do enunciado.

Demais, no híbrido romanesco intencional não só e não tanto se misturam formas de linguagem, indícios de duas linguagens e estilos, quanto se chocam antes de tudo os pontos de vista sobre o mundo que alicerçam essas formas. Por isso o híbrido romanesco intencional é um híbrido *semântico*, mas não um híbrido abstrato-semântico, lógico (como na retórica) e sim sociossemântico concreto.

É evidente que também no híbrido histórico orgânico mesclam-se não só duas linguagens como também duas visões de mundo sociolinguísticas (orgânicas também). Aqui, porém, trata-se de uma mistura surda e obscura e não de um confronto social e de uma oposição. É necessário, contudo, observar que é justamente essa mistura surda e obscura de visões linguísticas do mundo dos híbridos orgânicos que, em termos históricos, é profundamente eficaz: é prenhe de novas visões de mundo, novas "formas internas" de apreensão verbal do mundo.

O híbrido semântico intencional é inevitável e interiormente dialógico (à diferença do híbrido orgânico). Aí, os dois pontos de vista não estão misturados, mas dialogicamente confrontados. Essa dialogicidade interna do híbrido romanesco, assim como o diálogo entre pontos de vista sociolinguísticos, não pode, é claro, desdobrar-se em um diálogo semântico-individual concluído e preciso: a ela são inerentes certa espontaneidade orgânica e o impasse.

Por último, o híbrido bivocal intencional e interiormente dialogizado tem uma estrutura sintática absolutamente específica: nele se fundem no âmbito de um enunciado dois enunciados potenciais, como que duas réplicas de um possível diálogo. É verdade que essas réplicas potenciais nunca podem ser integralmente atualizadas, não podem fundir-se em enunciados acabados, mas suas formas não inteiramente desenvolvidas são claramente perceptíveis nas construções sintáticas do híbrido bivocal. Neste caso não se trata, é claro, da mistura de formas sintáticas heterogêneas inerentes a sistemas linguísticos diversos (como pode ocorrer nos híbridos orgânicos), mas precisamente da fusão de dois enunciados em um só. Semelhante fusão é possível também nos híbridos retóricos de uma só linguagem (neste caso ela é até sintaticamente mais precisa). Já o híbrido romanesco se caracteriza pela fusão de dois diferentes enunciados sociais em um só enunciado. A construção sintática dos híbridos intencionais é fraturada por duas vontades linguísticas individualizadas.

Para resumir a caracterização do híbrido romanesco, podemos dizer: à diferença da mistura obscura de linguagens em enunciados vivos numa língua em formação histórica (em essência, todo enunciado vivo numa língua viva é híbrido nesse ou naquele grau), o híbrido romanesco é um sistema literariamente organizado de combinação de linguagens, um sistema que tem por objetivo iluminar outra linguagem por

O falante no romance

meio de uma linguagem, moldar uma representação viva da outra linguagem.

A hibridização intencional literariamente orientada é um dos procedimentos essenciais de construção da representação de uma linguagem. É necessário observar que, no processo de hibridização, a própria linguagem que ilumina (habitualmente, o sistema da linguagem literária contemporânea) objetiva-se em certo grau até tornar-se imagem. Quanto mais ampla e profundamente se aplica no romance o procedimento de hibridização e, ademais, não com uma, mas com várias linguagens, mais objetal torna-se a própria linguagem que representa e ilumina, transformando-se, enfim, em uma das representações das linguagens do romance. Exemplos clássicos: *Dom Quixote*, o romance humorístico inglês (Fielding, Smollett, Sterne) e o romance romântico humorístico alemão (Hippel e Jean Paul). Nesses casos, costuma-se objetificar o próprio processo de escrita do romance e a imagem do romancista (em parte já em *Dom Quixote* e depois em Sterne, Hippel e Jean Paul).

Da hibridização na própria acepção do termo distingue-se a iluminação recíproca interiormente dialogada dos sistemas de linguagem em seu todo. Aqui já não há a iluminação direta de duas linguagens no âmbito de um enunciado: aqui está atualizada em um enunciado apenas uma linguagem, mas até esta é dada à luz de outra linguagem. Essa segunda linguagem não se atualiza e fica de fora do enunciado.

A forma mais característica e nítida dessa mútua iluminação interiormente dialogada das linguagens é a *estilização*.

Como já afirmamos, toda autêntica estilização é uma representação literária do estilo da linguagem do outro, é uma forma literária da linguagem do outro. Nessa estilização é obrigatória a presença de duas consciências linguísticas individualizadas: a de quem representa (isto é, a consciência linguística do estilizador) e a do representado, estilizado. A estilização difere do estilo direto justamente por essa presença da segunda consciência linguística (contemporânea no estilizador e de seu público), à cuja luz restaura-se o estilo estilizante, em cujo campo este adquire novo sentido e importância.

Essa segunda consciência linguística do estilizador e de seus contemporâneos opera com um material da linguagem estilizada; o estilizador só pode tratar de forma direta o seu objeto falando nessa segunda linguagem estilizada estranha a ele. Mas essa mesma linguagem estilizada é mostrada à luz da consciência linguística contemporânea do estilizador. A linguagem contemporânea ilumina de certo modo a linguagem estilizada: destaca alguns elementos, obscurece outros, cria uma acentuação específica dos seus elementos enquanto elementos da linguagem, cria certas ressonâncias da linguagem estilizada com a consciência linguística contemporânea; em suma, cria uma livre representação da linguagem alheia, imagem essa que traduz não só a vontade linguística estilizada como também a vontade linguística e literária estilizante.

Assim é a estilização. Outro tipo mais comum de interiluminação dialogada mais próximo da estilização é a *variação*. No processo de estilização, a consciência linguística do estilizador opera exclusivamente com material da linguagem estilizada: ela ilumina essa linguagem estilizada, traz para ela seus interesses linguísticos estranhos, mas não seu estranho material linguístico contemporâneo. Como tal, a estilização deve ser moderada até o fim. Se, porém, o material linguístico contemporâneo (a palavra, a forma, o uso, etc.) penetrou na estilização, isto é um defeito, um erro, um anacronismo, um modernismo da estilização.

Contudo, semelhante moderação pode tornar-se premeditada e organizada: a consciência linguística estilizante pode não só iluminar a linguagem estilizada como também acolher ela mesma a palavra e inserir seu material temático e linguístico na linguagem estilizada. Neste caso, estamos diante não mais de uma estilização e sim de uma variação, que se converte frequentemente em hibridização direta.

O falante no romance

A variação insere livremente material linguístico alheio nos temas contemporâneos, combina o universo estilizado com o universo da consciência contemporânea, põe, experimentando, a linguagem estilizada em situações novas e impossíveis para ela mesma.

A importância da estilização, tanto direta como variação, é muito grande na história do romance e só perde para a importância da *paródia*. Nas estilizações, a prosa aprendeu a representar literariamente as linguagens — é verdade que linguagens que se constituíram e se formaram por via estilística (ou diretamente pelo estilo) e não de linguagens ainda cruas e amiúde potenciais do heterodiscurso vivo (linguagens em formação e ainda desprovidas de estilo). A representação da linguagem criada pela estilização é a representação mais tranquila e artisticamente concluída, que permite o máximo de estetismo acessível à prosa romanesca. Por isso grandes mestres da estilização como Prosper Mérimée, Stendhal, Anatole France, Henri de Régnier e outros foram os representantes do estetismo no romance (nos limites estreitos do acessível a esse gênero). A importância da estilização na época de formação das principais tendências e linhas estilísticas do gênero romanesco é um tema especial do qual trataremos no capítulo final que trata da história desse gênero.

Em outro tipo de interiluminação dialógica das linguagens, as intenções do discurso representador divergem das intenções do discurso representado, lutam contra elas, representam o efetivo mundo objetivo não por meio da linguagem representada como ponto de vista eficaz, mas por meio de sua destruição desmascaradora. Assim é a *estilização paródica*.

Entretanto, essa estilização paródica pode criar uma representação de linguagem e o universo a ela correspondente apenas sob a condição de não ser uma destruição vazia e superficial da linguagem do outro, como ocorre na paródia retórica. Para ser essencial e eficaz, a paródia deve ser justamente uma *estilização* paródica, isto é, deve recriar a linguagem parodiada como um todo substancial dotado de lógica interior e revelador de um universo especial inseparável da linguagem parodiada.

Entre a estilização e a paródia situam-se, como entre limites, as formas mais variadas de interiluminação das linguagens e dos híbridos diretos, formas essas determinadas por inter-relações ultradiversificadas de linguagens, de vontades linguísticas e discursivas, que se encontraram no âmbito de um enunciado. A luta que se desenvolve no interior do discurso, o grau de resistência oferecido pelo discurso parodiado ao parodiador, o grau de enformação das linguagens sociais representadas e o grau de sua individualização no processo de representação e, por último, o heterodiscurso circundante que sempre serve como campo dialogante e ressonador — tudo isso cria uma diversidade de procedimentos de representação da linguagem do outro.

A confrontação dialógica de linguagens puras no romance, paralela à sua hibridização e à interiluminação dialogada, é um poderoso recurso de criação de imagens e linguagens. A confrontação dialógica de *linguagens* (e não de sentidos no âmbito de uma linguagem) delineia os limites das linguagens, cria a sensação desses limites, obriga a que se sondem as formas plásticas das linguagens.

O próprio diálogo no romance, enquanto forma composicional, é inseparável do diálogo de linguagens que ressoa nos híbridos e nos campos dialogantes do romance. Por isso o diálogo no romance é um diálogo de tipo especial. Não pode, como já afirmamos, se esgotar nos diálogos temático--pragmáticos das personagens. Ele é prenhe de uma infinita diversidade de contraposições dialógicas e temático-pragmáticas que não o solucionam e não podem solucionar, que parecem apenas ilustrar (como um dos possíveis) esse irremediável diálogo profundo de linguagens, determinado pelo próprio processo de formação socioideológica das linguagens e da sociedade. O diálogo de linguagens não é apenas um diálogo entre grupos sociais na estática de sua coexistência, mas também um diálogo de épocas, de tempos e dias, daquilo que morre, vive e gera: a coexistência e a formação estão fundidas numa indissolúvel unidade concreta da diversidade contraditória e heterodiscursiva. Nesse diálogo estão imersos todos os diálogos temático-pragmáticos do romance: dele, isto é, do diálogo de linguagens, esses últimos tomam de empréstimo o seu impasse, sua impossibilidade de dizer tudo, sua concretude vital, sua "naturalidade", em suma, tudo o que hoje se distingue acentuadamente dos diálogos puramente dramáticos.

Nos diálogos e monólogos das personagens romanescas, as linguagens puras estão subordinadas às mesmas tarefas de criação da representação da linguagem no romance.

O próprio enredo está subordinado a essa tarefa de correlacionamento e interiluminação das linguagens. O enredo romanesco deve organizar a revelação das linguagens sociais e ideologias, sua exposição e sua experimentação: a experimentação da palavra, da visão de mundo e do ato ideologicamente fundamentado ou a exposição do ambiente dos universos e microuniversos sociais, históricos e nacionais (romances descritivos, de costumes e geográficos) ou dos universos socioideológicos das épocas (romance memorialístico, variedades de romance histórico) ou das idades e gerações em relação com as épocas e os universos socioideológicos (romances de educação e formação). Em suma, o enredo romanesco serve para representar os falantes e seus universos ideológicos. A criação de representações de linguagens é a tarefa estilística principal do gênero romanesco.[†]

* * *

[†] Reconhecer sua linguagem na linguagem do outro, seu horizonte no horizonte do outro. Uma tradução ideológica da linguagem do outro. Superação da alteridade só casual, externa e aparente.

A modernização eficaz no romance histórico, o apagamento das

Todo romance, do ponto de vista da linguagem e da consciência linguística nele personificadas, é um *híbrido*. Contudo, cabe salientar mais uma vez: é um híbrido intencional e social literariamente organizado e não uma obscura mistura mecânica de linguagens (ou melhor, de elementos de linguagens). A representação literária da linguagem é o objetivo da hibridização romanesca intencional.

Por isso o romancista não visa, absolutamente, a uma reprodução linguisticamente precisa e plena da empiria das linguagens alheias que introduz: visa apenas à moderação literária das representações dessas linguagens.

Por exemplo, o romance *Pedro I* de Aleksei Tolstói é um híbrido intencional da linguagem literária contemporânea com a linguagem da época de Pedro (a intenção do romance é uma interiluminação da época de Pedro e da nossa); contudo, a linguagem da época petrina está de todo ausente como uma realidade linguística reproduzida com precisão. A linguagem da época petrina é estilizada e artisticamente contida por Aleksei Tolstói como imagem da época e imagem da consciência da época.

O híbrido literário requer um trabalho gigantesco: é inteiramente estilizado, pensado, ponderado, distanciado. Assim, ele difere radicalmente da mistura de linguagens leviana, irrefletida e assistêmica numa série de prosadores atuais contra os quais Górki recentemente se rebelou, com muita razão.[54] Nesses híbridos não há uma combinação dos sistemas moderados de linguagem, mas simplesmente uma mistura de elementos da linguagem. Isto não é uma orquestração feita pelo heterodiscurso, e na maioria dos casos é simplesmente uma linguagem direta do autor não pura nem elaborada. Certo afastamento em relação à linguagem literária e

---

fronteiras dos tempos, reconhecer no passado o eterno presente. Um vínculo com o problema da deseroificação.

[54] Nesta relação não incluímos Fiódor Panfiôrov (1896-1960).

O falante no romance

ao pensamento literário tradicional, que o romance permite e exige (por exemplo, o afastamento de Cervantes em relação à linguagem romanesca de sua atualidade) nunca foi, é claro, o resultado de um mau conhecimento dessa linguagem: foi consequência da objetivação dessa linguagem como resultado de certos avanços sócio-históricos da época.

O romance não só não dispensa a necessidade de um conhecimento profundo e sutil da linguagem literária como ainda exige, além disso, o conhecimento também das linguagens do heterodiscurso. O romance requer a ampliação e o aprofundamento do horizonte linguístico, o aprimoramento de nossa percepção dos matizes e das diferenciações sociolinguísticas.

5

As duas linhas estilísticas
do romance europeu

O romance é uma expressão da consciência linguística galileiana que rejeitou o absolutismo de uma língua única e singular, isto é, rejeitou o reconhecimento de sua linguagem como o único centro verbossemântico do universo ideológico, e que apercebeu a multiplicidade de linguagens nacionais e, principalmente, sociais, igualmente capazes de serem "línguas da verdade" assim como linguagens relativas, objetas e limitadas dos grupos sociais, das profissões e do dia a dia. O romance pressupõe uma descentralização verbossemântica de um universo ideológico, certo desamparo linguístico da consciência literária que perdeu o meio linguístico incontestável e único do pensamento ideológico, que apareceu entre linguagens sociais no âmbito de uma língua e entre línguas nacionais no âmbito de uma cultura (helenística, cristã, protestante), de um universo político-cultural (os Estados gregos, o Império Romano, etc.).

Trata-se de uma reviravolta muito importante e, em essência, radical nos destinos do discurso humano: de uma libertação substancial das intenções semântico-culturais e expressivas em relação ao poder de uma língua única e singular e, consequentemente, da perda da sensação da língua como mito, como forma absoluta de pensamento. Para isto é insuficiente a descoberta da diversidade de línguas do universo cultural e da heterodiscursividade da própria língua nacional:

fazia-se necessária a descoberta da essencialidade desse fato e de todas as consequências daí decorrentes, o que só era possível em certas condições sócio-históricas.

Para que se tornasse possível o jogo literariamente profundo com as linguagens sociais, era necessária uma mudança radical da sensação da palavra no plano universalmente literário e linguístico. Fazia-se necessária uma familiarização com a palavra como manifestação objetal, característica, mas ao mesmo tempo intencional, era necessário aprender a sentir a "forma interior" (no sentido humboldtiano) na linguagem do outro e a "forma interior" de sua própria linguagem como alheia: era necessário aprender a sentir a forma objetal, a tipicidade, o característico não só das ações, dos gestos e palavras e expressões isoladas como também de pontos de vista, visões de mundo e percepções do mundo organicamente únicas, dotadas da linguagem que as exprimia. Isto só era possível para a consciência que comungasse organicamente no universo das linguagens que se iluminavam umas às outras. Para tanto, se fazia necessário um cruzamento substancial de linguagens numa consciência que igualmente comungasse nessas várias linguagens.

A descentralização do universo verboideológico, que encontra sua expressão no romance, pressupõe um grupo social substancialmente diferenciado, que se encontra numa tensa e essencial interação com outros grupos sociais. Um segmento fechado, uma casta, uma classe em seu núcleo interiormente único e estável, caso não sejam abrangidos pela desintegração nem retirados de seu equilíbrio interior e de sua autossuficiência, não podem ser um terreno socialmente eficaz para o desenvolvimento do romance: o fato do heterodiscurso e da diversidade de linguagens pode ser aqui tranquilamente ignorado pela consciência linguístico-literária da altura de sua incontestável língua única de autoridade. O heterodiscurso, por estar fora do âmbito desse universo cultural fechado dotado de sua linguagem literária, tem a capacidade de enviar para os gêneros inferiores apenas as imagens discursivas objetais, não intencionais, as palavras-coisa desprovidas de potências prosaico-romanescas. É necessário que o heterodiscurso sacuda a consciência cultural e sua linguagem, penetre em seus núcleos, relativize e livre da ingênua indiscutibilidade o sistema basilar de linguagem da ideologia e da literatura.

Mas até isso é pouco. Até uma coletividade desintegrada por contradições de classe e pela luta social, se permanece nacionalmente fechada e isolada, ainda é um terreno social insuficiente para uma profunda relativização da consciência linguístico-literária, para a sua reconstrução em um novo modo prosaico. A heterodiscursividade interior de um dialeto literário e de seu entorno extraliterário, isto é, de toda a composição dialetológica de dada língua nacional, deve perceber-se envolta por um oceano de heterodiscursos, e ademais essencial, que se revele na plenitude de sua intencionalidade, de seus sistemas mitológicos, religiosos, sociopolíticos, literários e de outros sistemas ideológico-culturais. Vá que essa diversidade extranacional de línguas não penetre no sistema da linguagem literária e dos gêneros em prosa (como ali penetram os dialetos extraliterários da mesma língua), mas essa diversidade externa de línguas reforçará e aprofundará a heterodiscursividade interior da própria linguagem literária, enfraquecerá o poder da lenda e das tradições que ainda tolhem a consciência linguística, desintegrará o sistema do mito nacional que organicamente integrou-se à língua e, em suma, destruirá pela primeira vez e de forma integral a sensação mítica e mágica da linguagem e da palavra. A comunhão essencial com outras culturas e línguas (uma é impossível sem a outra) levará inevitavelmente à separação das intenções e da linguagem, do pensamento e da linguagem, da expressão e da linguagem.

Falamos da separação em termos de destruição dessa junção absoluta entre o sentido ideológico e a linguagem,

As duas linhas estilísticas do romance europeu   169

junção essa que define o pensamento mitológico e mágico. A possibilidade de junção absoluta entre a palavra e o sentido ideológico concreto é, sem dúvida, uma das peculiaridades constitutivas essenciais do mito, que determina o desenvolvimento das imagens mitológicas, por um lado, e, por outro, a sensação específica das formas da linguagem, dos significados e combinações estilísticas. O pensamento mitológico está sob o poder da linguagem, que gera de si mesma a realidade mitológica e apresenta seus vínculos e inter-relações linguísticas como vínculos e inter-relações dos elementos da própria realidade (a transformação das categorias de linguagem e das dependências para as categorias teogônicas e cosmogônicas), mas a linguagem também está sob o poder das imagens do pensamento mitológico, que minam seu movimento intencional — criando obstáculos para que as categorias de linguagem ganhem identidade e flexibilidade e uma configuração formal mais pura como resultado de sua junção com as relações externas concretas — e limitam as possibilidades expressivas da palavra.[55]

É claro que essa plenitude do poder do mito sobre a linguagem, e da linguagem sobre a percepção da realidade e o pensamento, está situada no passado da consciência linguís-

---

[55] Aqui não podemos entrar na essência da inter-relação entre linguagem e mito. Na respectiva literatura essa questão foi tratada até recentemente em um plano psicológico com diretriz centrada no folclore e desvinculada dos problemas concretos da história da consciência linguística (Heymann Steinthal, Moritz Lazarus, Wilhelm Wundt e outros). Entre nós, na Rússia, essas questões foram colocadas em vinculação essencial por Aleksandr Potiebniá e Aleksandr Vesselóvski. Uma vinculação mais importante com as questões da linguística aparece nas obras de Hermann Usener e, particularmente, de Ernst Cassirer em *A filosofia das formas simbólicas* (1923). Nas obras de Wilhelm Dilthey e sua escola encontramos referências aos acontecimentos essenciais da história da consciência linguística. O acadêmico Nikolai Marr e seus discípulos lançam uma nova luz sobre essa problemática com a jafeticologia.

tica, que é pré-histórico e, por isso, inevitavelmente hipotéti-co.[56] Mas também onde o absolutismo desse poder foi abolido há muito tempo — ainda nas épocas históricas da consciência linguística — a sensação mitológica da autoridade da linguagem e a naturalidade da atribuição de todo o sentido e de toda a sua expressão à sua unidade indiscutível são, em todos os gêneros ideológicos elevados, fortes o bastante para excluir a possibilidade do emprego literariamente substancial da heterodiscursividade da linguagem nas grandes formas da literatura. A resistência de uma língua canônica única, respaldada pela unidade ainda inabalável do mito nacional, continua sendo forte demais para permitir que o heterodiscurso relativize e descentralize a consciência linguístico-literária. Essa descentralização verboideológica só ocorrerá quando uma cultura nacional deixar de ser fechada e autossuficiente, quando ela tomar consciência de si mesma entre outras culturas e línguas. Isto solapará as raízes da sensação mitológica de linguagem que se funda na fusão absoluta do sentido ideológico com a linguagem; suscitará a aguda sensação dos limites da linguagem, dos limites sociais, nacionais e semânticos; a língua se revelará em sua característica humana, por trás de suas palavras, formas e estilos começarão a transparecer figuras nacionalmente características, socialmente típicas, imagens de falantes, e isso ocorrerá por trás de absolutamente todas as camadas da língua e até das mais intencionais — das linguagens dos gêneros ideológicos elevados. A linguagem, ou melhor, as próprias linguagens se tornarão uma representação literariamente acabada da percepção e visão do mundo características do homem. De personificação indiscutível e única do sentido e da verdade a linguagem se tornará uma das possíveis hipóteses de operação do sentido.

[56] Pela primeira vez esse campo hipotético começa a se tornar patrimônio da ciência na "paleontologia dos significados" dos jafeticólogos.

As duas linhas estilísticas do romance europeu

A questão também é análoga onde a linguagem literária única e singular é a linguagem do outro. É necessário que haja a desintegração e a queda da autoridade religiosa, política e ideológica vinculada a essa linguagem. É no processo dessa desintegração que amadurece a consciência linguística prosaico-literária descentralizada, que se baseia no heterodiscurso social das línguas nacionais faladas.

Assim surgem os embriões da prosa romanesca no universo heterolinguístico e heterodiscursivo da época helenística, na Roma imperial, no processo da desintegração e do fim da centralização eclesiástica verboideológica da Idade Média. Assim, também na modernidade o florescimento do romance está sempre vinculado à decomposição dos sistemas verboideológicos estáveis, ao fortalecimento e à intencionalização da heterodiscursividade da linguagem tanto no âmbito do próprio dialeto literário como fora dele.

* * *

A questão da prosa romanesca antiga é muito complexa. Neste campo, os embriões da autêntica prosa bivocal e bilinguística nem sempre satisfizeram ao romance como uma construção composicional e temática precisa, o que até se deve ao predomínio do progresso em outras formas de gênero: nas novelas realistas, nas sátiras,[57] em algumas formas

---

[57] É amplamente conhecido o autoenfoque irônico nas sátiras de Horácio. O dilteano Georg Misch (*Geschichte der Autobiographie* [História da autobiografia], vol. I: *Das Altertum*, Leipzig, B. G. Teubner, 1907) destaca com toda razão a importância dessas sátiras para a história do realista *Ichroman* [romance em primeira pessoa] e aplica a elas o termo de Gaston Paris: "fragmentos de uma confissão sem arrependimento", p. 223. Paris aplicou essa expressão ao poeta prosaico Villon (Gaston Paris, *François Villon*, Paris, Hachette, 1901). A diretriz humorística aplicada ao próprio "eu" nas sátiras sempre inclui elementos de estilização paródica dos enfoques habituais, pontos de vista alheios e opiniões correntes. As sátiras de Marco Varrão se aproximam ainda mais da orquestração roma-

biográficas e autobiográficas,[58] em alguns gêneros genuinamente retóricos (por exemplo, na diatribe),[59] nos gêneros históricos e, por fim, nos epistolares.[60] Aqui encontramos por toda parte embriões da plena orquestração prosaico-romanesca do sentido pelo heterodiscurso. Nesse plano bivocal autenticamente prosaico foram construídas também as variantes que nos chegaram do "romance sobre o asno" (a pseudo-luciânica e a de Apuleio) e do romance de Petrônio.

Desse modo, formaram-se em solo antigo os mais importantes elementos do romance bivocal e bilinguístico, que,

---

nesca. A sátira *Sesculixes* oferece uma representação humorística das aventuras vivas e espirituais do herói (o autor); pelos fragmentos que se conservaram pode-se fazer uma ideia da existência de uma estilização paródica do discurso da ciência e da pregação moral. Wilhelm Schmid, no livro *Der griechische Roman* [O romance grego], analisa essa obra como um protótipo para o posterior desenvolvimento da sátira menipeia na forma do *Ichroman*. Encontramos valiosíssimas sugestões e materiais na seção do referido livro de Misch intitulada "Die Selbstdarstellung in den realistischen Literaturformen" [A autorrepresentação nas formas literárias realistas], pp. 216-28.

[58] Em *A apologia de Sócrates* há elementos de orquestração pelo heterodiscurso e embriões do autêntico estilo em prosa. A imagem de Sócrates e dos seus discursos é de natureza autenticamente prosaica na obra de Platão. Entretanto, são especialmente interessantes as formas de autobiografia cristã que combinam a história confessional da conversão com elementos do romance de aventuras e de costumes, sobre os quais nos chegaram referências (as próprias obras não se conservaram): Diógenes Crisóstomo, Justino (o mártir), Cipriano e o chamado círculo de lendas de Clementino. Por último, encontramos os mesmos elementos em Boécio.

[59] Entre todas as formas retóricas do helenismo, a diatribe incorpora as maiores potencialidades de prosa romanesca: admite e até requer uma variedade de maneiras discursivas, uma reprodução dramática e histórico-paródica de pontos de vista alheios, admite a mistura de poesia e prosa, etc. Cf. Paul Wendland, *Die hellenistisch-römische Kultur* [A cultura greco-romana], Tübingen, J. C. B. Mohr, 1912, cap. 5. Sobre a relação das formas retóricas com o romance, ver adiante.

[60] Basta mencionar as cartas de Cícero a Ático.

As duas linhas estilísticas do romance europeu

na Idade Média e na Idade Moderna, exerceram uma poderosa influência sobre as mais importantes variedades do gênero romanesco: sobre o romance de provação (seu ramo hagiográfico-confessional-problemático-aventuresco — até Dostoiévski e os nossos dias), sobre o romance de educação e formação, especialmente sobre seu ramo autobiográfico, sobre o romance satírico de costumes, etc.; isto é, exatamente sobre aquelas variedades do gênero romanesco que introduzem imediatamente o heterodiscurso dialogizado em sua composição, e ainda mais o heterodiscurso dos gêneros inferiores e de costumes. Contudo, no próprio solo antigo esses elementos se dispersaram por diversos gêneros, não se fundiram no leito caudaloso e único do romance, limitando-se a determinar protótipos isolados de precária complexidade dessa linha estilística do romance (Apuleio e Petrônio).

Pertencem a outra linha estilística bem diferente os chamados "romances sofistas".[61] Esses romances se caracterizam por uma estilização acentuada e coerente de todo o material, isto é, por uma moderação puramente monológica do estilo (abstratamente idealizado). Entretanto, são exatamente os romances sofistas que, em termos de tema e composição, parecem exprimir com mais plenitude a natureza do gênero romanesco em solo antigo. Eles exerceram a mais poderosa

[61] Sobre eles, cf.: Erwin Rohde, *Der griechische Roman und seine Vorläufer* [O romance grego e seus precursores], Leipzig, Breitkopf und Härtel, 1914; Eduard Schwartz, *Fünf Vorträge über den griechischen Roman* [Cinco conferências sobre o romance grego], Berlim, G. Reimer, 1896; Wilhelm Schmid, *Der griechische Roman*, Neue Jahrbücher für das klassische Altertum, XIII [O romance grego, Novos Anuários de Antiguidade Clássica, XIII].

Em russo, cf. Boris Griftsov, *Teória romana* [Teoria do romance], e também o artigo introdutório de A. V. Bóldiriev à tradução do romance de Aquiles Tácio, *Leucipe e Clitofonte*, Moscou, Vsiemírnaia Literatura, 1925; o artigo lança luz sobre a situação contemporânea da questão do romance sofístico.

influência também sobre o desenvolvimento das variedades elevadas do gênero do romance europeu quase até o século XIX: sobre o romance medieval, sobre o romance dos séculos XV-XVI (sobre *Amadis de Gaula* e, especialmente, sobre o romance "pastoril"), sobre o romance barroco e, por último, até sobre o romance dos iluministas (por exemplo, de Voltaire). Foram eles que determinaram consideravelmente as concepções teóricas do gênero romanesco e suas necessidades, que dominaram até fins do século XVIII.[62]

A estilização abstrato-idealizadora do romance sofista admite certa diversidade de maneiras estilísticas, o que é inevitável quando há diversidade de partes construtivas relativamente autônomas e de gêneros introduzidos em abundância na composição do romance: narração do autor e narrações das personagens e testemunhas, descrições de um país, da natureza, de cidades e curiosidades, de obras de arte, descrições que tendem ao fechamento e a certo valor especial, juízos que também tendem a uma completa exaustão de seus temas científicos, filosóficos, morais, aforismos, relatos intercalados, discursos retóricos vinculados a diferentes formas

---

[62] Essas concepções manifestaram-se na primeira e mais autorizada pesquisa sobre o romance: o livro de Pierre-Daniel Huet, *Traité de l'origine des romans* [Tratado sobre a origem dos romances] (1670). No campo das questões específicas do romance antigo, esse livro só teve continuidade na obra de Erwin Rohde, isto é, duzentos anos depois (1876). No campo do pensamento crítico-literário, encontramos novas concepções sobre a ideia e as tarefas do gênero romanesco no livro de Christian Friedrich von Blankenburg, que saiu em edição anônima com o título *Versuch über den Roman* [Ensaio sobre o romance] (1774) e um pouco antes no famoso prefácio de Wieland a *[A história de] Agatão* (1766-67). Baseando-se predominantemente nos romances de Wieland (exatamente em *Agatão*) e Fielding, Blankenburg desenvolve a ideia do problemático e psicológico "romance de educação", que representa a formação do homem, seu caminho "para a natureza e a verdade" através de um mundo heterodiscursivo. Desse modo, começa com Blankenburg a apreensão teórica dos aspectos substanciais do gênero romanesco.

As duas linhas estilísticas do romance europeu

retóricas, cartas, diálogo desenvolvido. É verdade que o grau de autonomia estilística dessas partes diverge acentuadamente da autonomia construtiva e de seu acabamento em gênero, mas o principal é que todas elas parecem igualmente convencionais, situam-se na mesma superfície verbo-semântica, exprimem de forma idêntica e imediata as intenções do autor.

Contudo, a própria convencionalidade e a extrema coerência (abstrata) dessa estilização são, por si mesmas, específicas. Por trás dessa convencionalidade não há nenhum sistema — religioso, sociopolítico, filosófico, etc. — ideológico único, substancial e sólido. O romance sofista é absolutamente descentralizado em termos ideológicos (como toda a retórica da "segunda sofística"). Aí, a unidade do estilo está à mercê de si mesma, não se enraíza em nada nem é reforçada pela unidade do universo ideológico-cultural: a unidade desse estilo é periférica, "convencional". O caráter abstrato e o extremo ensimesmamento dessa estilização sugere um oceano de heterodiscurso substancial, do qual brota a unidade verbal dessas obras, e brota sem superar em absoluto esse heterodiscurso através da imersão em seu objeto (como na autêntica poesia). Contudo, infelizmente desconhecemos em que medida esse estilo foi destinado à recepção exatamente no campo desse heterodiscurso. Porque não está inteiramente excluída a possibilidade de que seus elementos se correlacionassem dialogicamente com as respectivas linguagens do heterodiscurso. Não sabemos que funções aí exercem, por exemplo, as numerosíssimas e heterogêneas reminiscências que preenchem esses romances: se é uma reminiscência imediatamente intencional, como a reminiscência poética, ou outra, como a prosaica — isto é, essas reminiscências talvez sejam formações bivocais. Será que os juízos e sentenças são sempre imediatamente intencionais, plenos de sentidos? Será que não têm amiúde um caráter irônico ou imediatamente paródico? Em diversos casos, seu próprio lugar composicional nos leva a supor tal coisa. Assim, onde os juízos longos e abstratos exercem função retardatária e interrompem a narração em seu momento crucial e tenso, seu caráter desproposital (sobretudo onde os juízos pedantemente exaustivos se agarram a um pretexto deliberadamente casual) lança uma sombra sobre eles e provoca a suspeita de uma estilização paródica.[63][†]

Em geral, é muito difícil descobrir a paródia quando não é grosseira (isto é, onde é literariamente prosaica) se não se conhece o seu outro campo verbal, o seu segundo contexto. É provável que na literatura universal não sejam poucas as obras de cujo caráter paródico sequer suspeitemos em nossos dias. Como veremos adiante, existem tipos e variedades de discurso bivocal cuja bivocalidade mui facilmente desaparece mas, em sua reacentuação monovocal imediata, não perdem a plenitude de seu significado literário (fundem-se à massa de discursos diretos do autor).

É indiscutível a existência de estilização paródica e outras variedades de discurso bivocal no romance sofista,[64] porém é difícil dizer qual é o seu peso específico nesse romance. Perdeu-se consideravelmente para nós o campo verbo-semântico heterodiscursivo em que ecoavam esses romances e com o qual eles estavam dialogicamente correlacionados. Talvez a estilização abstrato-linear, que nesses romances nos parece muito uniforme e superficial, no campo do heterodiscurso de

[63] Compare-se com uma forma extremada desse procedimento em Sterne e com as mais variadas hesitações de grau paródico em Jean Paul.

[†] Na literatura universal são muito poucas as palavras pronunciadas sem convenção e puramente monovocais. Entretanto, olhamos para a literatura universal a partir de uma ilhota de cultura verbal monótona e monovocal muito limitada no espaço e no tempo.

[64] Assim, no referido artigo, Bóldiriev acentua o emprego paródico do tradicional motivo do sono premonitório por Aquiles Tácio. Aliás, Bóldiriev considera que o romance de Tácio se desvia do tipo tradicional no sentido de uma aproximação com o romance cômico de costumes.

As duas linhas estilísticas do romance europeu

sua atualidade parecesse mais viva e diversificada, pois entrava em jogo bivocal com elementos desse heterodiscurso e lhes fazia eco dialógico.

O romance sofista inicia a *primeira* (como a chamamos convencionalmente) *linha estilística do romance europeu*. À diferença da segunda linha, que em solo antigo apenas dava os primeiros passos nos mais diversos gêneros e ainda não se enformara como um tipo acabado de romance (nem o romance de Apuleio nem o de Petrônio podem ser considerados um tipo acabado dessa segunda linha), a primeira linha encontrou no romance sofista uma expressão bastante plena e acabada, que determinou, como já dissemos, toda a história subsequente dessa linha. Sua peculiaridade fundamental são a língua única e o estilo único (moderado com um pouco de rigor); o heterodiscurso permanece fora do romance, mas o determina como campo dialogante com o qual a linguagem e o universo do romance se correlacionam de forma polêmica e apologética.

Na história subsequente do romance europeu também observamos as mesmas linhas basilares de seu desenvolvimento estilístico. A segunda linha, à qual pertencem os maiores representantes do gênero romanesco (as variedades e obras isoladas), introduz o heterodiscurso social na composição do romance, orquestrando com ele seu sentido e amiúde recusando inteiramente o discurso direto e puro do autor. A primeira linha, que sofreu de forma mais intensa também a influência do romance sofista, mantém fora de seu âmbito (no essencial) o heterodiscurso, isto é, fora da linguagem do romance; essa linguagem é especificamente estilizada ao modo romanesco, mas, como já foi dito, está fixada em sua recepção exatamente no campo do heterodiscurso, correlacionando-se dialogicamente com os diversos elementos desse heterodiscurso. A estilização abstrata idealizadora de tais romances é determinada, consequentemente, não só por seu objeto e pela expressão direta do falante (como no discurso puramente poético), mas também pelo discurso do outro, pelo heterodiscurso. Essa estilização envolve uma mirada para linguagens alheias, para outros pontos de vista e outros horizontes concreto-semânticos. Essa é uma das diferenças substanciais entre a estilização romanesca e a estilização poética.

Tanto a primeira como a segunda linha estilística do romance dividem-se, por sua vez, em diversas variações estilísticas. Por último, ambas as linhas se cruzam e se entrelaçam em termos multiformes, isto é, a estilização do material se une à sua orquestração heterodiscursiva.

* * *

Algumas palavras sobre o romance de cavalaria clássico em versos.

A consciência linguístico-literária (e, de forma mais ampla, linguístico-ideológica) dos criadores e do público desses romances era complexa. De um lado, era socioideologicamente centralizada, constituindo-se no terreno firme e estável de uma casta-classe. Essa consciência era quase de casta por seu firme fechamento social e sua autossuficiência. Ao mesmo tempo, porém, não tinha uma língua única, organicamente agregada ao universo ideológico-cultural único do mito, das lendas, crendices, tradições e sistemas ideológicos. Em termos linguístico-culturais, tal consciência era profundamente descentralizada e em grande medida internacional. Era, antes de tudo, constitutivo dessa consciência linguístico-literária o divórcio entre a linguagem e o material, por um lado, e o material e a realidade contemporânea, por outro. Ela vivia em um mundo de línguas alheias e culturas alheias. No processo de elaboração, assimilação e subordinação dessas línguas e culturas à unidade do seu horizonte de casta e classe e dos seus ideais e, por último, no processo de sua contraposição ao heterodiscurso circundante dos baixos segmentos populares, medrava e formava-se a consciência linguístico-literária dos criadores e ouvintes do romance de cavalaria em versos. Ela operava constantemente com a palavra do outro e o universo do outro: a literatura antiga, a lenda cristã primordial, as lendas céltico-bretãs (mas não a epopeia popular original, que chegou ao seu florescimento na mesma época que o romance de cavalaria, paralelamente a ele mas sem depender dele nem influenciá-lo de qualquer maneira) — tudo isso serviu como material heterogêneo e heterolinguístico (o latim e as línguas nacionais) no qual se encarnava, superando sua condição de estranha, a unidade da consciência de casta e classe do romance de cavalaria. A tradução, a elaboração, a reapreensão e a reacentuação — uma orientação mútua de múltiplos estádios na palavra do outro e na entonação do outro —, eis o processo de formação da consciência literária que criou o romance de cavalaria. Admitamos que nem todas as etapas desse processo de mútua orientação na palavra do outro tenham sido construídas pela consciência individual desse ou daquele criador de romance de cavalaria; no entanto, esse processo foi realizado na consciência linguístico-literária da época e determinou a criação de indivíduos isolados. O material e a linguagem não foram dados numa unidade incondicional (como para os criadores da epopeia); eram desintegrados, dispersos e deviam procurar uns aos outros.

É isso que determina a originalidade do estilo do romance de cavalaria. Neste não há nem um pingo de ingenuidade linguística e discursiva. A ingenuidade (se é que existe nesse tipo de romance) deve ser atribuída a uma unidade de casta e classe consolidada, ainda não desintegrada. Essa unidade conseguiu penetrar em todos os elementos do material alheio, conseguiu reformulá-los e reacentuá-los a tal ponto que o universo desses romances nos parece um universo épico e único. O clássico romance de cavalaria em versos está de fato situado na fronteira entre a epopeia e o romance, mas ainda assim atravessa nitidamente essa fronteira em direção ao romance. Protótipos mais profundos e completos desse gênero como o *Parsifal* de Wolfram von Eschenbach já são romances autênticos. Não se pode mais situar o *Parsifal* de Wolfram na primeira linha estilística pura do romance. Esse romance é o primeiro romance alemão profunda e essencialmente bivocal, que conseguiu compatibilizar a incondicionalidade de suas intenções com a observância sutil e sábia das distâncias em relação à linguagem, com a leve natureza objetal e a relatividade dessa linguagem, minimamente deslocada dos lábios do autor por um leve riso irônico.[65]

* * *

Em termos de linguagem, a questão é análoga às primeiras obras de romance em prosa. Neste caso, o elemento da tradução e da elaboração é ainda mais acentuado e grosseiro. Pode-se dizer francamente que a prosa romanesca europeia nasce e elabora-se no processo de tradução livre (reenformadora) de obras alheias. O elemento da tradução, na própria acepção do termo, só não foi tão característico no processo de surgimento da prosa romanesca francesa; aqui, o elemento mais importante desse processo foi a "transposição" de poemas épicos para a prosa: o romance em prosa é um *roman dérimé*. Já o nascimento da prosa romanesca na Alemanha é, em particular, simbolicamente notório: aqui ela é cria-

---

[65] *Parsifal* é o primeiro romance problemático e romance de formação (*Entwicklungsroman*). Ele inaugura uma série: *Parsifal — Simplicissimus — Os anos de aprendizado de Wilhelm Meister — Grüner Heinrich* [O verde Henrique].

Essa variedade de gêneros, diferentemente do gênero do romance de educação puramente didático (retórico) e predominantemente monovocal (*A educação de Ciro, Telêmaco, Emílio*), requer um discurso bivocal. Uma mudança original dessa variedade é o romance humorístico de educação com um leve matiz paródico: *Tom Jones*, de Fielding; *Agatão*, de Wieland; *Tobias Knaut*, de Johann Karl Wezel; *Lebensläufe nach aufsteigender Linie* [Percursos de vida em linha ascendente], de Hippel; e *Titan*, de Jean Paul.

As duas linhas estilísticas do romance europeu   181

da por uma aristocracia francesa germanizada, que traduz ou transpõe prosa ou poemas franceses. A condessa Elisabeth von Nassau-Saarbrücken (1394-1456) traduz para o alemão (*Loher und Maller*) a prosa francesa que sua mãe havia traduzido trinta anos antes de fonte latina para o francês. Em seguida, essa iniciadora do romance alemão em prosa traduz em prosa algumas canções épicas francesas. Assim tem início a prosa romanesca na Alemanha.

A consciência linguística dos criadores do romance em prosa era plenamente descentralizada e relativizada. Vagueava desimpedida entre as línguas à procura dos seus materiais, livrando com leveza qualquer material de qualquer língua (no círculo das acessíveis) e fazendo-o comungar com "sua" língua e seu mundo. E essa "sua língua" — ainda instável, ainda em constituição — não oferecia nenhuma resistência ao tradutor-transpositor. Disto resultou a total ruptura entre a língua e o material, a profunda indiferença de um pelo outro. É dessa estranheza mútua entre a língua e o material que nasce o "estilo" dessa prosa.

No fundo, aqui ainda não se pode falar de estilo, mas apenas de forma de exposição. Aí se dá exatamente a substituição do estilo pela exposição. O estilo é determinado por uma atitude substancial e criadora do discurso com seu objeto, com o próprio falante e com a palavra do outro; ele procura fazer o material comungar organicamente com a linguagem e a linguagem com o material. O estilo não expõe, absolutamente, algo já constituído e verbalmente enformado, algo dado a despeito dessa exposição: o estilo ou penetra de forma imediata e direta no objeto, como em poesia, ou refrata as suas intenções, como na prosa literária (ora, o prosador romancista também não expõe o discurso alheio, mas cria deste uma representação literária). Assim, o romance de cavalaria em versos, embora também tenha sido determinado pela ruptura entre o material e a língua, supera essa ruptura, põe o material em comunhão com a linguagem e cria uma variedade especial de um autêntico estilo romanesco.[66] Já a primeira prosa romanesca europeia nasce e se forma exatamente como *prosa de exposição*, e isto determinou os seus destinos por um longo tempo.

Claro que não é só o puro fato da tradução livre de textos alheios e não só o internacionalismo cultural dos seus criadores que determinam a especificidade dessa prosa expositiva — pois tanto os seus criadores como os ouvintes do romance de cavalaria em versos eram bastante internacionalistas em termos de cultura —, mas antes de tudo o fato de que nessa prosa já não havia uma base social única e forte, a autossuficiência firme e tranquila de uma casta-classe. O romance de cavalaria em prosa, à diferença do romance em verso, é determinado pela desintegração da cavalaria feudal. Além disso, esse romance se afasta do núcleo de classe, habitualmente mais estável, rumo à periferia de uma classe abrangida por uma acentuada desclassificação, que até começa simplesmente a se adaptar às exigências ideológicas e ao gosto de uma burguesia que se fortalece. Como se sabe, na história do romance de cavalaria em prosa a edição de livros desempenhou um papel de suma importância, deslocando e mesclando socialmente o seu público.[67] Foram essas edições que propiciaram a tradução do discurso para o registro mudo da recepção, tradução essa que foi substancial para o gênero romanesco. Essa desorientação social do romance em prosa se aprofunda cada vez mais em seu sucessivo desenvolvimento, tem início uma errância social do romance de cava-

[66] O próprio processo de tradução e assimilação de material alheio aqui não se realiza na consciência individual dos criadores do romance: esse processo, que foi longo e teve múltiplas fases, realizou-se na consciência linguística e literária de uma época e de uma classe; a consciência individual não o iniciou nem o concluiu, apenas entrou em comunhão com ele.

[67] No final do século XV e início do XVI saem edições impressas de quase todos os romances de cavalaria criados até então.

As duas linhas estilísticas do romance europeu

laria criado nos séculos XIV e XV, errância essa que culmina em sua transformação numa "literatura popular" para leitura de grupos socialmente inferiores, de onde os românticos (Joseph Görres e outros) o trouxeram de volta para a luz de uma consciência literária qualificada.

Detenhamo-nos um pouco na especificidade desse primeiro discurso prosaico-romanesco separado do material e não penetrado pela unidade da ideologia social, cercado de heterodiscurso e diversidade de linguagens e desprovido de qualquer apoio e centro nessa diversidade de linguagens. Esse discurso errante e em nada enraizado devia tornar-se especificamente convencional; não com a convencionalidade sadia do discurso poético, mas com aquela convencionalidade que fosse o resultado da impossibilidade de se empregar e enformar o discurso literariamente e de modo integral, em todos os seus momentos.

No discurso separado do material e de uma unidade orgânica e sólida há muito de supérfluo, desnecessário, que não se presta a uma autêntica apreensão artística. Todo esse supérfluo que há no discurso precisa ser neutralizado ou de certo modo organizado para que não atrapalhe, a palavra deve ser tirada do estado de matéria crua. É a este fim que serve a convencionalidade específica: tudo o que não pode ser apreendido encaixa-se numa forma convencional padrão, aplaina-se, lustra-se, pole-se, ornamenta-se, etc. Tudo o que carece de autêntica apreensão literária deve ser justificado por uma aceitação convencional geral e pela ornamentação.

O que resta ao discurso separado tanto do material como da unidade ideológica, com sua imagem sonora, sua inesgotável riqueza de formas variadas, matizes e nuances da estrutura sintática intencional, com sua inesgotável polissemia concreta e social? Tudo isso é desnecessário ao discurso expositor, pois é impossível integrar organicamente tudo isso com o material, perpassá-lo de intenções. Por essa razão, subordina-se tudo isso a um arranjo convencional externo: a imagem sonora tende a uma harmonia vazia, e a estrutura sintática intencional a uma leveza e uma fluência vazias ou a uma complexificação retórica igualmente vazia e ao empolamento, a um ornamentalismo externo, ao passo que a polissemia tende a uma univocidade vazia. A prosa expositiva pode, é claro, adornar-se em profusão com tropos poéticos, mas estes carecem de um significado poético pleno.

Por esse meio a prosa expositiva como que legaliza e canoniza o divórcio absoluto entre a linguagem e o material, encontra para este uma forma de superação convencional e aparente. Agora lhe é acessível qualquer material de qualquer fonte. Para ela, a linguagem é o elemento neutro e ademais agradável e adornado, que permite concentrar-se na capacidade de interessar, na significação externa, na agudeza, no potencial comovedor do próprio material.

Nessa direção, a prosa expositiva do romance de cavalaria segue o seu desenvolvimento até chegar ao auge em *Amadis de Gaula*[68] e, posteriormente, no romance pastoril. Entretanto, nesse processo de desenvolvimento a prosa expositiva vai-se enriquecendo com elementos novos e essenciais, que lhe permitem aproximar-se do autêntico estilo romanesco e definir a primeira linha estilística basilar de desenvolvimento do romance europeu. É verdade que a plena reunificação orgânica e a interpenetração da linguagem e do material no terreno do romance não ocorrem aí, mas na segunda linha, no estilo que refrata e orquestra as suas intenções, isto é, no caminho que se tornou fundamental e o mais eficaz na história do romance europeu.

No processo de desenvolvimento da prosa expositiva, elabora-se a peculiar categoria axiológica de "literariedade

---

[68] Separado de seu terreno espanhol, *Amadis* tornou-se um romance plenamente internacional. Esse internacionalismo e a total ausência de terreno socioideológico permitiu que ele se tornasse uma enciclopédia de temas e enredos de todos os tempos e povos.

da linguagem" ou — mais próximo do espírito da concepção já mencionada — do "enobrecimento da linguagem". Não se trata de uma categoria estilística na exata acepção do termo, pois não há por trás dela quaisquer exigências definidas de gênero, essenciais em termos literários: ao mesmo tempo, porém, não se trata de uma categoria linguística que destaca a linguagem literária como uma unidade sociodialetológica definida. A categoria de "literariedade" e "enobrecimento" situa-se na fronteira entre a exigência estilística e a avaliação, a constatação linguística e a normatização (isto é, a consideração da pertença de dada forma a certo dialeto e o estabelecimento de sua exatidão linguística).[†]

Em diferentes línguas nacionais e em diferentes épocas, essa categoria geral, como que extragênero, de "literariedade da linguagem" é preenchida por um conteúdo concreto diverso e tem importância diferente tanto na história da literatura como na história da linguagem literária. Mas sempre e em toda parte o campo de ação dessa categoria é a linguagem falada por um círculo literário cultivado (em nosso caso, por todos os que pertencem à "sociedade nobre"), a linguagem escrita dos seus gêneros cotidianos e semiliterários (cartas, diários, etc.), a linguagem dos gêneros socioideológicos (discursos vários, juízos, descrições, artigos, etc.), enfim, os gêneros da prosa literária, sobretudo o romance. Noutros termos, essa categoria pretende regular o campo da linguagem da literatura e do cotidiano que não é regulado por gêneros constituídos e rigorosos com suas exigências definidas e diferenciadas voltadas para a sua linguagem: a categoria de "literariedade geral", evidentemente, nada tem a fazer no

---

† Cabe desenvolver com plena amplitude a análise da categoria de literariedade: abordar sua popularidade, sua acessibilidade, sua adaptação ao plano aperceptivo para que o que foi enunciado possa ser facilmente situado nesse plano sem se tornar dialogizado, sem suscitar dissonâncias dialógicas. É uma questão de fluência, de atenuação.

campo da lírica, da epopeia e da tragédia. Ela regula o heterodiscurso escrito e falado, que contorna inteiramente os gêneros poéticos estáveis e rigorosos, cujas exigências para com a linguagem não podem, em hipótese nenhuma, aplicar-se à linguagem falada nem à linguagem escrita do cotidiano.[69] Ela procura ordenar esse heterodiscurso, canonizar para ele certo estilo de linguagem.

Repetimos: o conteúdo concreto dessa categoria de literariedade da linguagem extragênero como tal pode ser profundamente diverso, ter diferentes graus de precisão e concretude, basear-se em diferentes intenções ideológico-culturais, ser motivado por diferentes interesses e valores: assegurar a natureza fechada de um segmento privilegiado ("a linguagem de uma sociedade nobre"), proteger os interesses locais-nacionais, por exemplo, reforçar a supremacia do dialeto toscano na linguagem literária italiana, defender os interesses da centralização político-cultural como, por exemplo, na França do século XVII. Demais, essa categoria pode ter diferentes realizadores concretos como, por exemplo, uma gramática acadêmica, uma escola, salões, correntes literárias, determinados gêneros, etc. Essa categoria pode ainda tender para o seu limite linguístico, isto é, para a exatidão verbal: neste caso, ela chega à máxima generalização, mas, em contrapartida, perde quase todo o colorido e toda a precisão ideológica (neste caso, ela se automotiva: "esse é o espírito da língua", "assim se diz em francês"). Ao contrário, porém, pode tender para o seu limite estilístico: aqui o seu conteúdo concretiza-se ideologicamente e ganha certa precisão semântico-objetiva e expressiva e caráter tendencial, suas exigências qualificam de certo modo o falante e o escritor (e nesse caso

---

[69] Esse campo de ação da categoria de "literariedade da linguagem" pode restringir-se em outras épocas, quando esse ou aquele gênero semiliterário elabora um cânone estável e diferenciado (por exemplo, o gênero epistolar).

ela se automotiva: "assim deve pensar, falar e escrever qualquer homem distinto" ou "todo homem fino e sensível", etc.). No último caso, a "literariedade" que rege os gêneros vivos e cotidianos (conversas, cartas, diários) não pode deixar de exercer influência — às vezes muito profunda — sobre o pensamento vital e até sobre o próprio estilo de vida, criando "pessoas literárias" e "atos literários". Enfim, o grau de eficácia histórica e essencialidade dessa categoria na história da literatura e da linguagem literária pode ser muito elevado, por exemplo, na França dos séculos XVII e XVIII, mas também pode ser insignificante; assim, em outras épocas o heterodiscurso (até mesmo o dialetológico) invade os mais elevados gêneros poéticos. Tudo isso — ou seja, os graus e o caráter dessa eficácia histórica — depende, evidentemente, do conteúdo dessa categoria, da força e da estabilidade da instância cultural e política em que ela se baseia.

Aqui abordaremos apenas de passagem a categoria sumamente importante de "literariedade geral da linguagem". Importa-nos o seu significado não na literatura em geral nem na história da linguagem literária, mas tão somente na história do estilo romanesco. Aqui, esse significado é enorme: é o significado direto nos romances da primeira linha estilística e indireto nos da segunda linha.

Os romances da primeira linha estilística revelam a pretensão de organizar e ordenar estilisticamente o heterodiscurso da linguagem falada e dos gêneros escritos cotidianos e semiliterários. Isso determina, até certo ponto, sua relação com o heterodiscurso. Já os romances da segunda linha estilística transformam essa organizada e "enobrecida" linguagem literária dos costumes em matéria essencial para a sua orquestração, transformando em seus heróis essenciais as pessoas que usam essa linguagem, isto é, as "pessoas literárias" com seus pensamentos e atos literários.

É impossível compreender a substância estilística da primeira linha do romance sem levar em conta esse importantíssimo fato: a relação peculiar desses romances com a linguagem falada e com os gêneros vivos e cotidianos. No romance, o discurso é construído em constante interação com o discurso da vida. O romance de cavalaria em prosa contrapõe-se ao heterodiscurso "baixo", vulgar em todos os domínios da vida e, em contrapartida a ele, apresenta o seu discurso especificamente idealizado, "enobrecido". O discurso vulgar, não literário, é impregnado de intenções baixas e de expressões grosseiras, está voltado para uma prática estreita e enredado por associações vulgares triviais centradas no dia a dia e cheira a contextos específicos. O romance de cavalaria lhe contrapõe o seu discurso, vinculado apenas a associações elevadas e nobres e repleto de reminiscências de contextos elevados (históricos, literários, científicos). Neste caso, esse discurso enobrecido, à diferença do poético, substitui o discurso vulgar nas conversas, nas cartas e em outros gêneros cotidianos como um eufemismo substitui uma expressão grosseira, pois ele procura orientar-se no mesmo campo da linguagem viva.

Desse modo, o romance de cavalaria transforma-se no veículo da categoria de literariedade da linguagem extragênero, alimenta a pretensão de ditar normas à linguagem viva, ensinar o bom estilo e o bom-tom: como conversar em sociedade, escrever cartas, etc. Nesse sentido, foi imensa a influência do *Amadis*. Escreveram-se livros especiais — *O tesouro dos Amadis*, *Livros dos Cumprimentos* —, onde se reuniram modelos de conversação, cartas, discursos, etc., extraídos do romance; tais livros tiveram enorme divulgação e influência no decorrer de todo o século XVII. O romance de cavalaria fornece um discurso para todas as situações e casos da vida, contrapondo-se em toda parte ao discurso vulgar e seus enfoques grosseiros.

Cervantes produz uma genial representação literária dos encontros entre o discurso enobrecido pelo romance de cavalaria e o discurso vulgar, em todas as situações importantes tanto para o romance como para a vida. A diretriz polêmica interna do discurso enobrecido, voltada para o heterodiscurso, é desenvolvida em *Dom Quixote* nos diálogos romanescos — com Sancho e com outros representantes da realidade heterodiscursiva e grosseira da vida — e na dinâmica do enredo do romance. A potencial dialogicidade interna, alicerçada num discurso enobrecido, aqui está atualizada e exteriorizada nos diálogos e no movimento do enredo —, mas, como toda autêntica dialogicidade de linguagens, ela não se esgota inteiramente nesses diálogos nem se conclui de forma dramática.

É claro que, no caso do discurso poético em sentido estrito, tal relação com o heterodiscurso extraliterário está absolutamente excluída. O discurso poético como tal é inconcebível e inviável nas situações vitais e nos gêneros de costumes, não pode sequer contrapor-se imediatamente ao heterodiscurso, pois não tem com este um campo comum imediato. É verdade que pode influenciar os gêneros de costumes e até a linguagem falada, mas só indiretamente.

Para realizar a organização estilística da linguagem do cotidiano, o romance de cavalaria em prosa teve, evidentemente, de acomodar em sua estrutura toda a multiplicidade de gêneros ideológicos de costumes e extraliterários. Esse romance, assim como o romance sofista, era uma enciclopédia quase completa dos gêneros de sua época. Em termos de construção, todos os gêneros intercalados eram dotados de certo acabamento e autonomia, por isso podiam destacar-se facilmente do romance e figurar à parte como modelos. Dependendo do caráter do gênero introduzido, o estilo do romance, evidentemente, também variava um pouco (limitava-se a responder a um mínimo das exigências de gênero), mas no essencial permanecia uniforme: é escusado falar das linguagens de gênero na exata acepção do termo: por toda a variedade de gêneros introduzidos estende-se, uniforme, uma linguagem enobrecida.

A unidade ou, em termos mais precisos, a uniformidade dessa linguagem enobrecida não se basta a si mesma: é polêmica e abstrata. Em sua base há certo *habitus* nobre, fiel a si mesmo em tudo, uma postura nobre em face da realidade inferior. Mas a unidade e a fidelidade a si mesmo desse *habitus* nobre foram obtidas a custo de uma abstração polêmica, razão pela qual elas são inertes, imóveis e pálidas. Aliás, não pode ser outra a unidade e a moderação desses romances, tendo em vista sua desorientação social e sua falta de base ideológica. O horizonte concreto e expressivo desse discurso romanesco não é o horizonte do homem vivo em movimento, horizonte esse que está em mutação e fuga para o infinito da realidade; é o horizonte como que estagnado do homem que se empenha em manter a mesma postura imóvel e põe-se em movimento não para ver, mas, ao contrário, para dar as costas, não perceber, abstrair-se. É um horizonte repleto não de coisas reais, mas de reminiscências verbais de objetos e imagens literárias em oposição polêmica ao heterodiscurso grosseiro do mundo real e esmeradamente depuradas (mas de modo polêmico-premeditado e, por isso, perceptível) das possíveis associações grosseiro-cotidianas.

Os representantes da segunda linha estilística do romance (Rabelais, Johann Fischart, Cervantes e outros) transformam por via paródica esse procedimento de abstração, desencadeando em suas comparações várias associações deliberadamente grosseiras, fazendo o objeto comparado descer ao âmago de uma baixeza sordidamente prosaica e assim destruindo o plano literário elevado, obtido por meio de uma abstração polêmica. Aqui o heterodiscurso se vinga de seu desalojamento abstrato (por exemplo, nas falas de Sancho Pança)![70]

---

[70] Johann Czerny (cf. seu livro *Sterne, Hippel und Jean Paul*, cit.) encontra na literatura alemã uma inclinação particular para esse procedimento de rebaixar as palavras elevadas, desencadeando várias compara-

Para a segunda linha estilística, a linguagem enobrecida do romance de cavalaria, com seu potencial de abstração polêmica, torna-se apenas um dos participantes dos diálogos de linguagens, uma representação prosaica da linguagem, mais profunda e completa em Cervantes, representação essa capaz de oferecer resistência dialógica interior às novas intenções do autor, representação agitada, bivocal.

* * *

No início do século XVII, a primeira linha estilística do romance começa a sofrer pequenas mudanças: forças históricas reais passam a utilizar a idealização abstrata e o polemismo abstrato do estilo romanesco para realizar tarefas polêmicas e apologéticas mais concretas. A desorientação social do abstrato cunho romântico da cavalaria é substituída pela nítida orientação de classe e política do romance *barroco*.

Já o romance pastoril percebe de modo essencialmente diverso seu material e direciona de outra forma sua estilização. Não se trata apenas de um processamento mais livre e criador do material,[71] mas da mudança de suas próprias funções. *Grosso modo*, pode-se dizer: os autores já não migram da realidade contemporânea para o material alheio, mas vestem este material com essa realidade e nele se representam a

---

ções e associações baixas. Introduzido na literatura alemã por Wolfram von Eschenbach, tal procedimento determinou o estilo de pregadores populares como Geiler von Kaysersberg no século XV, Fischart no século XVI, as prédicas de Abraham a Sancta Clara no século XVII e nos romances de Hippel e Jean Paul nos séculos XVIII e XIX (cf. o referido livro, p. 54).

[71] Vinculam-se a isto as importantes conquistas do romance pastoril no campo composicional em comparação com o romance de cavalaria: maior concentração da ação, melhor acabamento do conjunto, desenvolvimento da paisagem estilizada. Cabe mencionar ainda a inserção da mitologia (clássica) e dos versos em prosa.

si mesmos. A relação romântica com o material começa a ser substituída por outra totalmente diversa: a barroca. Foi encontrada uma nova fórmula de tratamento do material, um novo *modus* de seu emprego literário que, novamente *grosso modo*, definimos como revestimento da realidade com material alheio, como uma peculiar mascarada heroificante.[72] A autopercepção da época se torna forte e elevada e lança mão de um variegado material alheio para se autoexprimir e autorrepresentar-se. No romance pastoril, são ainda incipientes essa nova percepção do material e o novo *modus* de sua utilização; sua amplitude ainda é assaz restrita, a consciência de classe e as forças históricas da época ainda não se concentraram. O elemento da autoexpressão íntimo-lírica predomina nesses romances até certo ponto de câmara.

Desenvolve-se e realiza-se integralmente um novo *modus* de utilização do material no romance histórico-heroico do barroco. A época, representada por uma classe dominante dilacerada pelas contradições do absolutismo, lança-se com avidez à procura de um material carregado de tensões heroicas em todas as épocas, países e culturas; a potente autopercepção se sente em condições de revestir-se organicamente de qualquer material carregado de tensões heroicas, a despeito do universo ideológico-cultural que o tenha gerado. Todo exotismo era desejável: o material do Oriente não era menos difundido que o antigo e o medieval. Encontrar-se e realizar--se em material alheio, heroificar a si mesmo e a sua luta em

---

[72] Um literal disfarce de contemporâneos concretos encontra-se em *L'Astrée*, de Honoré d'Urfé.

Argenis, de John Barclay (1582-1621), *Cassandre* e *Cléopatre*, de Gautier de Costes de La Calprenède (1609-1663), *Le Grand Cyrus*, de Clélie de Madeleine de Scudéry (1607-1701), *Die Adriatische Rosemund*, de Philipp von Zesen (1619-1989), *Arminius und Thusnelda*, de Daniel Casper von Lohenstein (1635-1683), e outros.

[Honoré d'Urfé (1567-1625), autor de *L'Astrée*, romance pastoril em estilo precioso, foi um poeta e moralista francês. (N. do T.)]

material alheio — eis o *páthos* do romance barroco.[73] A mundividência barroca, com suas polaridades, sua contraditória unidade sobrecarregada de tensões, ao penetrar no material histórico baniu daí todo indício de autonomia interna, toda resistência interna do universo cultural alheio que criara esse material, transformando-o num revestimento externo estilizado para o seu próprio conteúdo.

É excepcionalmente grande a importância histórica do romance barroco. Quase todas as variedades do romance moderno surgiram geneticamente de diferentes elementos do romance barroco. Herdeiro de todo o sucessivo desenvolvimento do romance e tendo aproveitado amplamente toda essa herança (o romance sofista, *Amadis* e o romance pastoril), ele soube incorporar todos os elementos que, no desenvolvimento posterior, já figuram em separado como variedades autônomas; o elemento problemático, o aventuresco, o histórico, o psicológico, o social. O romance barroco veio a ser uma enciclopédia de materiais para a posteridade: de motivos romanescos, assuntos para enredos, situações. A maioria dos motivos do romance moderno que, num estudo comparado, revelam sua origem antiga ou oriental, penetraram aí por intermédio do romance barroco; quase todos os estudos genealógicos levam imediatamente a ele e já depois às suas fontes medievais e antigas (e mais tarde ao Oriente).[74]

Foi justa a denominação de "romance de provação" (*Prüfugsroman*) assimilada para o romance barroco. Nesse sentido, ele é a conclusão do romance sofista, que também

---

[73] É característica a difusão dos "diálogos dos mortos", formas que permitem conversar sobre seus próprios temas (da atualidade e do dia a dia) com sábios, cientistas e heróis de todos os países e épocas.

[74] Cf. John C. Dunlop, Erwin Rohde e outros, que reuniram um grande número de exemplos correspondentes.

foi um romance de provação (de fidelidade e castidade dos amados separados). Mas, no caso do romance barroco, essa provação do heroísmo e da fidelidade do herói, de sua irrepreensibilidade multilateral, une de modo bem mais orgânico o grandioso e variadíssimo material do romance. Tudo aqui é uma pedra de toque, um meio de provação de todos os aspectos e qualidades do herói exigidos pelo ideal barroco de heroísmo. A ideia de provação organiza de modo profundo e sólido o material.

Precisamos nos deter em especial na ideia de provação e em outras ideias organizadoras do gênero romanesco.

* * *

A ideia de provação do herói e de sua palavra é, talvez, a ideia basilar essencial de organização do romance, que cria a distinção radical entre ele e a epopeia: o herói épico está, desde o início, do lado oposto de qualquer provação; no universo épico é inconcebível o clima de dúvida quanto ao heroísmo do herói.

A ideia de provação permite organizar de modo profundo e essencial o variegado material romanesco em torno do herói. Mas o próprio conteúdo da ideia de provação pode mudar substancialmente em diferentes épocas e diferentes grupos sociais. No romance sofista, essa ideia, formada no terreno da casuística retórica da segunda sofística, é de caráter grosseiramente formal e externo (é absoluta a ausência do elemento ético e psicológico — *Gesinnung*). Essa ideia era diferente nas lendas cristãs primitivas, nas hagiografias, nas confissões autobiográficas, onde costumava unir-se à ideia de crise e transfiguração (são formas embrionárias do romance aventuresco-confessional de provação). A ideia cristã do martírio (a provação pelo sofrimento e pela morte), de um lado, e a ideia da tentação (provação pelas seduções), de outro, dão um conteúdo específico à ideia de provação que organiza o material na vasta literatura hagiográfica do Cristianismo primitivo e mais tarde na literatura hagiográfica da Idade Média.[75] Outra variedade da mesma ideia de provação organiza o material do romance clássico de cavalaria em versos, variedade essa que incorpora tanto as peculiaridades da provação no romance grego (a provação da fidelidade amorosa e da bravura) como as peculiaridades da lenda cristã (provação por sofrimentos e seduções) e abre espaço para a representação do *Gesinnung* do herói. A mesma ideia, só que debilitada e restringida, organiza o romance de cavalaria em prosa, mas o organiza de modo frouxo e externo, sem penetrar na profundidade do material. Por último, ela organiza com uma excepcional força composicional e de forma harmoniosa um material grandioso e bastante heterogêneo no romance barroco.

No desenvolvimento posterior do romance, a ideia de provação mantém igualmente sua importância organizadora primacial, completando-se em função da época e da classe, com um conteúdo ideológico diferente, cabendo observar que se mantêm os laços com a tradição, mas predominam ora umas, ora outras linhas dessa tradição (a linha antiga, a hagiográfica, a barroca). Uma variedade peculiar da ideia de provação, sumamente difundida no romance do século XIX, é a provação da vocação, da genialidade, da "condição de eleito". A esta pertencem, em primeiro lugar, o tipo romântico do eleito e a sua provação pela vida. Em seguida, uma variedade muito importante de eletividade é encarnada pelos *parvenus* napoleônicos do romance francês (os heróis de Stendhal e Balzac). Em Zola, a ideia da eletividade se transforma em ideia da utilidade para a vida, da saúde biológica e da adaptação do homem: o material dos seus romances está

---

[75] Assim, a ideia de provação organiza com excepcional harmonia e coerência o célebre poema em francês arcaico *La Vie d'Alexis* [A vida de Alexis]; cf. na Rússia, por exemplo, a hagiografia de São Teodósio de Pietchérski.

organizado como experimentações do pleno valor biológico dos heróis (com um resultado negativo). Outra variedade é a experimentação da genialidade no *Künstlerroman** (aqui ela amiúde se combina com provações paralelas da aptidão do artista para a vida). Outras variedades do século XIX: a provação da personalidade forte, que por várias razões se opõe à coletividade com pretensões à independência e à solidão orgulhosa ou a um papel de líder nato; a provação do reformador moral ou do amoralista, a provação do nietzschiano, da mulher emancipada, etc. Tudo isso são ideias organizadoras muito difundidas no romance europeu do século XIX e início do XX.[76] Uma variedade especial do romance de provação é o romance russo de provação da utilidade social do intelectual e de seu pleno valor (o tema do "homem supérfluo"**), variedade essa que, por sua vez, decompõe-se numa série de subvariedades (de Púchkin até a provação atual do intelectual na Revolução).

---

* Gênero literário, considerado um subtipo do romance de formação, que retrata um jovem em processo de tornar-se artista. (N. do T.)

[76] É grandioso o peso específico de semelhantes provações dos representantes de toda sorte de ideias e tendências da moda na maciça produção de romancistas secundários.

** Tradução de *líchni tcheloviék*, que tanto pode ser "homem supérfluo" como "descartável". Trata-se de uma tendência à apatia diante das questões essenciais da vida política e cultural da Rússia do século XIX, caracterizada pelo desencontro entre os elevados ideais éticos e culturais de certas personagens ficcionais e a impotência diante das circunstâncias hostis; isso resulta em sua incapacidade para agir e tomar decisões vitais. Essa tendência já se esboça, ainda que palidamente, em Ievguêni Oniéguin, personagem central do romance homônimo de Púchkin; está, portanto, no berço do romance russo, faz-se presente em praticamente todos os prosadores russos do século XIX e se radicaliza em Turguêniev, primeiro com *Dnievník líchniego tcheloviéka* [O diário de um homem supérfluo] e, posteriormente, em Rúdin, personagem central do seu romance homônimo. (N. do T.)

A ideia da provação tem uma enorme importância também no puro romance de aventuras. A eficácia dessa ideia se manifesta externamente no fato de ela permitir que se combine organicamente no romance um caráter aventuresco agudo e variegado com uma profunda problematicidade e uma psicologia complexa. Tudo depende da profundidade ideológica, da oportunidade sócio-histórica e da natureza progressista do conteúdo da ideia de provação que organiza o romance; havendo um *optimum*, o romance chega ao máximo de plenitude, amplitude e profundidade de todas as suas possibilidades de gênero. Amiúde o genuíno romance de aventuras reduz quase ao mínimo as possibilidades do gênero romanesco, mas ainda assim o enredo aventuresco puro nunca pode ser por si só a força organizadora do romance. Ao contrário, em todo o enredo aventuresco sempre descobrimos os vestígios de alguma ideia primária que o organizou, que construiu seu corpo e o animou como a uma alma, mas que perdeu sua força ideológica e hoje mantém a duras penas uma centelha de vida nesse enredo. Mais amiúde, o enredo de aventuras é organizado por uma ideia agonizante da provação do herói, mas isto nem sempre ocorre.

O novo romance de aventuras europeu tem duas fontes essencialmente diversas. Um tipo de romance de aventuras conduz ao elevado romance barroco de provação (é o tipo predominante), outro conduz a *Gil Blas* e, posteriormente, a *Lazarilho*, isto é, está ligado ao "romance picaresco". Também em solo antigo encontramos os mesmos dois tipos, representados, de um lado, pelo romance sofista, de outro, por Petrônio. O primeiro tipo basilar do romance de aventuras é, como o romance barroco, organizado por uma ou outra variedade da ideia de provação ideologicamente agonizante e exteriorizada. Ainda assim, o romance desse tipo é mais complexo e rico e não renuncia totalmente a certa problematicidade e a certa psicologia: nele sempre se manifesta o sangue do romance barroco, do *Amadis*, do romance de cavalaria e, posteriormente, da epopeia, da lenda cristã e do romance grego.[77] Assim é o romance de aventuras inglês e americano (Daniel Defoe, Matthew Lewis, Ann Radcliffe, Horace Walpole, James Fenimore Cooper, Jack London, etc.): assim são as principais variedades do romance francês de aventuras e do romance-*boulevard*. Observa-se com muita frequência uma mistura de ambos os tipos, mas em tais casos o princípio organizador do conjunto é sempre o primeiro tipo (o romance de provação) por ser o mais forte, o dominante. O fermento barroco do romance de aventuras é muito forte: mesmo na estrutura do romance-*boulevard* da mais baixa modalidade, podem encontrar-se elementos que, através do romance barroco e de *Amadis*, levam às formas da biografia cristã primitiva, da autobiografia e da lenda do mundo helênico-romano. Esse romance, como o famoso *Rocambole* de Ponson du Terrail, está repleto das mais antigas reminiscências. Na base de sua estrutura percebem-se formas do romance greco-romano de provação com crise e renascimento (Apuleio e as lendas primitivas cristãs de conversão do pecador). Aí encontramos uma série de elementos que, através do romance barroco, conduzem a *Amadis* e posteriormente ao romance de cavalaria em versos. Ao mesmo tempo, na estrutura também estão presentes elementos do segundo tipo (*Gil Blas*, *Pícaro*, *Lazarilho*), mas nele é evidente o domínio do espírito barroco.

Algumas palavras sobre Dostoiévski. Seus romances são romances de provação nitidamente explícitos. Façamos uma breve incursão pelas tradições históricas que deixaram sua marca nesses romances sem tocar na essência do conteúdo da ideia original de provação tomada como base de sua construção. Quatro linhas ligavam Dostoiévski ao romance bar-

---

[77] É verdade que raramente essa amplitude é o que predomina: o material problemático e psicológico é o mais das vezes banalizado; o segundo tipo é mais preciso e puro.

roco: o "romance de sensações"[78] inglês (Lewis, Radcliffe, Walpole e outros), o romance socioaventuresco do *bas-fond* francês (Eugène Sue), os romances de provação de Balzac e, por fim, o romantismo alemão (principalmente E. T. A. Hoffmann). Mas além disso Dostoiévski estava diretamente ligado em solo ortodoxo à literatura hagiográfica e à lenda cristã com sua ideia específica de provação. Assim se determina em seus romances a união orgânica da aventura, da confissão, da problematicidade, da hagiografia, das crises e do renascimento, isto é, todo aquele complexo que caracteriza o romance de provação helênico-romano (até onde podemos julgar com base em Apuleio, nas informações que chegaram até nós sobre algumas autobiografias e na lenda autobiográfica do Cristianismo primitivo).

O estudo do romance barroco, que reuniu um vasto material sobre o desenvolvimento anterior desse gênero, tem uma importância excepcional para a compreensão das mais importantes variedades do romance da Modernidade. Quase todas as linhas levam a ele da forma mais próxima e depois à Idade Média, ao mundo helênico-romano e ao Oriente.

No raiar do romance moderno, Wieland, Wetzel, Blankenburg e posteriormente Goethe e os românticos proclamaram, em oposição ao romance de provação, a nova ideia do "romance de formação" e, em particular, do "romance de educação".

A ideia de provação carece de um enfoque da formação do homem; em algumas de suas formas ela conhece a crise, o renascimento, mas desconhece o desenvolvimento, a formação, a formação gradual do homem. Ela parte do homem pronto e o submete à provação do ponto de vista de um ideal igualmente pronto. Nesse sentido, são típicos o romance de cavalaria e, em particular, o romance barroco, que pos-

[78] Termo empregado por Dibelius.

tula imediatamente a nobreza inata e inerte-imóvel de seus heróis.

A isso o novo romance opõe a formação do homem, por um lado, e certa duplicidade, certa incompletude do homem vivo e, neste, a mistura do bem e do mal, da força e da fraqueza, por outro. A vida, com seus acontecimentos, já não é a pedra de toque nem o meio de provação do herói pronto (ou, no melhor dos casos, o fator estimulante da já pré-formada e predeterminada essência do herói); agora, a vida, com os seus acontecimentos, é iluminada pela ideia de formação, revela-se como experiência do herói, como escola, como meio, fatores que pela primeira vez formam e modelam seu caráter e sua visão de mundo. A ideia de formação e educação permite organizar de modo novo o material em torno do herói e revelar aspectos completamente novos nesse material.

A ideia de formação e de educação e a ideia de provação não se excluem absolutamente no âmbito do romance moderno; ao contrário, podem entrar numa união profunda e orgânica. A maioria dos grandes modelos do romance europeu combina organicamente em si ambas as ideias (sobretudo no século XIX, quando os modelos puros do romance de educação e do romance de formação se tornam bastante raros). Assim, *Parsifal* já combina a ideia de provação (que é dominante) com a ideia de formação. O mesmo ocorre com *Simplicissimus*. Cabe dizer a mesma coisa sobre o romance de educação clássico — o *Wilhelm Meister*, no qual a ideia de educação (aqui já dominante) combina-se com a ideia da provação.

O tipo de romance criado por Fielding e em parte por Sterne também se caracteriza pela união de ambas as ideias e, ademais, numa proporção quase igual. Sob a influência de Fielding e de Sterne foi criado o tipo continental de romance de educação, representado por Wieland, Wetzel, Hippel e Jean Paul: aqui, a provação do idealista e do excêntrico não conduz ao puro desmascaramento, mas à sua formação como homens de pensamento mais realista; a vida aqui não é apenas uma pedra de toque, mas também uma escola.

Entre as variáveis singulares de composição dos dois tipos de romance, mencionemos ainda *O verde Henrique* de Keller, no qual ambas as ideias organizam o *Künstlerroman* (com dupla experimentação do artista). É análoga a construção do *Jean-Christophe* de Romain Rolland.[79]

É claro que o romance de provação e o romance de formação não esgotam todos os tipos organizacionais de romance. Basta mencionar as ideias essencialmente novas introduzidas pela estrutura biográfica e autobiográfica do romance. No decorrer do seu desenvolvimento, a biografia e a autobiografia elaboraram várias formas, determinadas por ideias especiais de organização: por exemplo, a "bravura e a virtude" como base da organização do material biográfico, ou "as ocupações e os trabalhos", ou "o sucesso-fracasso", etc.

* * *

Voltemos ao romance barroco de provação, do qual nossa digressão nos desviou. Como se coloca o discurso nesse romance e qual a sua relação com o heterodiscurso?

O discurso do romance barroco é um *discurso patético*. Foi aí mesmo que se criou (em termos mais precisos, atingiu a plenitude do seu desenvolvimento) o patético romanesco, tão diferente do *páthos* poético. O romance barroco tornou-se o viveiro de um patético específico em toda parte onde penetrou sua influência e onde se manteve sua tradição, isto é, predominantemente no romance de provação (e nos elementos de provação de tipo misto).

[79] Recentemente foram publicadas quase ao mesmo tempo na Rússia três grandes obras que combinam organicamente ambas as ideias — com conteúdo ideológico diferente: *Jizn Klima Sanguina* [Vida de Klim Sámguin], de Maksim Górki; *Brátia* [Os irmãos], de Konstantin Fiédin (na linha do *Jean-Christophe*), e *Kaschêieva tsep* [A corrente de Kaschêi], de Mikhail Príchvin.

O patético barroco é determinado pela apologética e pela polêmica. É um *páthos* prosaico, que sempre depara com a resistência do discurso alheio, do ponto de vista alheio, é o *páthos* da justificação (da autojustificação) e da acusação. A idealização heroicizante do romance barroco não é épica; tal qual no romance de cavalaria, é uma idealização abstrata, polêmica e principalmente apologética, mas, à diferença do romance de cavalaria, é profundamente patética e por trás dela há forças culturais, sociais e reais, conscientes de si mesmas. Precisamos nos deter um pouco na originalidade desse *páthos* romanesco.

O discurso patético parece bastar-se inteiramente a si mesmo e ao seu objeto. Ora, no discurso patético o falante se aplica integralmente sem qualquer distância ou qualquer ressalva. O discurso patético parece francamente intencional.

Nem de longe, porém, o *páthos* é sempre assim. O discurso patético também pode ser convencional e até dúplice, como o discurso bivocal. E o *páthos* no romance é quase exata e inevitavelmente assim, pois aí ele não tem nem pode ter apoio real e deve procurá-lo em outros gêneros. O *páthos* romanesco carece de suas próprias palavras, deve tomar emprestadas palavras alheias. Só o *páthos poético* é um autêntico *páthos concreto*.

O patético romanesco sempre restaura no romance algum gênero que, em sua forma pura e direta, já perdeu seu terreno real. O discurso patético no romance é quase sempre um sucedâneo de um gênero não mais acessível a uma dada época e a um dado grupo social: é o discurso do pregador sem púlpito, o discurso do juiz temível sem poder judiciário e punitivo, do profeta sem missão, do político sem força política, do crente sem igreja, etc. Em toda parte o discurso patético está ligado a diretrizes e posições a que o autor, com toda a sua seriedade e coerência, não tem acesso, mas que, ao mesmo tempo, deve reproduzir convencionalmente com seu discurso. Todas as formas e meios patéticos de linguagem

As duas linhas estilísticas do romance europeu

— lexicais, sintáticos e composicionais — agregaram-se a essas diretrizes e posições definidas, todas bastam a alguma força organizada, envolvem alguma delegação social definida e enformada do falante. Não existe linguagem para o *páthos* puramente individual do homem que escreve romance: ele deve subir à cátedra a contragosto, assumir a postura de pregador, de juiz. Não existe *páthos* sem ameaça, maldições, promessas, bênçãos, etc.[80] No discurso patético não se pode dar um passo sem ter se apoderado por impostura de algum poder, título, posto, etc. Nisto reside a "maldição" do discurso patético direto no romance. É por isso que autêntico *páthos* no romance (na literatura e em geral) teme o discurso patético direto e não se separa do objeto.[†]

O *páthos* apologético e polêmico do romance barroco combina-se organicamente com a ideia especificamente barroca de provação da irrepreensibilidade inata e imutável do herói. Em todo o essencial não há distância entre o herói e o autor; a massa verbal basilar do romance situa-se em um plano; correlaciona-se com todos os seus elementos e em igualdade com o heterodiscurso e não o incorpora à sua composição, mantendo-o de fora.

O romance barroco congrega uma diversidade de gêneros intercalados. Também visa a ser uma enciclopédia de todas as modalidades da linguagem literária da época e in-

---

[80] É claro que falamos apenas do discurso patético, polêmica e apologeticamente correlacionado com o discurso alheio, e não do *páthos* da própria representação, do *páthos* puramente concreto, que é literário e dispensa convenção específica.

[†] O discurso patético e sua figuralidade surgiram e formaram-se na imagem distante e estão organicamente vinculados à categoria axiológico-hierárquica de passado. Na zona familiar de contato com a atualidade inacabada não há lugar para tais formas de *páthos*; ele inevitavelmente destruiria esse contato (por exemplo, em Gógol). Faz-se necessária uma posição hierárquica do topo, que nas condições dessa zona é impossível (daí a farsa e a tensão).

clusive uma enciclopédia do maior volume possível de conhecimentos e informações (filosóficas, históricas, políticas, geográficas, etc.). Pode-se dizer que no romance barroco atingiu-se o limite do potencial enciclopédico inerente à primeira linha estilística.[81]

* * *

O romance barroco fornece dois ramos de seu sucessivo desenvolvimento (que são os mesmos ramos do desenvolvimento de toda a primeira linha); um dá continuidade ao momento heroico-aventuresco do romance barroco (Lewis, Radcliffe, Walpole e outros), o outro ramo ao romance patético psicológico (fundamentalmente o epistolar) dos séculos XVII-XVIII (La Fayette, Rousseau, Richardson e outros). Devemos dizer algumas palavras sobre esse romance, uma vez que foi grande a sua importância estilística para a história ulterior do romance.

O romance psicológico sentimental está geneticamente ligado à carta intercalada do romance barroco, ao patético amoroso-epistolar. No romance barroco esse patético sentimental é apenas um dos elementos do seu *páthos* polêmico-apologético e, ademais, um elemento secundário.[†]

No romance psicológico-sentimental, o discurso patético muda: torna-se íntimo-patético e, ao perder as vastas escalas políticas e históricas próprias do romance barroco, une-se à didática moral do dia a dia, que basta ao campo

---

[81] Especialmente no romance barroco alemão; cf. D. C. von Lohenstein, *Arminius und Thusnelda*.

[†] Trata-se da zona espaço-temporal específica do *patético sentimental de câmara*. É a zona da carta, do diário, etc. (a zona da pregação protestante). A zona de contato e familiaridade ("proximidade") da praça e da câmara. O palácio e a casa, o templo (catedral) e a capela protestante doméstica. Não se trata de escalas, mas de uma organização especial do espaço. Paralelos com a arquitetura e a pintura.

As duas linhas estilísticas do romance europeu

estreitamente pessoal e familiar da vida. O patético se torna um patético de câmara. Diante disto, também mudam as relações recíprocas entre a linguagem romanesca e o heterodiscurso; elas se tornam mais estreitas e imediatas, e projetam-se ao primeiro plano gêneros puramente cotidianos: cartas, diários, conversas cotidianas. A didática desse patético sentimental torna-se concreta, aprofunda-se nos detalhes da vida cotidiana, das relações íntimas entre as pessoas e a vida interior do indivíduo.

Em toda parte o romance patético sentimental está ligado a uma mudança substancial da linguagem literária no sentido de sua aproximação com a linguagem falada. Mas aqui essa linguagem se ordena e se normatiza do ponto de vista da categoria de literariedade, torna-se a única linguagem da expressão direta das intenções do autor, e não uma das linguagens do heterodiscurso que orquestram essas intenções. Ela se contrapõe tanto ao heterodiscurso não ordenado e grosseiro da vida como aos gêneros literários elevados arcaicos e convencionais, e contrapõe-se como língua única e autêntica da literatura e da vida, adequada às intenções verdadeiras e à expressão humana verdadeira.

O elemento de oposição à velha linguagem literária e aos respectivos gêneros poéticos elevados que a conservam tem uma importância substancial no romance sentimental. Ao lado do vivo heterodiscurso baixo e grosseiro, passível de ordenação e enobrecimento, opõe-se ao sentimentalismo e ao seu discurso um heterodiscurso literário falso e pseudoelevado, suscetível de desmascaramento e negação. Mas essa diretriz centrada no heterodiscurso literário é polêmica, o estilo e a linguagem passíveis de negação não se inserem no romance, mas permanecem como seu campo dialogante fora da obra.

Os elementos essenciais do estilo sentimental são determinados justamente por essa contraposição ao alto patético elevado heroicizante e abstrato-tipológico. A precisão das descrições, a própria premeditação de promover detalhes secundários, insignificantes e corriqueiros do cotidiano, a diretriz da representação centrada na impressão imediata haurida do objeto, enfim, o *páthos* da fraqueza indefesa e não da força heroica, a redução premeditada do horizonte e do campo de provação do homem ao micromundo mais próximo (no máximo a um quarto) — tudo isso é determinado por uma contraposição polêmica ao negável estilo literário.

Entretanto, no lugar de uma convenção o sentimentalismo apenas cria outra igualmente abstrata, que se limita a desviar-se de outros elementos da realidade. O discurso, que é enobrecido pelo patético sentimental e pretende substituir o discurso grosseiro da vida, acaba fatalmente entrando no mesmo conflito dialógico irremediável com o heterodiscurso real da vida, na mesma insolúvel desavença dialogada como o discurso enobrecido do *Amadis* nas situações e nos diálogos de *Dom Quixote*. Alicerçado no discurso sentimental, o dialogismo unilateral se atualiza no romance da segunda linha estilística, onde o patético sentimental soa parodicamente como uma linguagem entre outras linguagens, como um dos aspectos do diálogo de linguagens em torno do homem e do mundo.[82]

* * *

O discurso patético direto não morreu, evidentemente, com o romance barroco (o patético heroico e o patético do

---

[82] De uma forma ou de outra, é o que acontece em Fielding, Smollett, Sterne. Na Alemanha, em Johann Karl August Musäus (*Grandison der Zweite*, 1760-62), Christoph Martin Wieland, Johann Gottwerth Müller (*Siegfried von Lindberg*, 1779) e outros. No tratamento literário do *páthos* sentimental em sua relação com a realidade, todos esses autores seguem *Dom Quixote*, cuja influência é determinante. Cf., na Rússia, o papel da linguagem richardsoniana na orquestração heterodiscursiva de *Ievguêni Oniéguin*, de Púchkin (a velha Lárina e a simples Tatiana).

As duas linhas estilísticas do romance europeu

horror) nem com o sentimentalismo (o patético do sentimento de câmara), continuou a viver como uma das variedades essenciais do discurso direto do autor, isto é, do discurso que exprime de forma imediata, franca e sem refração as intenções do autor. Ele continuou a viver, porém não mais como base do estilo em nenhuma variedade minimamente significativa do romance. Onde quer que aparecesse o discurso direto patético, sua natureza permaneceria inalterável: o falante (autor) assumiria a pose convencional do juiz, do pregador, do professor, etc., ou o seu discurso recorreria polemicamente a uma impressão direta haurida do objeto e da vida e não empanada por quaisquer premissas ideológicas. Assim, por exemplo, entre esses dois limites move-se o discurso direto do autor em Tolstói. As particularidades desse discurso são determinadas em toda parte pelo heterodiscurso (da literatura e da vida), com o qual esse discurso está dialogicamente (em tom polêmico ou professoral) relacionado. Por exemplo, uma representação direta "imediata" é de fato a deseroificação polêmica do Cáucaso, da guerra e do feito militar, até mesmo da natureza.

Aqueles que negam a natureza literária do romance, que reduzem o discurso romanesco a um discurso retórico só externamente ornamentado por falsas imagens poéticas, têm predominantemente em vista a primeira linha estilística do romance, pois no aspecto externo ela parece justificar o que eles afirmam. Cabe reconhecer que nessa linha, visto que ela aspira ao seu limite, o discurso romanesco não realiza todas as suas potencialidades específicas e amiúde (mas nem de longe sempre) desvia-se para uma retórica vazia ou uma falsa poeticidade. Mas, apesar de tudo, também aí, na primeira linha, o discurso romanesco é de profunda originalidade, difere radicalmente tanto do discurso retórico como do poético. Essa originalidade é determinada por uma relação dialógica substancial com o heterodiscurso. A estratificação social da língua no processo de sua formação é a base da enformação estilística do discurso também para a primeira linha do romance. A linguagem do romance se constrói em contínua interação dialógica com as linguagens de seu entorno.

A poesia também encontra a língua estratificada no processo de sua constante formação ideológica, encontra-a dividida em linguagens. Vê até sua própria língua envolvida por linguagens, pelo heterodiscurso literário e extraliterário. Mas a poesia que aspira ao limite de sua pureza, trabalha sua linguagem como se ela fosse única e singular, como se fora dela não houvesse nenhum heterodiscurso. A poesia como que se mantém no meio do território de sua língua e não se aproxima de suas fronteiras, onde inevitavelmente entraria em contato dialógico com o heterodiscurso: evita espiar além das fronteiras de sua linguagem. Se em épocas de crises de linguagem a poesia muda a sua linguagem, no mesmo instante canoniza sua nova linguagem como única e singular, como se não existisse outra linguagem (seguindo o princípio *"le roi est mort, vive le roi"*).

A prosa romanesca da primeira linha estilística situa-se na própria fronteira de sua linguagem e está dialogicamente relacionada com o heterodiscurso do entorno, repercute em seus elementos essenciais e, consequentemente, participa do diálogo de linguagens. Ela está voltada para sua recepção justamente no campo desse heterodiscurso e só em relação dialógica com ele revela-se seu sentido literário. Esse discurso é a expressão de uma consciência linguística profundamente relativizada pelo heterodiscurso e pela diversidade de linguagens.

Através do romance, a linguagem literária é dotada de um órgão para apreender seu heterodiscurso. No romance e graças ao romance o heterodiscurso em si torna-se heterodiscurso para si: as linguagens se correlacionam dialogicamente e começam a existir umas para as outras (como as réplicas de um diálogo). É justamente graças ao romance que as linguagens se iluminam mutuamente, a linguagem literá-

As duas linhas estilísticas do romance europeu

ria se torna um diálogo de linguagens que se conhecem e se compreendem.

* * *

Os romances da primeira linha estilística caminham para o heterodiscurso de cima para baixo, por assim dizer, descem a ele (o romance sentimental ocupa uma posição particular entre o heterodiscurso e os gêneros elevados). Os romances da segunda linha, ao contrário, caminham de baixo para cima: da profundeza do heterodiscurso eles sobem às esferas superiores da linguagem literária e delas se apoderam. Aqui o ponto de vista do heterodiscurso sobre a literariedade é o ponto de partida.

É muito difícil, sobretudo no início do desenvolvimento, falar da acentuada diferença genética entre as duas linhas. Já assinalamos que o romance de cavalaria clássico em versos não se encaixa inteiramente no âmbito da primeira linha, que *Parsifal* de Wolfram, por exemplo, já é sem dúvida o grande modelo de romance da segunda linha.

Todavia, na sucessiva história da prosa europeia, o discurso bivocal é elaborado, como também era em solo antigo, em gêneros épicos pequenos (*fabliaux*: farsas, pequenos gêneros paródicos), à margem da estrada principal do romance de cavalaria elevado. É justamente aqui, nos baixos segmentos sociais, que se elaboram os tipos e variedades basilares de discurso bivocal, que em seguida começarão a determinar o estilo do grande romance da segunda linha: do discurso paródico em todos os seus graus e matizes (irônico, humorístico, centrado no *skaz*, etc.).

É justamente aqui, em pequena escala — nos pequenos gêneros inferiores, nos tablados de feira, nas praças do mercado, nas cantigas e anedotas de rua, que se elaboram os procedimentos de construção das representações da linguagem, os procedimentos de combinação do discurso com a imagem do falante, os procedimentos de exibição objetal do discurso e do homem juntos, não como o discurso de uma linguagem de significação universal socialmente despersonificada, mas como um discurso característico ou social típico de dada pessoa, como o discurso do padre, cavaleiro, comerciante, camponês, jurista, etc. Todo discurso tem seu interlocutor interessado e parcial, não existem palavras "sem dono", de significação universal. Essa parece ser a filosofia do discurso da novela satírico-realista popular e de outros gêneros paródicos burlescos inferiores. Além disso, a sensação da linguagem que se encontra na base desses gêneros é impregnada da mais profunda desconfiança no discurso humano como tal. O que importa na compreensão do discurso não é seu sentido direto concreto e expressivo — essa é uma falsa feição do discurso —; o que importa é o uso real sempre interessado desse sentido e dessa expressão pelo falante, uso esse determinado por sua posição (profissão, classe) e por sua situação concreta. Quem fala e em que circunstâncias fala — eis o que determina o sentido real da palavra. Todo significado direto e toda expressão direta são falsos e particularmente patéticos.

Aqui se prepara aquele ceticismo radical na apreciação do discurso direto e de toda seriedade direta que confina com a negação da viabilidade de um discurso direto não mentiroso, cuja expressão mais profunda se encontra em Villon, Rabelais, Charles Sorel, Paul Scarron e outros. Aqui mesmo se prepara também a nova categoria dialógica de resposta verbal real à mentira patética, que desempenhou um papel de excepcional importância na história do romance europeu (e não só do romance): a categoria do embuste alegre. À mentira patética acumulada na linguagem de todos os gêneros elevados, oficiais, canonizados, na linguagem de todas as profissões reconhecidas e estabelecidas, das castas e classes contrapõe-se não a própria verdade patética e franca, mas um embuste alegre e inteligente como a *mentira* justificada se contrapõe *aos mentirosos*. Às linguagens dos padres e dos monges, dos reis e dos senhores, dos cavaleiros, e dos cidadãos ricos, dos sábios e dos juristas, às linguagens de todos os detentores de poder e dos estabelecidos na vida contrapõe-se a linguagem do pícaro alegre, que reproduz parodicamente qualquer patético onde é necessário, mas que o neutraliza, que o afasta dos lábios pelo sorriso e pelo embuste. Ao zombar da mentira, ele a transforma num embuste alegre. A mentira é iluminada pela consciência irônica e parodia a si mesma pela boca do pícaro alegre.

Ciclagens originais de novelas satíricas e paródicas antecedem as formas do grande romance da segunda linha, preparando-as. Aqui não podemos abordar o problema dessa ciclagem prosaico-romanesca, das diferenças substanciais entre ela e a ciclagem épica, dos diferentes tipos de unificação das novelas e de outros elementos análogos que ultrapassam os limites da estilística. Já no século XVII surge a epopeia pícaro-paródica de Stricker, *Pfaffe Amis* (por volta de 1240). São do conhecimento geral as ciclagens de *Till Eulenspiegel* (a primeira edição impressa de 1519), *Schildbürger* (primeiro *Lalebuch* em 1597). Ali se lançam por toda parte as bases do universo prosaico-romanesco e do discurso prosaico bivocal.

Ao lado da imagem do pícaro aqui surge, amiúde confundindo-se com ele, a imagem do *bobo* ou do simplório real, ou da máscara do pícaro. Ao lado do embuste alegre, contrapõe-se ao patético mentiroso a ingenuidade simplória que não o compreende (ou compreende de modo deturpado, às avessas), que "estranha" a realidade elevada do discurso patético.

Esse estranhamento prosaico do universo da convenção patética pela tolice que não compreende (pela simplicidade, pela ingenuidade) teve enorme importância para toda a história subsequente do romance. Se no subsequente desenvolvimento da prosa romanesca a imagem do bobo (assim como a imagem do pícaro) perdeu seu papel essencialmente organizador, o próprio elemento da *incompreensão* da convenção (convencionalismo) social e dos elevados nomes patéticos das coisas e dos acontecimentos continua sendo, em quase toda parte, o ingrediente essencial do estilo da prosa. O prosador ou representa o mundo pelas palavras de um narrador que não compreende o convencionalismo desse mundo, que não conhece os seus nomes poéticos, sábios e outros nomes elevados e importantes, ou introduz um herói que não compreende ou, por último, o estilo direto do autor envolve uma incompreensão proposital (polêmica) da habitual intelecção do mundo (por exemplo, em Tolstói). É possível, evidentemente, o emprego simultâneo do elemento da incompreensão e da tolice prosaica em todas as três vias.

Às vezes a incompreensão da convenção é de natureza radical e fator fundamental de formação do estilo do romance (por exemplo, no *Cândido* de Voltaire, em Stendhal, em Tolstói), mas frequentemente a incompreensão prosaica se limita a determinadas linguagens. Assim é, por exemplo, Biélkin* como narrador: o prosaísmo do seu estilo é determinado por sua incompreensão do peso poético desse ou daquele momento dos acontecimentos narrados: ele, por assim dizer, deixa escapar todas as possibilidades e efeitos poéticos, expõe em forma seca e concisa (de propósito) todos os momentos mais poeticamente compensadores. Griniov** é também um mau poeta (não é à toa que escreve versos ruins). Na narração de Maksím Maksímitch (*O herói do nosso tempo*, de Liérmontov) destaca-se a incompreensão da linguagem byroniana e do patético byroniano.

---

* Espécie de autor secundário a quem Púchkin atribui a autoria de seu ciclo de novelas *Contos de Biélkin*. (N. do T.)

** Personagem e narrador da novela *A filha do capitão*, de Púchkin. (N. do T.)

A combinação de incompreensão com compreensão, de tolice, simplicidade e ingenuidade com inteligência é um fenômeno difundido e profundamente típico da prosa romanesca. Pode-se dizer que, nessa ou naquela medida, o elemento da incompreensão e da tolice específica (proposital) quase sempre determina a prosa romanesca da segunda linha estilística.

No romance, a tolice (a incompreensão) sempre é polêmica: está dialogicamente combinada com a inteligência (a falsa inteligência elevada), polemiza com ela e a desmascara. A tolice, assim como o embuste alegre, assim como todas as outras categorias romanescas, é uma categoria dialógica que provém do dialogismo específico do discurso romanesco. É por isso que no romance a tolice (a incompreensão) sempre é atribuída à linguagem, ao discurso: ela sempre se baseia na incompreensão polêmica do discurso do outro, da mentira patética do outro que enredou o mundo e pretende apreendê-lo, na incompreensão polêmica das linguagens correntes incorrigivelmente mentirosas e canonizadas com os seus nomes elevados para as coisas e os acontecimentos: para a linguagem poética, a linguagem sábio-pedante, a religiosa, política, jurídica, etc. Daí a diversidade de situações dialógico-romanescas ou de contraposições dialógicas: o bobo e o poeta, o bobo e o sábio pedante, o bobo e o moralista, o bobo e o padre ou o santarrão, o bobo e o legista (o bobo que não compreende no tribunal, no teatro, numa reunião científica, etc.), o bobo e o político, etc. Como é amplo o emprego da diversidade de tais situações em *Dom Quixote* (sobretudo na governança de Sancho, que fornece o terreno propício ao desenvolvimento dessas situações dialógicas) ou em Tolstói, guardadas todas as diferenças de estilo: o indivíduo que não compreende em diferente situações e instituições, como, por exemplo, Pierre durante a batalha, Liévin nas eleições dos nobres, na reunião da duma municipal, na conversa de Kozníchev com o professor de filosofia, na conversa com o economista, etc., Niekhliúdov no tribunal, no Senado, etc.* Tolstói reproduz velhas situações tradicionais do romance.†

Introduzido pelo autor, o bobo que estranha o mundo da convenção patética pode ser ele mesmo objeto da ridicularização do autor como bobo. O autor não se solidariza obrigatoriamente com ele até o fim. O elemento de ridicularizarão dos próprios tolos pode aparecer inclusive em primeiro plano (por exemplo, *Schildbürger*). Mas o bobo é necessário ao autor: com sua própria presença que não compreende, ele estranha o mundo da convenção social. Ao representar a tolice, o romance apreende a inteligência prosaica, a sabedoria prosaica. Olhando para o bobo ou olhando o mundo pelos olhos do bobo, o olho do romancista apreende a visão prosaica do mundo enredada pela convenção patética e pela mentira. A incompreensão das linguagens correntes e aparentemente conhecidas de todos ensina a perceber a sua condição de objeto e sua relatividade, a exteriorizá-las, a observar as suas fronteiras, ou seja, ensina a descobrir e construir representações de linguagens sociais.

Aqui nos desviamos das múltiplas variedades do bobo e da incompreensão, elaboradas no processo de desenvolvimento histórico do romance. Esse ou aquele romance, essa ou aquela corrente literária coloca em primeiro plano esse ou aquele aspecto da tolice e da incompreensão e, em função disso, constrói a sua imagem do bobo (por exemplo, a infantilidade nos românticos, os excêntricos em Jean Paul). As linguagens estranhadas são diferentes e correlatas dos aspec-

---

* Personagens dos romances de Tolstói, respectivamente: *Guerra e paz* (Pierre Bezúkhov), *Anna Kariênina* (Konstantin Liévin e Serguei Kozníchev) e *Ressurreição* (Príncipe Niekhliúdov — nome que também aparece no conto "A manhã de um senhor de terras"). (N. do T.)

† A tolice nas apologias medievais da festa dos bobos em Rabelais.

tos da tolice e da incompreensão. Também são diferentes as funções da tolice e da incompreensão no conjunto do romance. O estudo desses aspectos da tolice e da incompreensão, e das variações estilísticas e composicionais a eles vinculadas em seu desenvolvimento histórico, é uma tarefa essencial e interessantíssima da história do romance.

O embuste alegre do pícaro é a mentira justificada para os mentirosos, a tolice, a incompreensão justificada da mentira: são estas as duas respostas da prosa ao patético elevado e a toda seriedade e convenção. Mas entre o pícaro e o bobo surge a figura do *bufão* como uma original combinação dos dois (cf. *Till Eulenspiegel*). É o pícaro que põe a máscara do bobo para motivar, pela incompreensão, as deformações desmascaradoras e o embaralhamento das linguagens e nomes elevados. O bufão é uma das imagens mais antigas da literatura e o discurso do bufão, determinado por sua específica diretriz social (pelos privilégios do bufão), é uma das formas mais antigas do discurso humano na arte. No romance, as funções estilísticas do bufão, assim como as funções do pícaro e do bobo, são inteiramente definidas pela relação com o heterodiscurso (com suas camadas elevadas): o bufão é aquele que tem o direito de falar em linguagens não reconhecidas e deturpar maldosamente as linguagens reconhecidas.

O embuste alegre do pícaro que parodia as linguagens elevadas, a deturpação maldosa e o reviramento das mesmas ao avesso pelo bufão e, por último, sua incompreensão ingênua pelo bobo —, pois bem, essas três categorias dialógicas, que organizam o heterodiscurso no romance na aurora de sua história apresentam-se, na Idade Moderna, com uma excepcional nitidez externa e estão encarnadas nas imagens simbólicas do pícaro, do bufão e do bobo. Em seu posterior desenvolvimento, essas categorias se tornam requintadas, diferenciam-se, livram-se dessas imagens externas e simbolicamente imutáveis, mas continuam a preservar sua importância de organizadoras do estilo romanesco. Essas categorias determinam a originalidade dos diálogos romanescos que, através de suas raízes, sempre remontam à dialogicidade interior da própria linguagem, à incompreensão mútua dos falantes de linguagens diferentes. Para a organização dos diálogos dramáticos, ao contrário, essas categorias podem ter uma importância apenas secundária, pois carecem do elemento do acabamento dramático. O pícaro, o bufão e o bobo são os heróis de uma infindável série de episódios-aventuras e contraposições dialógicas. Por isso foi possível uma ciclagem prosaica de novelas em torno dessas imagens. Mas é por isso mesmo que são desnecessárias ao drama. O drama puro aspira a uma língua única, que só é individualizada por personagens dramáticas.[83] O diálogo dramático é determinado pelo choque de indivíduos no âmbito de um só universo e de uma língua única. A comédia é, até certo ponto, uma exceção. Ainda assim, é característico que a comédia picaresca nem de longe tenha atingido um desenvolvimento igual ao do romance picaresco. A imagem de Fígaro (de Beaumarchais), é, no fundo, a única grande imagem dessa comédia.[84]

As três categorias que analisamos têm uma importância primordial para a compreensão do estilo romanesco. O pícaro, o bufão e o bobo embalaram o berço do romance europeu da Idade Moderna e deixaram em seu cortinado seu barrete com guizos. Além disso, nossas três categorias não têm menos importância também para a compreensão das raízes pré-

---

[83] Falamos, evidentemente, do drama clássico puro como veiculador do limite ideal do gênero. O drama social realista contemporâneo pode, é claro, ser heterodiscursivo e múltiplo em linguagens.

[84] Aqui não abordaremos a influência da comédia no romance e a possível origem de algumas variedades do pícaro, do bufão e do bobo na comédia. Qualquer que seja a origem dessas variedades, suas funções mudam no romance, e nas condições romanescas desenvolvem-se possibilidades inteiramente novas para tais imagens.

As duas linhas estilísticas do romance europeu

-históricas do pensamento prosaico e a compreensão de suas ligações com o folclore.

A imagem do pícaro determinou a primeira grande forma da segunda linha: a do romance picaresco de aventuras.

Contornaremos a questão ainda obscura da origem primordial (em terreno espanhol) do romance e da novela picarescos (e também do chamado *Traumsatire*). Tampouco abordaremos outra questão de ordem puramente histórica: a estreita inter-relação do romance picaresco e da novela picaresca com outras variedades basilares do romance da segunda linha (os romances de Cervantes, Rabelais, Grimmelshausen e outros). Salientemos apenas que também pertence à pena de Cervantes a novela picaresca clássica *Rinconete y Cortadillo*, enquanto que o autor de *Simplicissimus* foi também autor de uma novela picaresca. Aqui nos importa apenas a importância geral que teve para o discurso romanesco a série *Lazarilho de Tormes* — *Guzmán de Alfarache* — *Gil Blas*.

Compreender o herói desse romance e o seu discurso em sua originalidade só é possível no campo do elevado romance de cavalaria de provação, dos gêneros retóricos extraliterários (biográficos, confessionais, predicais, etc.) e também do romance barroco. Só nesse campo esboçam-se com toda nitidez a novidade radical e a profundidade da concepção de herói e do seu discurso no romance picaresco.[85]

Aqui o herói, portador do embuste alegre, está colocado à margem de qualquer *páthos* tanto heroico como sentimental, colocado de modo proposital e acentuado, e sua natureza antipática é desnudada em toda parte, começando pela autoapresentação e pela autorrecomendação cômica do herói ao público, que dão o tom a toda a sequência da narração, e

---

[85] Aqui, no romance picaresco, aparece o tipo *Ich-Erzählung* [narrativa em primeira pessoa], que é novo e característico de todo o posterior desenvolvimento do romance.

terminando no desfecho final. O herói está colocado fora de todas as categorias — sobretudo as retóricas — que embasam a sua imagem no romance de provação: à margem de qualquer juízo, de qualquer defesa ou acusação, autojustificação ou arrependimento, glorificação ou desmascaramento. Aqui o discurso sobre o homem ganha um tom radicalmente novo, estranho a toda seriedade patética.

Entretanto, como já dissemos, essas categorias patéticas determinaram inteiramente a imagem do herói no romance de provação e a imagem do homem na maioria dos gêneros retóricos: nas biografias (glorificação, apologia), autobiografias (autoglorificação, autojustificação), confissões (arrependimento), na retórica jurídica e política (defesa-acusação), na sátira retórica (desmascaramento patético), etc. A organização da imagem do homem, a seleção dos traços, sua concatenação, os meios de vinculação dos atos e fatos à imagem do herói são inteiramente determinados por sua defesa, sua apologia, sua glorificação, ou, ao contrário, por sua acusação, seu desmascaramento, etc. Isso se baseia na ideia normativa e imóvel de homem, que exclui qualquer formação minimamente substancial, razão pela qual o herói pode receber um julgamento tanto inteiramente positivo como inteiramente negativo. Além disso, as categorias retórico-jurídicas predominam na base da concepção de homem que define o herói do romance sofista, da biografia e da autobiografia antigas, e mais tarde também do romance de cavalaria, do romance de provação e dos respectivos gêneros retóricos. A unidade do homem e a unidade dos seus atos (ações) são de natureza retórico-jurídica e por isso parecem externas e formais do ponto de vista da subsequente concepção psicológica de indivíduo. Não foi sem razão que o romance sofista nasceu de uma fantasia jurídica dissociada da vida real jurídica e política do retor. O esquema para a análise e a representação do ato humano no romance era fornecido pelas análises e representações retóricas do "crime", do "mérito",

As duas linhas estilísticas do romance europeu

da "façanha", da "razão política", etc. Esse esquema determinou a unidade do ato e sua qualificação como categoria. Os mesmos esquemas embasavam a representação do indivíduo. E já em torno desse núcleo retórico-jurídico dispunha-se o material psicológico aventuresco erótico e primitivo.

É verdade que ao lado desse enfoque externamente retórico da unidade da personalidade humana e de seus atos ainda existia o autoenfoque confessional "penitente", dotado de seu esquema de construção da imagem do homem e de seus atos (depois de Santo Agostinho), mas a influência dessa ideia confessional do homem interior (e a respectiva construção de sua imagem) sobre o romance de cavalaria e o romance barroco não era muito grande e só ganhou importância bem mais tarde, já na Idade Moderna.

É nesse campo que, antes de tudo, manifesta-se com nitidez o trabalho negativo do romance picaresco: a destruição da unidade retórica da personalidade, do ato e do acontecimento. Quem é "pícaro" — Lazarilho, Gil Blas e outros? Um criminoso ou um homem honrado, bom ou mau, covarde ou corajoso? Poder-se-ia falar de méritos, crimes, façanhas que criam e determinam a sua feição? Ele está fora da defesa e da acusação, do enaltecimento ou do desmascaramento, não conhece o arrependimento nem a autojustificação, não está correlacionado com nenhuma norma, com nenhuma exigência ou ideal, não é uno nem comedido do ponto de vista das disponíveis unidades retóricas da personalidade. Aqui o homem está como que livre dessas unidades convencionais, nelas ele não se determina nem se conclui: ele zomba delas.

Desintegram-se todos os antigos vínculos entre o homem e seu ato, entre o acontecimento e seus participantes. Revela-se uma brusca ruptura entre o homem e sua posição externa — título, mérito, casta. Em torno do pícaro, todas as posições e símbolos elevados, tanto espirituais como mundanos, dos quais o homem se revestia com imponência e falsidade hipócrita, transformam-se em máscaras, trajes de mascaradas, acessórios. No clima de embuste alegre ocorrem a transfiguração e o abrandamento de todos esses símbolos e posições elevadas, sua radical reacentuação.

Como já afirmamos, também passam por essa mesma reacentuação radical as linguagens elevadas, integradas a certas posições do homem — ao título, à falsidade, à casta, à profissão. E o próprio discurso do romance picaresco, assim como o seu herói, não se prende a nenhuma das unidades de acentuação disponíveis; esse discurso não se entrega a nenhum sistema de valores e acentuação, e, mesmo onde não parodia nem ri, prefere permanecer um discurso como que desprovido de qualquer acento, seco e informativo.

O herói do romance picaresco contrapõe-se ao herói do romance de provação também em outro sentido: em essência, não resiste a nenhuma provação ou tentação, não é fiel a nada e trai tudo — mas desse modo é fiel a si mesmo, à sua diretriz antipatética e cética. Aqui amadurece uma nova concepção de personalidade humana, não retórica e tampouco confessional, que ainda tateia o seu discurso e prepara um terreno para ele. O romance picaresco ainda não orquestra suas intenções na exata acepção do termo, mas prepara essencialmente essa orquestração libertando o discurso do pesado patético que o oprime, de todos os acentos necrosados e falsos, aliviando-o e em certa medida esvaziando-o. Nisto reside sua importância ao lado da novela satírica e paródica, da epopeia paródica e das respectivas ciclagens de novelas em torno da imagem do bufão e do bobo.

Tudo isso preparou as grandes imagens do romance da segunda linha: *Gargântua e Pantagruel* — *Dom Quixote* — *Simplicissimus* — *Francion* (Sorel) — *Le Roman comique* (Scarron) — *Tom Jones* (Fielding) — *Peregrine Pickle* (Smollett) — *Tristram Shandy*.

Nessas grandes obras centrais, o gênero romanesco se torna aquilo que é, desencadeia todas as suas possibilidades.

As duas linhas estilísticas do romance europeu   221

Aqui, amadurecem definitivamente e atingem a plenitude da originalidade as autênticas imagens bivocais do romance, marcando sua profunda diferença em face dos símbolos poéticos. Se um rosto desfigurado pela mentira patética na prosa paródica picaresca e bufa transforma-se numa semimáscara literária e franca no clima de embuste alegre que tudo alivia, essa semimáscara é aí substituída por uma autêntica imagem prosaico-literária de um rosto. As linguagens deixam de ser mero objeto de uma parodização puramente polêmica ou voltada para si mesma: sem perder inteiramente seu colorido paródico, elas começam a realizar a função de representação literária, de representação *legítima*. O romance aprende a usar todas as linguagens, maneiras, gêneros, força todos os universos caducantes e decrépitos, todos os universos social e ideologicamente estranhos e distantes a falarem de si mesmos em sua própria linguagem e com seu próprio estilo, mas o autor constrói sobre essas linguagens as suas intenções e os seus acentos, postos em combinação dialógica com elas. O autor insere seu pensamento na representação da linguagem do outro, sem violar a vontade e a própria originalidade dessa linguagem. O discurso do herói sobre si mesmo e sobre o seu mundo se funde orgânica e internamente com o discurso do autor sobre si mesmo e seu mundo. Com essa fusão interna de dois pontos de vista, duas intenções e duas expressões num único discurso, seu potencial paródico adquire um caráter especial: a linguagem parodiada exerce uma viva resistência dialógica às intenções parodiantes do outro. Na própria imagem começa a ecoar uma conversa inacabada: a imagem se torna uma interação aberta e viva de mundos, pontos de vista e acentos. Daí a possibilidade de uma reacentuação dessa imagem, a possibilidade de atitudes diferentes em face da discussão que soa no interior da imagem, de diferentes posições nessa discussão e, consequentemente, de diferentes interpretações da própria imagem. Esta se torna polissêmica como o símbolo. Assim se criam imagens romanescas imortais, que vivem vidas diferentes em épocas diferentes. Desse modo, a imagem de Dom Quixote na história posterior do romance ganhou diferentes reacentuações e diferentes interpretações, sendo que essas reacentuações e interpretações foram um desenvolvimento subsequente necessário e orgânico dessa imagem, a continuação da discussão inacabada nela inserida.

Essa dialogicidade interna das imagens está ligada à dialogicidade geral de todo o heterodiscurso nos modelos clássicos do romance da segunda linha estilística. Aqui se revela e se atualiza a natureza dialógica do heterodiscurso, as linguagens se correlacionam entre si e iluminam umas às outras.[86] Todas as intenções essenciais do autor estão orquestradas e refratadas sob diferentes ângulos através das linguagens do heterodiscurso da época. Só os elementos secundários, puramente informativos e observacionais são dados no discurso direto do autor. A linguagem do romance se torna um sistema de linguagens literariamente organizado.

Para complementar e tornar precisas nossas distinções entre a primeira e a segunda linhas estilísticas do romance, ainda abordaremos dois momentos que iluminam sua diferença em relação ao heterodiscurso dos romances da segunda linha estilística.

* * *

Como vimos, os romances da primeira linha estilística introduzem a diversidade de gêneros da vida cotidiana e de gêneros semiliterários com o intuito de eliminar neles o heterodiscurso grosseiro e substituí-lo em toda parte por uma linguagem uniforme, "enobrecida". O romance foi uma en-

---

[86] Já afirmamos que o dialogismo potencial da linguagem enobrecida da primeira linha e sua polêmica com o heterodiscurso aqui se atualizam e se desdobram em diferentes diálogos romanescos.

ciclopédia não de linguagens, mas de gêneros. É verdade que todos esses gêneros foram dados no campo que os dialogizam nas respectivas linguagens do heterodiscurso, linguagens polemicamente repudiáveis ou depuráveis, mas esse campo heterodiscursivo permaneceu fora do romance.

Também na segunda linha observamos a mesma aspiração ao potencial enciclopédico (ainda que em grau diferente). Basta mencionar *Dom Quixote*, muito rico em gêneros intercalados. Contudo, a função desses gêneros intercalados nos romances da segunda linha muda acentuadamente. Aqui, eles servem a um objetivo básico: introduzir no romance o heterodiscurso, a diversidade de linguagens da época. Não se introduzem os gêneros extraliterários (por exemplo, os cotidianos) para "enobrecê-los", "literalizá-los", mas exatamente por sua extraliterariedade, pela possibilidade de introduzir no romance uma linguagem não literária (inclusive um dialeto). A pluralidade de linguagens da época devia estar representada no romance.

No terreno do romance da segunda linha surge a exigência que mais tarde seria proclamada como exigência constitutiva do gênero romanesco (naquilo que o diferencia dos outros gêneros épicos) e que habitualmente era formulada da seguinte maneira: o romance deve ser o reflexo completo e multifacetado da época.

Essa exigência precisa ser formulada de outro modo: no romance, devem estar representadas todas as vozes socioideológicas de sua época, isto é, todas as linguagens minimamente importantes dessa época; o romance deve ser o microcosmo do heterodiscurso.

Em semelhante formulação, essa exigência é de fato imanente àquela ideia de gênero romanesco que determinava o desenvolvimento criativo da mais importante variedade do grande romance da Idade Moderna, começando por *Dom Quixote*. Essa exigência ganha uma nova importância no romance de educação, onde a própria ideia de formação seletiva e desenvolvimento do homem requer a plenitude da representação dos universos sociais, das vozes e linguagens da época, entre as quais se realiza essa formação experimentadora e seletiva do herói. É claro, porém, que não é só o romance de educação que exige, de modo fundamentado, essa plenitude (absoluta no máximo) de linguagens sociais. Essa exigência pode combinar-se organicamente a outras diretrizes as mais variadas. Por exemplo, os romances de Eugène Sue aspiram à plenitude da representação dos universos sociais. Influenciado por Sue, bem como pelo romance de Jean Paul, Karl Gutzkow criou a ideia do *Roman des Nebeneinander*, que deveria representar todas as contradições coexistentes dos universos sociais em sua plenitude.

A exigência de que o romance contenha a plenitude das linguagens sociais da época baseia-se na correta apreensão da essência do heterodiscurso romanesco. Cada linguagem só se revela em sua originalidade quando está correlacionada com todas as outras linguagens que integram a mesma unidade contraditória da formação social. No romance, cada linguagem é um ponto de vista, um horizonte socioideológico dos grupos sociais reais e dos seus representantes personificados. Não sendo percebida como esse horizonte socioideológico original, a linguagem não pode ser material de orquestração, não pode vir a ser uma representação de linguagem. Por outro lado, todo ponto de vista sobre o mundo, essencial para o romance, deve ser um ponto de vista concreto, um ponto de vista socialmente personificado e não uma posição abstrata puramente semântica; deve, consequentemente, ter sua linguagem, com a qual esteja organicamente unida. A construção do romance não se assenta em divergências abstrato-semânticas nem em colisões de puro enredo, mas numa heterodiscursividade social e concreta. Por isso, a plenitude dos pontos de vista personificados, à qual aspira o romance, não é a plenitude lógica, sistemática, puramente semântica dos pontos de vista possíveis, e sim a plenitude histórica e

As duas linhas estilísticas do romance europeu

concreta das linguagens socioideológicas reais que, em dada época, entraram em interação, que pertencem a uma unidade contraditória em formação. No campo dialogante de outras linguagens da época e em interação dialógica direta com elas (em diálogos diretos), cada linguagem começa a soar de modo diferente do que soaria, por assim dizer, "em si mesma" (sem correlação com outras). Só no heterodiscurso integral de uma época as linguagens isoladas, seu papel e seu real sentido histórico se revelam até o fim, da mesma forma que o sentido definitivo e último da réplica isolada de algum diálogo só se revela quando esse diálogo já está terminado, quando todos já se manifestaram, isto é, apenas no contexto de uma conversa completa e concluída. Assim, a linguagem do *Amadis* nos lábios de Dom Quixote só revela inteiramente a si própria e a plenitude do seu sentido histórico na totalidade do diálogo de linguagens da época de Cervantes.

Passemos ao segundo momento, que também esclarece a diferença entre a primeira e a segunda linha.

Em contraposição à "categoria de literariedade", o romance da segunda linha lança a crítica ao discurso literário como tal e, antes de tudo, ao discurso romanesco. Essa autocrítica do discurso é uma peculiaridade essencial do gênero romanesco. O discurso é criticado em sua relação com a realidade: em suas pretensões de refletir fielmente a realidade, conduzir a realidade e reconstruí-la (pretensões utópicas do discurso), substituí-la como seu sucedâneo (o sonho e a invenção substituindo a vida). Em *Dom Quixote* já aparece a provação do discurso literário romanesco pela vida, pela realidade. E em seu posterior desenvolvimento o romance da segunda linha continua sendo, consideravelmente, o romance de provação do discurso literário, sendo que se observam dois tipos dessa provação.

O primeiro tipo concentra a crítica e a provação do discurso literário em torno do herói — do "homem literário", que vê a vida pelos olhos da literatura e tenta viver "segundo a literatura". *Dom Quixote* e *Madame Bovary* são os modelos mais célebres dessa modalidade, mas o "homem literário" e a provação do discurso literário a ele vinculada estão presentes em quase todo grande romance: assim são, em maior ou menor grau, todos os heróis de Balzac, Dostoiévski, Turguêniev e outros, diferindo apenas o peso específico desse elemento no conjunto do romance.

O segundo tipo de provação introduz o autor que escreve o romance (o "desnudamento do procedimento", segundo a terminologia dos formalistas), porém não na qualidade de herói (isto é, não estamos falando do *Künstlerroman*), mas como o autor real de dada obra. Paralelamente ao próprio romance são apresentados fragmentos do "romance sobre o romance" (evidentemente, o exemplo clássico é *Tristram Shandy*).

Além disso, ambos os tipos de provação do discurso literário podem ser unificados. Assim, já em *Dom Quixote* há elementos do romance sobre o romance (cf. a polêmica do autor com o autor da falsa segunda parte). Demais, as formas de provação do discurso literário podem ser bastante diferentes (diferem particularmente as variedades do segundo tipo). Por último, é preciso assinalar em especial o diferente grau de parodização do discurso literário posto à prova. Via de regra, a provação do discurso combina-se com sua parodização, mas o grau do paródico, bem como o grau de resistência dialógica do discurso parodiado, podem variar bastante: da paródia literária (voltada para si mesma) externa e grosseira à quase completa solidarização com o discurso parodiado (a "ironia romântica"): no meio entre esses dois limites extremos, ou seja, entre a paródia literária externa e a "ironia romântica", encontra-se *Dom Quixote* com sua dialogicidade profunda — mas sabiamente equilibrada — do discurso paródico. Como exceção, é possível uma provação do discurso literário no romance totalmente desprovida de parodização. Um interessante exemplo moderno dessa provação é *Jurav-*

As duas linhas estilísticas do romance europeu

línaia ródina [A terra das cegonhas] de Mikhail Príchvin.* Aqui, a autocrítica do discurso literário — o romance sobre o romance — transforma-se num romance filosófico sobre a arte literária, desprovido de qualquer potencial paródico.

Assim, a categoria de literariedade da primeira linha, com suas pretensões dogmáticas a um papel vital, é substituída nos romances da segunda linha pela provação e pela autocrítica do discurso literário.

* * *

No início do século XIX chega ao fim a nítida contraposição entre as duas linhas estilísticas do romance. É claro que se pode observar até hoje um desenvolvimento mais ou menos puro de ambas as linhas, mas apenas à margem da estrada real do romance moderno. Todas as variedades minimamente significativas do romance dos séculos XIX e XX são de natureza mista, cabendo notar que a segunda linha evidentemente predomina. É característico que, apesar de tudo, mesmo no puro romance de provação do século XIX prevalesce estilisticamente a segunda linha, embora nesse romance sejam relativamente fortes os elementos da primeira linha. Pode-se dizer que, por volta do século XIX, os traços da segunda linha se tornam os traços constitutivos basilares do gênero romanesco em geral. O discurso romanesco desenvolveu todas as suas possibilidades estilísticas específicas — só a ele inerentes — justo na segunda linha. Esta abriu de uma vez por todas as possibilidades inseridas no gênero romanesco: nessa linha o romance veio a ser o que é.

Quais são as premissas sociológicas do discurso romanesco da segunda linha estilística?

Esse discurso pressupõe uma essencial comunhão da

---

* Mikhail Príchvin (1873-1954), romancista e contista dos mais originais do período soviético, até hoje pouquíssimo divulgado e estudado. (N. do T.)

consciência linguística com várias linguagens que nela se chocam, e essa comunhão não se dá apenas na superfície de sua coexistência, mas também na superfície de sua tensa formação contraditória, que exclui a pretensão do dogmatismo centralizador da primeira linha com sua categoria de literariedade. A primeira linha, em suas variedades basilares — o romance de cavalaria em versos, em parte *Amadis*, o romance pastoril, o romance barroco —, era a expressão do núcleo estável da classe dominante. As variedades basilares da segunda linha estavam localizadas de outro modo em termos histórico-sociais: na classe dominante abrangiam apenas a sua periferia, que era instável e estava em processo de desclassificação, apartava-se do núcleo e entrelaçava-se com elementos igualmente periféricos de outras classes. Em essência, o romance da segunda linha desenvolve-se no âmbito dos grupos sociais em formação, que abrem caminho para a autoconsciência e a dominação; ou seja, esse romance está localizado naqueles estratos sociais que foram abrangidos, da forma mais intensa e mais essencial, pelo processo de formação e do modo mais estreito e mais essencial contatam-se, chocam-se e se entrelaçam com elementos de outros grupos. O capitalismo comercial e a energia centralizadora do absolutismo criaram nessas camadas as condições mais favoráveis para a interação e a recíproca iluminação das linguagens, para a transição do heterodiscurso do "ser em si" (quando as linguagens não conhecem umas às outras ou podem ignorar umas às outras) para o "ser para si" (quando as linguagens do heterodiscurso se revelam umas às outras e começam a servir de campo dialogante umas para as outras). As linguagens do heterodiscurso, como espelhos focados uns para os outros e cada um refletindo a seu modo uma nesga, um cantinho do mundo, levam a que se adivinhe e se capte, por trás dos aspectos que se refletem mutuamente, um mundo multiplanar, de múltiplos horizontes e mais amplo do que seria acessível a uma única língua, a um único espelho.

As duas linhas estilísticas do romance europeu

À época dos grandes descobrimentos astronômicos, matemáticos e geográficos que destruíram o caráter finito e fechado do velho Universo, o aspecto finito das grandezas matemáticas e deslocaram as fronteiras do velho mundo geográfico, à época do Renascimento e do Protestantismo, que destruíram a centralização verboideológica da Idade Média — para uma época semelhante só poderia ser adequada uma consciência linguística galileiana que se materializasse no discurso romanesco da segunda linha estilística.

* * *

Para concluir, algumas observações metodológicas.

A impotência da estilística tradicional — que só conhece a consciência linguística ptolomaica — diante da autêntica originalidade da prosa romanesca, da tentativa de aplicar a essa prosa as categorias estilísticas tradicionais baseadas na unidade da linguagem e na intencionalidade direta e idêntica de toda a sua composição, o desconhecimento da poderosa importância estilizadora do discurso do outro e do *modus* do falar indireto e depreciativo — tudo isso redundou na substituição da análise estilística da prosa romanesca por uma descrição linguística habitualmente neutra da linguagem de uma dada obra, ou pior, de um dado autor.

Mas por si só semelhante descrição da linguagem não pode fornecer absolutamente nada para a compreensão do estilo romanesco. Ademais, também como descrição linguística da linguagem ela tem um defeito metodológico, pois no romance não há uma linguagem, mas linguagens que se combinam entre si numa unidade puramente estilística e nunca linguística (como dialetos podem misturar-se, formando novas unidades dialetológicas).

A linguagem do romance da segunda linha não é uma língua única, geneticamente formada a partir da mistura de linguagens, mas, como salientamos reiteradamente, é um original sistema literário de linguagens que não se encontram no mesmo plano. Mesmo se abstrairmos os discursos dos personagens e os gêneros intercalados, o próprio discurso do autor continuará sendo, a despeito de tudo, um sistema estilístico de linguagens: massas consideráveis desse discurso estilizam (de forma direta, paródica ou irônica) linguagens alheias, e nele estão disseminadas palavras alheias sem quaisquer aspas, que em termos formais pertencem ao discurso do autor, mas de cujos lábios estão nitidamente afastadas por uma entonação irônica, paródica, polêmica ou por outra entonação depreciada. Atribuir todas essas palavras orquestradoras e distanciadas ao vocabulário único de dado autor, atribuir as peculiaridades semânticas e sintáticas das palavras e formas orquestradoras às peculiaridades da semântica e da sintaxe desse autor, isto é, perceber e descrever tudo isso como traços linguísticos de certa língua única do autor é tão absurdo quanto pôr na conta da linguagem do autor erros gramaticais de alguma de suas personagens, exibidos de forma objetificada. É evidente que em todos esses elementos linguísticos orquestradores e distanciados há também o acento do autor, e eles acabam sendo determinados por sua vontade literária e estão inteiramente sob a sua responsabilidade literária, mas não pertencem à sua linguagem nem estão no mesmo plano com ela. A tarefa de descrever a linguagem do romance é metodologicamente absurda pela total inexistência do próprio objeto dessa descrição — uma linguagem romanesca única.

O romance fornece um sistema literário de linguagens, mais exatamente, de representações de linguagens, e a tarefa real de sua análise estilística consiste em descobrir todas as linguagens orquestradoras presentes na composição do romance, em compreender os graus de distanciamento entre cada linguagem e a última instância semântica da obra e os diferentes ângulos de refração das intenções nelas materializadas, em compreender as suas inter-relações dialógicas e, por último, a existência ou inexistência de discurso direto do

As duas linhas estilísticas do romance europeu 231

autor, em definir o seu campo dialogante heterodiscursivo fora da obra (essa última tarefa é fundamental para o romance da primeira linha).

A solução desses problemas estilísticos pressupõe, em primeiro lugar, uma profunda penetração ideológico-literária no romance.[87] Só essa penetração (reforçada, é claro, por conhecimentos) pode dominar o projeto literário essencial do todo e, a partir desse projeto, perceber as mínimas diferenças das distâncias entre cada elemento da linguagem e a última instância semântica da obra, os matizes mais sutis da acentuação da linguagem pelo autor e dos seus diferentes elementos, etc. Nenhuma observação linguística, por mais sutil que seja, jamais descobrirá esse movimento e esse jogo de intenções do autor entre as diferentes linguagens e os seus elementos. A penetração ideológico-literária no todo do romance sempre deve orientar sua análise estilística. Aí não se pode esquecer que as linguagens inseridas no romance são enformadas em representações literárias das linguagens (não se trata de dados linguísticos crus), e essa enformação pode ser mais ou menos literária e bem-sucedida, e corresponder mais ou menos ao espírito e à força das linguagens representadas.

É claro, porém, que só uma incursão literária não basta. A análise estilística depara com toda uma série de dificuldades, sobretudo quando trata de obras de épocas distantes e de linguagens alheias, quando a recepção literária não encontra o apoio de uma intuição linguística viva. Em termos figurados, nesse caso, toda linguagem, em virtude de nossa distância em relação a ela, parece situada em um único plano, nela não se percebem a terceira dimensão nem as diferenças de planos e distâncias. Aqui, um estudo histórico-linguístico

---

[87] Tal penetração envolve também a avaliação do romance, e não só literária em sentido restrito mas também ideológica, pois não existe compreensão literária sem avaliação.

dos sistemas e estilos de linguagem (sociais, profissionais, de gêneros, de tendências, etc.), presentes em dada época, ajudaria substancialmente a recriar a terceira dimensão na linguagem do romance, a diferenciá-la e distanciá-la. No entanto, é claro que mesmo no estudo das obras atuais da linguística é indispensável um apoio na análise estilística.

Contudo, isso também não basta. Fora de uma compreensão profunda do heterodiscurso, do diálogo de linguagens de dada época, a análise estilística do romance não pode ser eficiente. Mas para compreender esse diálogo, para se ouvir aí o diálogo pela primeira vez é insuficiente conhecer a feição linguística e estilística das linguagens: são indispensáveis uma profunda compreensão do sentido socioideológico de cada linguagem e um conhecimento preciso da disposição social de todas as vozes ideológicas da época e, consequentemente, da disposição das forças sociais e de classes em dada época. Desse modo, a análise puramente estilística do romance também nos levará inevitavelmente às condições socioeconômicas da época que, ao fim e ao cabo, determinam tanto a estratificação da língua (no longo processo de sua contraditória formação) como a inter-relação dialogada das linguagens na consciência verboideológica de um dado grupo social, consciência essa que encontrou sua expressão no romance objeto de análise.

Semelhante análise do estilo romanesco encontra dificuldades de um tipo especial, determinadas pela velocidade do transcurso dos processos de transformação aos quais está sujeito todo fenômeno de linguagem: o processo de *canonização* e o processo de *reacentuação*.

Alguns elementos do heterodiscurso introduzidos na linguagem do romance, por exemplo, os provincialismos, as expressões técnico-profissionais, etc., podem servir à orquestração das intenções do autor (logo, são empregados com depreciações, com distanciamento), ao passo que outros elementos do heterodiscurso, análogos aos primeiros, perderam a certa altura o seu ranço de "estrangeirismo" já canonizado pela linguagem literária e, consequentemente, são percebidos pelo autor não mais no sistema da fala provincial ou do jargão profissional, mas no sistema da linguagem literária. Seria um erro crasso atribuir-lhes uma função orquestradora: eles já estão no mesmo plano da linguagem do autor ou no plano de outra linguagem orquestradora (literária, e não provincial) na hipótese de o autor não estar solidário tampouco com a linguagem literária do seu tempo. E eis que em outros casos chega a ser muito difícil decidir o que para o autor é um elemento já canonizado da linguagem literária e em que ele ainda percebe o heterodiscurso. E quanto mais distante da consciência de sua época está a obra objeto de análise, tanto mais séria é essa dificuldade. Justo nas épocas mais agudamente heterodiscursivas, quando o choque e a interação entre as linguagens são particularmente tensos e fortes, quando o heterodiscurso açoita a linguagem literária por todos os lados, ou seja, justamente nas épocas mais favoráveis para o romance, os elementos do heterodiscurso são canonizados com extraordinária facilidade e rapidez e passam de um sistema de linguagem a outro: do cotidiano à linguagem literária, desta à linguagem cotidiana, do jargão profissional ao da vida comum, de um gênero a outro, etc. Numa luta tensa, as fronteiras ao mesmo tempo se tensionam e se apagam, e vez por outra é impossível estabelecer onde foi mesmo que já se apagaram e alguns dos combatentes já passaram para o território do outro. Tudo isso gera enormes dificuldades para a análise. Em épocas mais estáveis, as linguagens são mais conservadoras e a canonização se realiza com mais lentidão e dificuldade, sendo fácil observá-la. Entretanto, é preciso dizer que a rapidez da canonização cria dificuldades apenas nos pormenores, nos detalhes da análise estilística (predominantemente na análise da palavra do outro esporadicamente difusa no discurso do autor), mas a canonização não pode estorvar a compreensão das principais linguagens orquestradoras e das principais linhas do movimento e do jogo de intenções.

O segundo processo — a reacentuação — é bem mais complexo e pode deformar substancialmente a compreensão do estilo romanesco. Esse processo diz respeito à nossa percepção das distâncias e dos acentos precondicionadores do autor, apagando para nós os seus matizes e amiúde eliminando-os por completo. Já tivemos oportunidade de afirmar que certos tipos e variedades de discurso bivocal com muita facilidade perdem a sua segunda voz para a recepção e se fundem com o discurso direto monovocal. Assim, justamente onde o paródico não é um fim em si mesmo, mas está unido à função representativa, sob certas condições pode ser perdido pela recepção de forma completa, muito rápida e fácil, ou ele pode se enfraquecer consideravelmente. Já dissemos que, numa autêntica representação em prosa, o discurso parodiado oferece resistência dialógica interna às intenções parodiadoras: ora, o discurso não é um material objetificado morto nas mãos do artista que o manipula, mas um discurso vivo e coerente, em tudo fiel a si mesmo, que pode tornar-se inoportuno e cômico, revelar sua estreiteza e unilateralidade, mas cujo sentido — uma vez realizado — nunca pode extinguir-se por completo. E, em condições modificadas, esse sentido pode produzir centelhas novas e claras, queimando a crosta objetificada que o cobriu e, consequentemente, privando a acentuação paródica de seu campo real, eclipsando-a e apagando-a. Além disso, ainda cabe ter em vista a seguinte peculiaridade de toda representação profunda em prosa: nela, as intenções do autor se movem em uma curva, as distâncias entre o discurso e as intenções mudam o tempo todo, ou seja, muda o ângulo de refração. No vértice da curva é possível a completa solidarização do autor com sua representação, a fusão de suas vozes, e na base da curva é possível, ao contrário, o pleno aspecto objetificante da representação e, consequentemente, sua paródia grosseira, destituída de dia-

As duas linhas estilísticas do romance europeu

logismo profundo. A fusão com a representação das intenções do autor e seu pleno aspecto objetificante podem alternar-se acentuadamente ao longo de uma pequena parte da obra (por exemplo, em Púchkin, no tratamento da imagem de Oniéguin e, em parte, da de Liênski). Evidentemente, a curva do movimento das intenções do autor pode ser mais ou menos acentuada, a representação em prosa pode ser mais serena e equilibrada. Mudando as condições de recepção da representação, a curva pode tornar-se menos acentuada ou simplesmente distender-se em linha reta: a representação se torna intencional no todo ou de forma direta ou, ao contrário, puramente objetificada e grosseiramente paródica.

O que condiciona essa reacentuação das representações e linguagens do romance? Uma mudança do campo que a dialogiza, ou seja, uma mudança na composição do heterodiscurso. No diálogo de linguagens modificado de uma época, a linguagem da representação começa a soar de outro modo, pois é interpretada de outro modo, é percebida em outro campo que a torna dialógica. Nesse novo diálogo, a própria intencionalidade direta da representação e de seu discurso pode intensificar-se e aprofundar-se ou, ao contrário, vir a ser objetificada; a representação cômica pode se tornar trágica, a desmascaradora, desmascarada, etc.

Nas reacentuações desse tipo não há uma violação grosseira da vontade do autor. Pode-se dizer que esse processo ocorre na própria representação e não só nas condições modificadas da recepção. Essas condições apenas atualizaram as potencialidades já existentes na representação (é verdade que, ao mesmo tempo, enfraqueceram outras). Até certo ponto é lícito afirmar que, em um sentido, a representação é mais bem compreendida e percebida do que antes. Quando mais não seja, certa incompreensão aqui se associa a uma compreensão nova e aprofundada.

Em certos limites, o processo de reacentuação é inevitável e legítimo, até mesmo eficaz, mas esses limites podem ser facilmente transpostos quando a obra está longe de nós e quando começamos a percebê-la em um campo totalmente estranho a ela. Nessa recepção ela pode ser radicalmente submetida a uma reacentuação que a deforma: é esse o destino de muitos romances antigos. Contudo, é particularmente mais perigosa a reacentuação vulgarizante, simplificadora, jacente em todas as relações abaixo da compreensão (e do tempo) do autor, que transforma uma representação bivocal numa representação plana e monovocal: heroico-empolada, patético-sentimental ou, ao contrário, em cômico-primitiva. Assim é, por exemplo, a primitiva recepção pequeno--burguesa da imagem de Liênski "levada a sério", inclusive do seu poema paródico: "Aonde, aonde fostes", ou a recepção puramente heroica de Pietchórin no estilo dos heróis de Marlinski.*

É enorme a importância do processo de reacentuação na história da literatura. Cada época reacentua a seu modo as obras do passado mais próximo. A vida histórica das obras clássicas é, no fundo, um processo contínuo de reacentuação socioideológica. Graças às possibilidades intencionais nelas inseridas, em cada época e no novo campo que as torna dialógicas elas podem revelar elementos semânticos sempre novos; sua composição semântica literalmente continua a crescer, a recriar-se. De igual maneira, sua influência sobre a criação posterior compreende inevitavelmente o elemento de reacentuação. Muito amiúde as novas representações na literatura são criadas por meio da reacentuação das antigas, por meio de sua tradução de um registro acentual para outro, por exemplo, do plano cômico para o trágico, ou vice-versa.

---

* Pietchórin é personagem de *O herói do nosso tempo*, de Liérmontov; Marlinski é o pseudônimo de Aleksandr Bestújiev (1797-1837), escritor decabrista russo. (N. do T.)

As duas linhas estilísticas do romance europeu

Wilhelm Dibelius cita em seus livros interessantes exemplos dessa reacentuação de novas representações por meio da reacentuação de antigas. Os tipos profissionais e os de casta do romance inglês — médicos, advogados, latifundiários — surgiram primeiro nos gêneros da comédia, depois passaram aos planos cômicos secundários do romance na qualidade de personagens secundárias objetificadas e já depois se deslocaram para os planos elevados e puderam tornar-se personagens centrais.[88] Um dos meios essenciais de transferência do herói do plano cômico para um plano superior é sua representação na infelicidade e nos sofrimentos; os sofrimentos transferem o herói cômico para outro registro elevado.[89] Dibelius mostra como a imagem tradicional do avarento na comédia contribui para a assimilação da nova imagem do capitalista, elevando-se à imagem trágica de Dombey.* Dibelius apresenta inúmeros exemplos de reacentuação em seu livro *Englische Romankunst* [A arte do romance inglês].[90]

É de especial importância a reacentuação em prosa de uma imagem em poesia e vice-versa. Assim surgiu a epopeia paródica na Idade Média, que exerceu um papel substancial na preparação do romance da segunda linha (sua paralela conclusão clássica é Ariosto). É de grande importância a reacentuação das imagens em sua tradução da literatura para as outras artes: o drama, a ópera, a pintura. Um exemplo clássico é a reacentuação bastante significativa de *Ievguêni Oniéguin* por Tchaikóvski: ela exerceu forte influência na

---

[88] Cf. Wilhelm Dibelius, *Charles Dickens*, Leipzig, B. G. Teubner, 1916, p. 356.

[89] *Idem, ibidem*, p. 360.

* Personagem do romance *Dombey and Son* (1848), de Dickens. (N. do T.)

[90] Cf. no resumo os trabalhos referentes à criação de novas imagens mediante a redução e a deseroificação das antigas ou, ao contrário, de sua elevação e refinamento. *Op. cit.*, tomo II, pp. 379, 381.

interpretação pequeno-burguesa das imagens desse romance, enfraquecendo o seu aspecto paródico.[91]

Assim é o processo de reacentuação. É necessário reconhecer para ele um significado elevado e produtivo na história da literatura. Mas, em um estudo estilístico objetivo dos romances de épocas distantes, é necessário sempre considerar esse processo e correlacionar rigorosamente o estilo estudado com o campo do heterodiscurso que, na respectiva época, o dialogiza. Aí, porém, um inventário de todas as imagens posteriores das personagens de um dado romance — de *Dom Quixote*, por exemplo — tem uma enorme importância heurística, aprofunda e amplia sua compreensão ideológico-literária, pois, repetimos, as grandes imagens do romance continuam a crescer e desenvolver-se mesmo depois de sua criação e são capazes de sofrer mudanças criativas em outras épocas as mais distantes do dia e da hora do seu primeiro nascimento.

* * *

A heterodiscursividade social tem sido o fundamento do estilo do romance ao longo da história desse gênero. Nos seus mais grandiosos modelos, a heterodiscursividade chega ao grau máximo de atualização e agudeza. Seu fundamento é a divisão da sociedade em classes.

Em nosso país criou-se o terreno para uma determinação radical dessa heterodiscursividade em sua própria base. Numa sociedade sem classes, a heterodiscursividade perderá seu caráter irremediável, sua profundidade e essencialidade, isto é, tudo aquilo que lhe dá força formadora de estilo no romance. Pode-se pensar que numa sociedade sem classes o

---

[91] É sumamente interessante a questão do discurso bivocal paródico e irônico (mais precisamente de seus análogos) na ópera, na música e na coreografia (as danças paródicas).

As duas linhas estilísticas do romance europeu

gênero romanesco perderá terreno para um posterior desenvolvimento. Pode-se pensar que o romance será substituído pela epopeia, mas uma epopeia especial, assentada em uma base social infinitamente ampliada.

Uma coisa está fora de dúvida: numa sociedade sem classes o romance deve sofrer uma reconstrução substancial. Hoje ele já está em processo de reconstrução. Já está sendo superado o desamparo linguístico, a "sem-linguagem" do romance. Está começando uma nova e a mais grandiosa *centralização da vida verboideológica* da história. Caminhamos para uma linguagem efetivamente única, mas não para a linguagem de um grupo dominante, cuja unidade tenha sido conseguida ao custo do esmagamento e do desconhecimento do heterodiscurso das linguagens, nem para uma unidade abstrato-normativa da linguagem, mas para uma linguagem ideologicamente completada, para um sistema acentual único. Essa unidade centralizadora penetra de dentro para fora nas linguagens, reconstruindo-as e enriquecendo-as, mas sem unificá-las de maneira abstrata.

O próprio processo dessa centralização verboideológica transcorre atualmente nas condições da mais tensa luta sociolinguística. O heterodiscurso ainda continua em plena vigência. É verdade que mudou radicalmente a estrutura dialógica desse heterodiscurso, a disposição das linguagens e vozes, pois surgiu um poderoso centro, um discurso decisivo e indiscutível nesse centro. Mas o heterodiscurso permanece e, consequentemente, permanecem as premissas basilares do gênero romanesco.[92]

O romance permanecerá também numa sociedade sem classes, uma vez que o heterodiscurso permanecerá nela também, mesmo perdendo seu ferrão de classe. Diante disso será

---

[92] Atualmente observamos inclusive o fenômeno peculiar e, sociologicamente, muito interessante da "prosaização" de outras artes: da música, do teatro, da coreografia.

inevitável, como já afirmamos, a mais profunda reconstrução do gênero romanesco. Mas sua especificidade estilística — o discurso bivocal, o jogo dialógico com as linguagens e a orquestração do tema pelo heterodiscurso — permanecerá até mesmo em bases modificadas.

Breve glossário de alguns conceitos-chave

Paulo Bezerra

Autor convencional: no original условный автор (*uslóvni ávtor*). Categoria tradicional da arte literária, às vezes traduzida equivocadamente como autor presumido, termo inexistente em Teoria da Literatura.

Bilinguagem: no original, двуязычие (*dvuiazítchie*), que significa dupla linguagem e, em alguns casos, bilinguismo.

Bivocal: no original, двуголосие (*dvugolóssie*), categoria essencial do dialogismo romanesco. Para Bakhtin, toda palavra ou discurso é bivocal, ou seja, contém mais de uma voz — a minha e a do outro ou de outros —, mais de uma apreciação do mundo, e é produto de um diálogo entabulado ou presumido.

Bivocalidade: no original, двуголосность (*dvugolósnost*). Potencialidade da palavra ou discurso para abrigar mais; natureza do discurso poético, predominantemente do romanesco, bem como do discurso humano.

Comunhão: no original, причастие (*pritchástie*), derivada do verbo причастить (*pritchastit*), comungar. Em outros contextos significa participação, mas em Bakhtin o termo está ligado a uma concepção ontológica do ato criador como comunhão na vida social através do heterodiscurso que abrange a totalidade social do ser. Daí seu sentido ontológico.

Depreciação: no original, оговаривание (*ogovárivanie*). Tratamento da palavra do outro sempre marcado por uma motivação ideológica. O termo poderia ser traduzido como calúnia, mas isto seria uma redução monológica que privaria a palavra depreciada de qualquer possibilidade dialógica. Em alguns casos pode significar ressalva.

Dialogizar: Em russo não existe o verbo dialogar, que seria preferível a dialogizar. Mas em Bakhtin o verbo significa não só estabelecer um diálogo, mas também tornar dialógico.

Discurso: no original, слово (*slovo*), que também significa "palavra". Minha preferência por discurso leva em conta a maior abrangência e maior propriedade do termo em se tratando de Teoria da Literatura. Troquei ideias a respeito com Serguei Botcharov, um dos mais importantes bakhtinólogos russos e organizador da edição definitiva da obra completa de Bakhtin, que concordou com o emprego de "discurso" em vez de "palavra". Ao tratar das modalidades de discurso que sedimentam a formação ideológica do homem, Bakhtin define duas formas basilares: o discurso autoritário e o discurso de autoridade.

Discurso autoritário: no original, авторитарная речь (*avtoritárnaia rietch*). O discurso autoritário é aquele vinculado a uma autoridade externa, a um poder político, a uma ideologia, ao dogma religioso ou político, a uma autoridade científica reconhecida, a uma corrente de pensamento que se pretende hegemônica, a um livro da moda; exige da nossa parte um reconhecimento incondicional, até reverente, e nunca uma assimilação livremente criadora formulada em nosso próprio discurso, com nossa marca característica, e procura determinar até os fundamentos de nossa relação ideológica com o mundo e do nosso comportamento. No caso específico do gênero épico, o discurso autoritário é o discurso da distância, organicamente vinculado a um passado hierárquico, é o discurso dos pais e fundadores de uma nação, um discurso construído, reconhecido e consolidado no passado. É dado numa esfera elevada; sua linguagem é especial, hierática, não pode ser representada — isto é, sofrer nenhum tipo de estilização —, pode ser apenas transmitida. Esse discurso penetra em nossa consciência verbal como uma massa compacta, indivisível, como algo dado de uma vez por todas, acabado, concluído em uma distância inalcançável. Seu papel no romance, como afirma Bakhtin, é insignificante.

Discurso de autoridade: no original, авторитетная речь (*avtoritétnaia rietch*). Ao contrário do discurso autoritário, que se situa à distância de quem o ouve ou lê e não visa à interpretação criadora, mas à assimilação passiva, o discurso de autoridade é interiormente persuasivo; é o discurso do contemporâneo para o contemporâneo, o discurso nascido na zona de contato com a contemporaneidade inacabada ou atualizada. Dirige-se ao contemporâneo e às gerações seguintes como contemporâneos e se embasa numa concepção de ouvinte-leitor-interpretador. Cada palavra visa a um leitor, ao seu campo aperceptivo, à sua capacidade responsiva. Envolve certa distância, mas esta se ameniza ou até se desfaz em virtude da natureza interiormente persuasiva desse discurso. Ao contrário do discurso autoritário, que é só e exclusivamente do outro, o discurso de autoridade ou interiormente persuasivo é dialógico, permite que eu faça uso de minha consciência, sendo, como diz Bakhtin, "metade meu, metade do outro... Sua eficiência criadora consiste exatamente em que ele desperta o pensamento independente e uma nova palavra independente". Enquanto o discurso autoritário é distante, fechado e acabado, o discurso de autoridade abre-se à nossa interpretação criadora e à interpretação criadora de outros contextos, estimula e sedimenta novos pontos de vista e interações com outros discursos interiormente persuasivos. Enquanto, em termos de gêneros literários, o discurso autoritário é o discurso épico, o discurso interiormente persuasivo é o discurso da prosa, do diálogo e da interação entre pontos de vista diferentes. A luta pela formação ideológica do homem é um embate permanente entre essas duas formas de discurso.

Breve glossário de alguns conceitos-chave

Dissonância: no original, разноголосица (*raznogolós-sitsa*), termo que significa divergência e também presença de vozes diferentes no discurso de um falante ou escritor.

Enformação: no original оформление (*oformlênie*), categoria fundamental integrante do processo de construção da forma literária, amiúde traduzida equivocadamente como formalização.

Enunciado: no original, высказывание (*viskázivanie*). Quando se trata do ato de fala ou produção do discurso, pode-se traduzir o termo como enunciação; mas isto fica por conta da interpretação do tradutor, pois Bakhtin nunca faz nenhuma distinção entre o produto do discurso e o ato de sua produção. Ainda assim, chama o romance de "um enunciado".

Falante: no original, говорящий (*govoriaschi*). Equivocadamente traduzido do francês ou inglês como locutor, assim se consolidou no Brasil e virou um corpo estranho na terminologia bakhtiniana. O termo decorre da polêmica de Bakhtin com a díade saussurriana falante-ouvinte, na qual, segundo o teórico russo, o ouvinte nunca é falante. Quando a reflexão gira especificamente em torno da linguagem das personagens romanescas, Bakhtin emprega amiúde говорящий человек (*govoriaschi tchelovek*) ou simplesmente *govoriaschi*, isto é, a pessoa que fala, logo, falante.

Formação: no original, становление (*stanovlênie*). Categoria fundamental em todo o pensamento de Bakhtin, especialmente em sua análise do processo de desintegração dos gêneros elevados e surgimento dos rudimentos da prosa. O termo tem sido equivocadamente traduzido como transformação, evolução, o que contraria seu sentido de processo em construção e de vir a ser. Assim, *roman stanovlenia* é romance de formação, que Bakhtin coloca na mesma linhagem do romance de educação (роман воспитания — *roman vospitânia*).

Heterodiscurso ou diversidade de discursos: tradução de

разноречие (*raznorétchie*), palavra antiga da língua russa formada pela aglutinação de *razno* (ou *raznii* — diferente, diverso, outro, equivalente ao prefixo grego *heteros*) e *riétchie* (ou *rietch* — discurso, fala, linguagem). *Raznorétchie* significa discrepância de palavras, de sentidos, diferença de opiniões, de avaliações; divergência. Na terminologia bakhtiniana, heterodiscurso inclui: dialetos sociais, maneiras de grupos, jargões profissionais, as linguagens dos gêneros, das gerações e das faixas etárias, das tendências e dos partidos, as linguagem das autoridades, dos círculos e das modas passageiras, dos dias sociopolíticos e até das horas. Em suma, trata-se de um heterodiscurso social que traduz a estratificação interna da língua e abrange a diversidade de todas as vozes socioculturais em sua dimensão histórico-antropológica, fecunda a linguagem da prosa romanesca através da dissonância individual de cada autor em relação ao conjunto do processo literário.

Heterodiscursividade: no original, разноречивость (*raznoriétchivost*), natureza ou potencial heterodiscursivo.

Diversidade de linguagens: no original, разноязычие (*raznoiazítchie*), que literalmente significa existência de línguas diversas, diferentes, ou povos que falam línguas diferentes. Contudo, a prosa ficcional não se faz de línguas, mas de linguagens e, na concepção bakhtiniana, de linguagens diversas que medram do heterodiscurso social. Mesmo quando Bakhtin analisa o fenômeno da desintegração do latim e da consolidação das línguas nacionais europeias, percebe-se que estas integram a prosa romanesca não como línguas, mas como linguagens. Daí minha opção por heterolinguagem.

Insolúvel: no original, безнадёжный (*beznadiójni*), categoria que Bakhtin aplica aos impasses do processo de criação literária. Noutros contextos significa desesperado, irremediável.

Língua e *linguagem*: derivados de uma única palavra — язык (*iazik*). A tradução levou em conta suas peculiaridades específicas, usando *língua* quando se tratava de sistema geral de comunicação de um povo e *linguagem* como emprego individualizado ou literário. Em russo não existe a palavra "linguagem": tudo se exprime através de *iazik*. Quando adaptava a gramática de Saussure para a língua russa, o linguista Aleksei Chákhmatov (salvo engano) cunhou a expressão языковая деятельность (*iazikóvaya deiátelnost*), literalmente atividade linguística ou da língua como tradução de *langage*. O termo não "pegou" de forma ampla, mas Bakhtin às vezes o emprega. Quando, em tradução de texto russo, o leitor brasileiro encontra a expressão "atividade linguística", deve saber que se trata tão somente de linguagem.

Molduragem: no original, обрамление (*obramlênie*), palavra derivada do verbo обрамить (*obrámit*), que significa literalmente pôr em moldura, emoldurar. Conceito muito frequente em Bakhtin, significa interferir no discurso do outro com o intuito de modificá-lo a partir de um molde e alterar seu enunciado.

Objetal: no original, объектный (*obiéktni*), isto é, de objeto como coisa, como algo coisificado. Tipo de discurso ou palavra que Bakhtin atribui mais amiúde ao tratamento monológico da palavra do outro. Mas, em determinadas circunstâncias, é também um meio de refração da palavra do outro, até de sua parodização.

Pícaro: no original, плут (*plut*). Personagem do romance picaresco (плутовский роман), enfrenta as adversidades da vida valendo-se da astúcia que, em alguns casos, é um meio da luta do fraco contra o forte.

Ficção ou *literatura*: no original, художественная литература (*khudójestvennaia literatura*). Em russo, a palavra "ficção" (фикция — *fiktsia*) é mais empregada como invencionice, situação fictícia em desacordo com a realidade. Nunca a encontrei como ficção no sentido usado no Ocidente. Em russo, "literatura" é todo texto escrito. Portanto, quando se fala em literatura como arte da palavra usa-se o termo художественная литература (*khudójestvennaia literatura*), traduzido simplesmente como literatura. Derivado de художественный (*khudójestvenni*) — que ao pé da letra significa "artístico", algo vinculado à arte, à recriação da realidade em imagens e, em sentido mais amplo, um modo de criar vinculado à capacidade de produzir efeito estético —, o termo tem sido traduzido para o português como *literário*. Não está errado, mas no caso específico do presente livro preferi traduzi-lo o mais das vezes como *ficção*, mesclando-o com *literário*. Vez por outra encontramos o conceito художественная литература (*khudójestvennaia literatura*) traduzido como literatura artística, o que é uma redundância, pois literatura como ficção já é a arte da palavra, logo, o "artística" é dispensável. De mais a mais, na ótica bakhtiniana, a arte da ficção permite apurar nossa percepção do real e nossa capacidade de transcendê-lo como resultado do efeito estético, pondo-nos em diálogo e comunhão com ele e superando nossos próprios limites como decorrência desse diálogo e dessa comunhão.

Refração: no original, преломление (*prelomlénie*). Estratificação que sofrem as intenções do autor em diversos ambientes do enredo de uma obra e nos diversos planos do discurso poético.

Sobre o autor

Mikhail Bakhtin nasceu em 17 de novembro de 1895 em Oriol, na Rússia, em uma família aristocrática, e passou a infância nas cidades de Oriol, Vilna e Odessa. Ingressou na Universidade de Odessa em 1913 e prosseguiu os estudos na Universidade Imperial de Petrogrado (hoje Universidade Estatal de São Petersburgo), onde permaneceu até 1918. Neste ano mudou-se para Nével (na atual Bielorrússia), onde foi professor de história, sociologia e língua russa durante a guerra civil, transferindo-se em 1920 para a capital regional Vitebsk. Nessa época liderou um grupo de intelectuais que ficaria mais tarde conhecido como Círculo de Bakhtin, e que incluía nomes como Matvei Kagan, Maria Iúdina, Lev Pumpianski, Ivan Solertinski, Valentin Volóchinov e Pável Medviédev. Em 1921 casou--se com Ielena Aleksándrovna Okólovitch, e em 1924 o casal se mudou para São Petersburgo, então chamada Leningrado.

Em dezembro de 1928, Bakhtin foi preso por participar do círculo filosófico-religioso Voskressênie (Ressurreição). Nessa mesma época, publicou um de seus trabalhos mais importantes, *Problemas da obra de Dostoiévski* (1929), mais tarde revisto. Em 1928 e 1929 também são publicados dois livros fundamentais do Círculo da Bakhtin: respectivamente *O método formal dos estudos literários*, de Medviédev, e *Marxismo e filosofia da linguagem*, de Volóchinov, que chegaram a ser atribuídos ao próprio Bakhtin. Inicialmente condenado a cinco anos em um campo de trabalhos forçados, Bakhtin teve, devido à saúde frágil, a pena comutada para o exílio em Kustanai, no Cazaquistão, onde viveu entre 1930 e 1936.

Mesmo depois de terminado o período de degredo, Bakhtin continuou proibido de viver em grandes cidades e permaneceu com extrema dificuldade para publicar seus trabalhos. Depois de algumas mudanças estabeleceu-se em Saransk, onde trabalhou no Instituto Pedagógico da Mordóvia entre 1936 e 1937. Com a turbulência política, precisou abandonar Saransk ainda em 1937, morando clandestinamente em casas de amigos em Moscou e Leningrado, e depois conseguindo uma residência em Saviólovo, próximo a Moscou, no distrito de Kimri, onde lecionou em duas escolas de ensino médio até 1945. Ainda em 1938, a doença crônica de que sofria, a osteomielite, se agravou, e Bakhtin precisou amputar uma perna. Nesse período redigiu sua famosa tese de doutorado sobre François Rabelais, defendida no Instituto de Literatura Mundial, em Moscou, em 1946. A tese gerou polêmica, e o título pleno de doutor lhe foi negado. Também nessa época foi escrito o ciclo de trabalhos sobre o gênero romanesco, nos quais o autor desenvolveu o conceito de cronotopo. As obras desse produtivo período em Saviólovo só seriam publicadas décadas mais tarde. De volta a Saransk, em 1945, o autor retomou o posto de professor de literatura universal no Instituto Pedagógico da Mordóvia, instituição que recebeu o status de universidade em 1957, e na qual permaneceu até se aposentar, em 1961.

Desde 1930 Bakhtin não havia publicado quase nada e estava isolado dos principais circuitos acadêmicos e literários da União Soviética. Em 1960, três estudantes de Moscou — Vadim Kójinov, Serguei Botcharov e Gueórgui Gátchev — redescobriram seu livro sobre Dostoiévski e, surpresos em saber que o autor seguia vivo e morava em Saransk, escreveram-lhe uma carta. A partir desse momento seguiu-se uma série de publicações que trouxeram seu nome de volta ao cenário intelectual soviético: a obra sobre Dostoiévski foi completamente revista e publicada novamente sob o título *Problemas da poética de Dostoiévski* (1963); em seguida, publicou *A cultura popular na Idade Média e no Renascimento: o contexto de François Rabelais* (1965) e preparou a coletânea de ensaios *Questões de literatura e de estética*, publicada logo após sua morte. A obra de Bakhtin só veio a ser conhecida no Ocidente a partir de 1967, mesmo ano em que o autor foi oficialmente reabilitado pelo governo russo. Faleceu em 1975 em Moscou, onde seis anos antes fixara residência.

Sobre o tradutor

Paulo Bezerra estudou língua e literatura russa na Universidade Lomonóssov, em Moscou, especializando-se em tradução de obras técnico-científicas e literárias. Após retornar ao Brasil em 1971, fez graduação em Letras na Universidade Gama Filho, no Rio de Janeiro; mestrado (com a dissertação "Carnavalização e história em *Incidente em Antares*") e doutorado (com a tese "A gênese do romance na teoria de Mikhail Bakhtin", sob orientação de Afonso Romano de Sant'Anna) na PUC-RJ; e defendeu tese de livre-docência na FFLCH-USP, "*Bobók*: polêmica e dialogismo", para a qual traduziu e analisou esse conto e sua interação temática com várias obras do universo dostoievskiano. Foi professor de teoria da literatura na Universidade do Estado do Rio de Janeiro, de língua e literatura russa na USP e, posteriormente, de literatura brasileira na Universidade Federal Fluminense, pela qual se aposentou. Recontratado pela UFF, é hoje professor de teoria literária nessa instituição. Exerce também atividade de crítica, tendo publicado diversos artigos em coletâneas, jornais e revistas, sobre literatura e cultura russas, literatura brasileira e ciências sociais.

Na atividade de tradutor, já verteu do russo mais de quarenta obras nos campos da filosofia, da psicologia, da teoria literária e da ficção, destacando-se: *Fundamentos lógicos da ciência* e *A dialética como lógica e teoria do conhecimento*, de P. V. Kopnin; *A filosofia americana no século XX*, de A. S. Bogomólov; *Curso de psicologia geral* (4 volumes), de R. Luria; *Problemas da poética de Dostoiévski*, *O freudismo*, *Estética da criação verbal*, *Teoria do romance I: A estilística*, *Os gêneros do discurso*, *Notas sobre literatura, cultura e ciências humanas*, *Teoria do romance II: As formas do tempo e do cronotopo* e *Teoria do romance III: O romance como gênero literário*, de M. Bakhtin; *A poética do mito*, de E. Melietinski; *As raízes históricas do conto maravilhoso*, de V. Propp; *Psicologia da arte*, *A tragédia de Hamlet, príncipe da Dinamarca* e *A construção do pensamento e da linguagem*, de L. S. Vigotski; *Memórias*, de A. Sákharov;

no campo da ficção traduziu *Agosto de 1914*, de A. Soljenítsin; cinco contos de N. Gógol reunidos no livro *O capote e outras histórias*; *O herói do nosso tempo*, de M. Liérmontov; *O navio branco*, de T. Aitmátov; *Os filhos da rua Arbat*, de A. Ribakov; *A casa de Púchkin*, de A. Bítov; *O rumor do tempo*, de O. Mandelstam; *Em ritmo de concerto*, de N. Dejniov; *Lady Macbeth do distrito de Mtzensk*, de N. Leskov; além de *O duplo, O sonho do titio* e *Sonhos de Petersburgo em verso e prosa* (reunidos no volume *Dois sonhos*), *Bobók, Crime e castigo, O idiota, Os demônios, O adolescente* e *Os irmãos Karamázov*, de F. Dostoiévski.

Em 2012 recebeu do governo da Rússia a Medalha Púchkin, por sua contribuição à divulgação da cultura russa no exterior.

Obras do Círculo de Bakhtin publicadas pela Editora 34

Mikhail Bakhtin, *Questões de estilística no ensino da língua*, tradução, posfácio e notas de Sheila Grillo e Ekaterina Vólkova Américo, apresentação de Beth Brait, São Paulo, Editora 34, 2013.

Mikhail Bakhtin, *Teoria do romance I: A estilística (O discurso no romance)*, tradução, prefácio, notas e glossário de Paulo Bezerra, São Paulo, Editora 34, 2015.

Mikhail Bakhtin, *Os gêneros do discurso*, organização, tradução, posfácio e notas de Paulo Bezerra, São Paulo, Editora 34, 2016.

Valentin Volóchinov, *Marxismo e filosofia da linguagem: problemas fundamentais do método sociológico na ciência da linguagem*, tradução, notas e glossário de Sheila Grillo e Ekaterina Vólkova Américo, ensaio introdutório de Sheila Grillo, São Paulo, Editora 34, 2017.

Mikhail Bakhtin, *Notas sobre literatura, cultura e ciências humanas*, organização, tradução, posfácio e notas de Paulo Bezerra, São Paulo, Editora 34, 2017.

Mikhail Bakhtin, *Teoria do romance II: As formas do tempo e do cronotopo*, tradução, posfácio e notas de Paulo Bezerra, São Paulo, Editora 34, 2018.

Mikhail Bakhtin, *Teoria do romance III: O romance como gênero literário*, tradução, posfácio e notas de Paulo Bezerra, São Paulo, Editora 34, 2019.

Valentin Volóchinov, *A palavra na vida e a palavra na poesia: ensaios, artigos, resenhas e poemas*, organização, tradução, ensaio introdutório e notas de Sheila Grillo e Ekaterina Vólkova Américo, São Paulo, Editora 34, 2019.

ESTE LIVRO FOI COMPOSTO EM SABON,
PELA BRACHER & MALTA, COM CTP DA
NEW PRINT E IMPRESSÃO DA GRAPHIUM
EM PAPEL PÓLEN SOFT 80 G/M² DA CIA.
SUZANO DE PAPEL E CELULOSE PARA A
EDITORA 34, EM AGOSTO DE 2020.